**Joachim
Wagner**

GUT
GETROFFEN
BWANA

Joachim Wagner

GUT
GETROFFEN

BWANA

NEUMANN - NEUDAMM

Bildnachweis:

Kidogo: Seite 138 (unten); W. Langrehr: Seite 220 (oben); Bildagentur Nimrod: Seiten 18 (unten); 45 (2), 111 (oben), 237 (2); Walter Schwartz: Seiten 17 (oben), 58 (3), 75 (oben), 76 (unten), 94, 111 (unten), 129 (oben), 147 (oben), 166, 184 (unten), 219, 238 (2); Hannelore Wagner: Seiten 18 (oben), 57 (unten), 76 (oben), 130 (unten); Joachim Wagner: Seiten 17 (unten), 35 (2), 36, 46 (2), 47 (2), 48, 57 (oben), 75 (unten), 93 (2), 112 (unten), 130 (oben), 147 (unten), 148 (2), 165 (2), 183 (oben), 184 (oben), 201 (2), 247 (2), 248; Jörn Wagner: Seiten 112 (oben), 129 (unten), 202, 220 (unten).

Die Deutsche Bibliothek - CIP-Einheitsaufnahme
Wagner, Joachim:
Gut getroffen, Bwana / Joachim Wagner. - Morschen/Heina:
Neumann-Neudamm, 1995
ISBN 3-7888-0663-X

© 1995 Verlag J. Neumann-Neudamm GmbH & Co.KG
Untere Str. 3, 34326 Morschen/Heina

Printed in Germany

Umschlaggestaltung u. Layout: Philipp Schneider nach einem Dia von Joachim Wagner
Satz: EDV-Schreibbüro Jutta Ehle-Kornfeld, 34326 Morschen/Heina
Reprotechnik: monoLith, 48565 Steinfurt-Borghorst und repro Team, 34266 Niestetal-Sanderhausen
Gesamtherstellung: Druckhaus „Thomas Müntzer" GmbH, 99947 Bad Langensalza

Inhalt

Überblick

Es war dunkel, als ich aus dem gaslampenerleuchteten Zelt trat, so dunkel, daß ich den Stamm eines Akazienbaumes für den schmalen Pfad zu unseren Geländefahrzeugen hielt...

Gestern abend noch erlebten wir einen unvorstellbar schönen Sonnenuntergang mit Wolkenbergen, die nur die Natur so abwechslungsreich und farbig gestalten kann, an einem Himmelszelt von tiefem Orangerot bis Blau. Die Nacht war nicht nur dunkel, sie wurde auch feuchtkalt, sogar in unserem Zelt. Der Busch war voller feuchten Nebels und blieb bis zum Morgengrau so dunkel, daß ich mir fast den Schädel stieß, als ich aus dem Zelt trat.

Wir bestiegen das Fahrzeug, Robert, mein Professional Hunter, saß am Lenkrad, schaltete die Scheinwerfer ein und steuerte den Wagen durch die schwindende Nacht. Im Licht der Scheinwerfer erblickten wir kein Wild, es war zu diesig. Ohne große Ankündigung rötete sich der Himmel. Wir fuhren gen Osten durch die endlos erscheinende Savanne. Dann stieg die Sonne glutrot über dem Horizont auf und leckte die Feuchte aus der Luft und von den Zweigen der Dornbüsche. Jetzt sahen wir auch Gazellen und Antilopen, die zur Äsung zogen.

Unser anfänglich karges Gespräch galt dem neuen Jagdtag, den Löwen und den Kaffernbüffeln, denen wir nachstellten. Zwei Tage schon versuchten wir in mörderischer Trockenheit vergeblich, dieses urige Wild zu finden. Löwen wollten wir auf keinen Fall an der Kirrung bejagen, nur auf der Pirsch. Immer waren sie uns jedoch mit ihren wachen Sinnen überlegen - oder wir fanden sie nicht. Ahnten oder fühlten sie instinktiv Gefahren? Frische, deutlich erkennbare Büffelfährten kreuzten unseren Weg, große, flache Trittsiegel in dem roten Lateritboden. Langsam stoppte der Geländewagen, behutsam stiegen wir aus, nahmen unsere großkalibrigen Büchsen. Uns voran unser Tracker Metheke. Es lag Büffelgeruch in der Luft. In den dichten Zweigen der Akazien wisperte es unheimlich. Die Spannung war groß. Wird es klappen, werden wir die Büffel stellen? Taunasse Gräser streiften unsere Beine, Halme waren geknickt, ab und zu abgerupft, die Fährten erkennbar. Weit folgten wir ihnen durch Grassavanne und in dornigem Busch. Ein Schabracken-Schakal querte unsere Richtung, denn von Wildwechsel konnte keine Rede sein, gelassen seine Bewegungen, aber wach seine Sinne. Wie angewurzelt blieb Metheke stehen, kniff seine Augenlider zusammen, um noch klarer sehen zu können. Ich nahm mein Fernglas an die Augen.

Nein, nein, Metheke, da ist nichts, gab ich mit einer Handbewegung zu verstehen. Er sah mich zweifelnd, beinahe hilflos an. Wer hatte recht? Jetzt nahm Robert das Glas, er wackelte mit dem Kopf, also nicht. Metheke schaute uns so an, als wollte er sagen, wie blind wir doch sogar mit Fernglas seien... Eine Bewegung habe er gesehen, es waren Büffel, ganz weit im Busch, flüsterte er uns zu. Mein Herz fing zu pochen an. Büffel in unserer Nähe forderten noch mehr unsere Aufmerksamkeit. Instinktiv betrachteten und befühlten wir unsere Gewehre, dann pirschten wir weiter. Immer wieder diese starken Trittsiegel - und jetzt frische, noch dampfende Losung. Verheißungsvoll! Ich klopfte Metheke auf die Schulter und schaute in seine dunklen Augen. Er mußte also doch eine Bewegung gesehen haben. Das Gelände neigte sich hier, wir gingen abwärts, die Büffel waren also relativ schnell überriegelt, unsichtbar für uns, da wir erst später als Metheke mit dem Fernglas in die Richtung blickten. Drei Stunden waren wir bereits unterwegs. Der Mund war trocken. Wo sind die Büffel? Dann wieder dieser deutlich in unsere Nasen steigende Büffelgeruch. Der Dornbusch war kaum zu durchdringen, ein stechendes Gewirr von stachelbewehrten Zweigen, Ästen und Bäumen. Hier wechselte das Fährtenbild: Nach rechts verschwand ein besonders starker Bursche in den dichten Busch. Da hinein zog die Fährte, dort lagen wieder dampfende Fladen, breiig und breit. Ein alter Büffel, "ein ausgekochter Bursche", ein Einzelgänger, ein Büffel, der uns Kraft und Geschicklichkeit abverlangte. Der Tracker blieb stehen, witterte mit seiner breiten Nase in seitliche Richtung, versuchte mit seinen Augen den dornigen Busch zu durchschauen. Dann faßte er meinen Hemdsärmel, zog mich leise an sich und nickte links zum Busch. Alles sah grau und ockerfarben aus, jegliche Konturen von Wildkörpern lösten sich auf. Endlich erkannte auch ich den dunklen Fleck. Groß stand er, fünfzig bis sechzig Meter, vor uns im Ast- und Zweiggewirr. Ich versuchte eine Lücke zu finden. Es war nicht möglich. Ein paar Schritte nach links, neue Position. Wieder kein Schußfeld, auch nicht, als ich mit dem Gewehrlauf Zweige aus dem Weg schob. Es war zum Verzweifeln! Noch ein Stellungswechsel - aber der war zuviel. Der Büffel zog zweigebrechend fort von uns. Aus und vorbei? Nach einer weiteren Stunde beendeten wir unsere Vormittagspirsch. Die Sonne stand hoch, es war heiß und trocken. Wir setzten uns in den spärlichen Schatten eines Baumes, tranken aus unseren Feldflaschen, dösten ein wenig, plauderten, beratschlagten, schmiedeten neue Pläne...

Ich fragte Robert:
"Sind Sie in Ostafrika geboren?"
"Nein, aber seit meiner Kindheit, seit über 30 Jahren, hier."
"Wunderschön, diese weiten ostafrikanischen Länder, diese Vielseitigkeit und der Wildreichtum, das beständige Wetter in der Trockenzeit, der Zeit, in der die meisten Touristen und Jäger kommen, um Afrika zu erleben."
"Sie schwärmen."
"Ja, Abenteuerreisen als Jäger bedeuten hautnahes Erleben mit oft nicht ungefährlichem Wild. Es ist nicht nur das Entfliehen aus einer anderen, perfekt erscheinenden Zivilisation in andere 'Welten', in ungewohnte Naturlandschaften und Kulturkreise, die für mich magische Anziehungskräfte besitzen."
"Und da nehmen Sie jedes Risiko in Kauf?"
"Gefahren lauern überall. Ein bißchen Nervenkitzel bei den großen Fünf[1] gehört dazu."
"Die großkalibrigen Gewehre allein sind kein Garantieschein. Das Großwild hat scharfe Sinne und entwickelt relativ schnell unglaubliche Kräfte."
"Ich weiß, aber dieses jagdliche Erleben in einer uns fremden Wildnis ist der Reiz."
"Nur abwarten..."

"So schön die Trockenzeit auch ist, aber die Regenzeit, die hat's wohl in sich? Langweilen Sie sich nicht in diesen nassen Wochen und bekommen Trübsinnsanfälle?"
"So darf das nicht genannt werden, nein, an Ostafrika gewöhnt man sich, auch an die Regenzeit, die wir immer wieder sehnsuchtsvoll erwarten. Dieses Land beginnt man zu lieben. Glauben Sie mir, es sind unzählige kleine menschliche und tierische Erfahrungen, die uns unbewußt festhalten, die uns allzuoft unglaublich erscheinen, nicht greifbar, aber sie sind irgendwie anwesend."

---

[1] Elefant, Büffel, Nashorn, Löwe, Leopard.

Dann fragte mich Robert, was mich bewogen habe, nach Ostafrika zur Jagd zu kommen. Ich erzählte, daß ich schon in verschiedenen anderen Teilen dieses Kontinents war, aber Ostafrika mir immer wieder besonders gut gefiele. Er wollte mehr wissen.

"Wie oft waren Sie schon hier, wann das erste Mal?"

"Das ist eine lange Geschichte." ...

Vor mehr als 20 Jahren lernte ich Laci kennen. Er wollte in Kürze nach Mombasa zurück und meinte, wenn ich Lust und Zeit hätte, sollte ich mit ihm gemeinsam zurückfliegen. Seine Schilderungen vom Zelten im Busch und von der Jagd klangen so verlockend, daß ich kurzentschlossen zusagte.

Meine Frau, die mich auf allen Afrika-Reisen begleitete, besorgte - "beim Fluggepäck kommt es doch auf jedes Gramm an", meinte sie - einen sehr leichten Koffer. Zu leicht für den Inhalt, wie sich ausgerechnet auf dem Eingang zum Flughafengebäude herausstellte. Der Koffergriff riß, die Schlösser gaben nach, und wir mußten unsere Sachen vor den Füßen anderer Reisender zusammensuchen. Die Rettung war ein Kofferriemen, den ich in der Manteltasche hatte. Er hielt den Koffer zusammen, und wir erreichten unser Flugzeug in buchstäblich letzter Minute.

In Düsseldorf wartete Laci. Er hatte Verbindungen zu Professional Hunters und bestärkte uns in unserem Wunsch, Afrika abseits des Besucherstroms kennenzulernen und Jagdgründe aufzusuchen, die von Weißen wenig bereist wurden.

Lacis "Gepäck" für eine Reise von fast 8.000 Kilometern bestand aus einer größeren Aktentasche. "Ich hasse Ballast, besonders da, wo die Sonne hoch am Himmel steht", meinte er. Allerdings hatte er praktisch zwei Depots: In Afrika und in Deutschland. Da konnte ein erfahrener Globetrotter leicht mit wenig Gepäck auskommen.

Wir flogen an einem klaren Januartag. Bei blauem Himmel ging es über die Alpen, Italien und das Mittelmeer bis zur Zwischenlandung in Benghasi.

"Ich habe ein dummes Gefühl", sagte ich zu Laci, "zum ersten Mal fahre ich ohne eigene Waffen ins Ausland. Hoffentlich habe ich da keinen Fehler gemacht."

Laci winkte ab: "Keine Sorge", beruhigte er mich, "in Nairobi gibt es zwei Geschäfte, in denen bekommst du Gewehre und Patronen. Außerdem haben die Professional Hunters Waffen zum Verleih, auf diese Weise gehst du den umständlichen Formalitäten bei der Waffeneinfuhr aus dem Weg."

Nach der Zwischenlandung in Khartum, der heißesten Stadt der Erde, hatten wir die Grenze zu Kenia überquert. Trockene, gelbbraune Halbwüsten reichen bis an die Ufer des Rudolfsees, der heute Turkana-See heißt.

Vor rund 10.000 Jahren gab es hier und in der Sahara große Buschlandschaften, aus denen die noch heute sichtbaren Berge ragten. Deren Hänge waren bewachsen. Damals herrschte ein sehr regenreiches Klima. Seen, Tümpel und wohl auch Moore verliehen dem Land ein anderes Aussehen. Unvorstellbare Wassermengen flossen ins Meer; Eis und Schnee bedeckten die Gipfel des Atlas-Gebirges.

Heute dehnen sich riesige Wüsten aus. Das Land ist eine lebensfeindliche Einöde geworden, und die Sahara wurde zur Trennungslinie zwischen Nord- und Südafrika, zwischen Weiß- und Schwarzafrika.

Langsam näherten wir uns den Landschaften der kenianischen Savannen. Unser Flugzeug flog jetzt beträchtlich tiefer. Unvergeßlich war das Bild afrikanischer Tropenlandschaften. Sozusagen auf Anhieb, erkannte ich die häufig in den Tropen vorkommenden, charakteristischen Inselberge. Wir hatten noch klare Sicht und sahen stellenweise die glatten, abschüssigen Hänge, dunkel gezeichnet von den Rinnsalen der abfließenden Wasser aus der Regenzeit.

Wir waren über dem Samburu-Gebiet. In der Höhe der Stadt Isiolo erblickten wir schon den Mount Kenia, den die Kikujus "Kere-Niaga" nennen. An der Steuerbordseite ragten die Häupter der ewig mit Schnee bedeckten Hauptgipfel von Kenias höchstem Berg in den blauen Himmel. Es sind die nach Massai-Häuptlingen benannten Batian- (5.199 m über NN), Nelion- (5.188) und Lenana-Gipfel (4.985).

In unmittelbarer Nähe ragt ein weiterer schroffer Gipfel des Mt. Kenia, der Point Thomsen (4.955), empor. Das Bergmassiv ist ein Produkt längst erloschener Vulkantätigkeit. Es wurde geboren aus der trockenen, flachen Savanne. Bald würden wir dort unten jagen und auf die Berge steigen. Nicht jedesmal war der Bergnebelwald vom Flugzeug aus so gut zu sehen. Tagsüber umhüllt meistens ein dichtes Wolkenmeer die Berge, aber frühmorgens ist der sie umgebende Grüngürtel deutlich zu erkennen.

Von hier aus verbreiten sich im Hochland je nach Feuchtigkeitsgrad die fruchtbaren Feuchtsavannen. Und je länger die Trockenzeit und spärlicher die Regenfälle, desto kümmerlicher die Gräser und Kräuter und desto unwirtlicher das Land. Aber in der noch vegetationsfreundlichen Urlandschaft von Savanne und Busch herrschte immer reges Leben.

Die bewachsenen Savannen und Buschwälder Ost-Afrikas, das Steppenland und die Halbwüsten sind die wahren Zeugen einer großen Zeit der

Natur, sind Relikte, die sich herübergerettet haben in die Gegenwart, die uns ahnen lassen, wie schön die Welt einst war, als Pflanzen, Tiere und Menschen in ökologischem Gleichgewicht Teile der Erde besiedelten. Früher lebte der Mensch gleichberechtigt in der Natur und von ihr, ohne sie zu vernichten, aber heute?

In diese fruchtbaren Landstriche kamen Hirtenvölker aus dem Norden, kriegslüstern und eroberungsfreudig, um neue Weidegründe für ihr Vieh zu suchen. Unter ihnen befand sich auch das einst mächtigste und gefürchtetste Nomadenvolk der Massai.

Wir flogen über dem Meru-Nationalpark, dessen südliche Begrenzung Kenias längster Fluß, der Tana, ist, der sein braungelbes Wasser durch reiche Elefantengebiete südlich von Lamu in den Indischen Ozean ergießt.

Schon überflogen wir den nördlichen Teil des größten Nationalparks Ostafrikas, des Tsavo-Parks. Er hat eine Größe von über 20.000 Quadratkilometern: Eine eigenartige dunkle, vulkanische Landschaft, die sich abwechselt mit grünen Dornbuschwäldern, roten Laterit-Trockensavannen und hell-lehmigen Grassteppen. Hier hielten sich während meiner Jagdsafaris 1970 bis 1975 noch über 20.000 Elefanten und Tausende von Kaffernbüffeln auf.

Im Tsavo-Nationalpark hat das Wild sein Paradies. Es wird von den Gamewards, den bewaffneten und strengen Wildhütern, bewacht. Aber leider, wie wir noch hören werden, ist der Kampf - bis heute - gegen die Wilddiebe noch lange nicht beendet.

"Wenn es regnet", sagte Laci ganz unvermittelt zu mir, "dann solltest du mal den Sabaki-River erleben und die Mündung in den Indischen Ozean sehen. Wenn der Nordost-Passat bläst, verwandelt sich unser blaues Meerwasser in eine hellbraune Brühe, die keinen Touristen freut. Du müßtest zum Sabaki-Delta. Sieh es an." Ich versprach es ihm.

Wir befanden uns auf dem Anflug nach Mombasa. Die Bäume erschienen größer, und wer den Habitus der einzelnen Arten kannte, identifizierte sie schon flüchtig im Fluge: Die dicken Baobabs, die Schirmakazien mit breiten und flachen Kronen und langen, spitzen Stacheln, die uns schon manche Reifenpanne beschert hatten und wieder bringen würden. Und doch, in dieser Urlandschaft fühle ich mich unheimlich wohl: Das Klima ist gut verträglich, die Menschen sind liebenswert, der Artenreichtum an Wildtieren ist unübertroffen, die Luft zum Atmen würzig und erfüllt von einem Fluidum, das uns Europäern immer in den ersten Tagen auf dem schwarzen Kontinent so fremd ist und doch angenehm berauscht.

Je niedriger wir kamen, umso schneller erschien uns der sausende Flug, die Bäume verwischten im Bild. Dann wurden Menschen und Hütten sichtbar und nun auch der ungefähr 500 m lange Damm, der die Insel-Altstadt mit dem Festland verbindet.

Ziemlich ruckartig setzte das Flugzeug auf der Landepiste auf. Bald darauf begannen die zeitraubenden Paßformalitäten im noch alten Flughafengebäude, die sich über Stunden ausdehnten, weil ein Jäger mit seinen Waffen-Einfuhrbescheinigungen Kummer hatte. Endlich waren wir im Hotel!

Aufbruch zur
Jagdsafari

Flugtickets hatten wir gelöst, aber als wir das Reisebüro verlassen wollten, wurden wir zurückgerufen:

"Sir, Sie können erst um 15.30 Uhr starten; der 10-Uhr-Flug fällt aus, ist gestrichen!"

Aus vielen anderen Flügen ab Malindi wurde gleichfalls nichts. Zwar meldete auch Mombasa Ausfälle, aber wir fuhren trotzdem dorthin. Die Straße nach Mombasa war nicht sehr befahren, dennoch war die einzige, rostige Fähre, die mit uns, einigen Fahrzeugen und vielen Eingeborenen über den Kilifi Creek setzte, ein Ereignis, das nicht nur Abwechslung und frische Seeluft brachte, sondern spüren ließ, daß viele Verrichtungen in Ruhe gemacht werden können. Als wir von Bord gingen, mußten wir warten, bis alle Fahrzeuge von der Fähre gefahren waren. Neben uns standen pubertäre Giryama-Mädchen, die, ohne jegliche Hemmungen, sich etwas breitbeinig hinstellten und ihr kleines Geschäft plätschern ließen. Ein VW-Bus brachte uns nach Mombasa, so daß wir endlich um 0.55 Uhr starten konnten. Das stundenlange ungewisse Warten in der schwülen, feuchtwarmen Luft des überfüllten Wartesaales, der damals noch sehr klein war, hatte ein Ende.

Nairobi erwartete uns in tiefschwarzer Nacht. Der Portier entpuppte sich als ein recht unfreundlicher Bursche, der es mir sehr verübelte, ihn in "Morpheus Armen" gestört zu haben. Widerwillig und verärgert führte er mich durch lange dunkle Gänge und Etagen und "bestrafte" mich schließlich mit einer "dubiosen Suite" an einem - wie mir schien - Verkehrsknotenpunkt.

Unfreundlichkeit, diese mir hinlänglich bekannte Alltagserscheinung im eigenem Land, ist in Afrika eher eine Rarität. Die offene und fröhliche Herzlichkeit der Afrikaner, ihr freundliches "Jambo", das sie gern und überall zur Begrüßung sagen, bleibt wohl jedem Gast in guter Erinnerung. Doch die Zivilisation macht auch vor diesem "Volksmerkmal" nicht halt. Wen wundert's, können doch die Diskrepanzen zwischen arm und reich - denn ein Reisender ist in afrikanischen Augen selbstverständlich auch ein Reicher - von den Einheimischen am wenigsten verkraftet werden.

Der Krach am Morgen machte mich schnell munter. Wenig später nahm ich mein Breakfast im Restaurant ein. Zuvorkommende schwarze Kellner im weißen Dress bedienten. Mich überraschte der Unterschied der Eindrücke, die man binnen weniger Stunden haben konnte.

Mit einem Telefongespräch verständigte ich meinen Professional Hunter. Eine Stunde später war er zur Stelle, um mich abzuholen. Ein sportlich aussehender, braungebrannter Mann fragte mich nach meinem Namen.

Er machte auf Anhieb einen guten Eindruck auf mich, schon seiner verbindlichen Art wegen. Nach den Begrüßungsworten wurde es ernst: "Wir fahren zu mir. Dort lassen Sie Ihr Gepäck. Ich kann leider nicht mit Ihnen auf Jagd gehen. Es war so vorgesehen, aber wichtige geschäftliche Dinge lassen mir keine Zeit."

Daß Mr. Muzaffer hinter Gitter mußte, erfuhr ich erst später in Deutschland. Ihm wurden illegale Elefantenabschüsse zur Last gelegt, ob zu Recht, blieb ungeklärt.

"Mein Vetter Bud, ein famoser Professional Hunter, wird Sie führen. Sie werden viel Spaß haben."

Den hatte ich wirklich ...

"Bud kommt heute mittag. Dann ist noch genügend Zeit für eine Stadtrundfahrt, für Lizenzen, Waffen und zum Essen. Die Safariausrüstung wird auch inzwischen zusammengestellt. Damit ist Bud übrigens schon beschäftigt. Heute abend geht es dann in den Busch."

Der Vater von Mr. Muzaffer hatte ein Textilgeschäft. Von einer Empore erlebte ich die Art, wie in Nairobi den Einheimischen Ware angeboten und verkauft wird. Es war für mich eine "Gaudi first class". Auf Holzbänken nahmen die Kauflustigen Platz. Eine Vierteletage höher stand Vater Khan und bot zwei- oder sogar dreisprachig seine Ware mit "rasender" Beredsamkeit an. Es wurde gefeilscht, geschrien und gelacht. Kein ernstes Wort fiel.

O doch, es fielen wohl welche, aber die waren wiederum so albern-ernst gemeint, daß alle Anwesenden um so mehr kicherten. Es herrschte dennoch gesittete Disziplin im Raum, so als übe Vater Khan einen magischen Einfluß auf die Schwarzen aus. Es waren wohl überwiegend Leute aus den Randgebieten Nairobis oder von noch weiter her, die den langen Weg auf sich nahmen, um in der Stadt ihr weniges Geld loszuwerden. Fünfmal wurde sogar ich, der auf der Empore saß, genannt, und mit kaufmännisch jovialer Gebärde zeigte Vater Khan auf meine Person. Ich wurde ein wenig für den Geschäftserfolg mißbraucht, denn erst bei englischer Wiederholung begriff ich, was er seinen Kunden in Kisuaheli vorschwätzte.

"Seht euch den weißen Mann an. Der kommt extra aus Europa, das liegt ganz oben im Norden auf der Erdkugel", - Armbewegungen halfen, seine Worte anschaulich zu untermalen, - "um sich von der Qualität meiner Ware zu überzeugen. Er wird alles mitnehmen. Noch habt ihr Gelegenheit zu kaufen. Gleich ist es vorbei. Na, was überlegt ihr denn noch? Meine Ware ist Spitzenklasse. Komm, Mama, hier, befühle die Spitzen aus reiner Seide. Nimm Papa ruhig an die Hand und komm her. Nun komm schon! Sei nicht so ängstlich. Hast du etwa Angst vor dem weißen Mann dort oben? Der tut dir nichts. Zeig ihm mal, wie du aussiehst, wenn du die Spitzen um deine Hüften legst. Komm, hier hast du einen Shilling von mir als Anzahlung - wenn du den Ballen für deine Familie mitnimmst," sagte Papa Khan.

Große Belustigung im Auditorium.

Eine Afrikanerin stand auf. Krampfhaft überlegte sie und rechnete an ihren Fingern. Sie kam zu keinem Entschluß und wackelte von einem Bein auf das andere, biß sich auf ihren Zeigefinger, lachte und schüttelte den Kopf. Das bedeutet nein, kein Kauf.

"Mam", sagte Vater Khan, "laß das sein. Nimm keine Seidenspitze. Die ist zu schade. Mama, weißt du, nimm Stacheldraht, der hat auch Spitzen für die Hüften."

Schallendes Gelächter.

Eine andere Frau stand auf, nahm den Shilling als Anzahlung von Vater Khan, kramte aus einem Taschentuch einige Shillingscheine und kaufte kurz entschlossen den kleinen Ballen weißer Spitze. So ging es wahrscheinlich stundenlang. Ich verließ den Raum und besah mir die Geschäfte und das Treiben auf den Straßen.

Das Klima in Nairobi war sehr angenehm. Die erste Nacht schon erinnerte mich an laue, warme Sommernächte in Deutschland. Der Tag war hell, und die Sonne stand hoch. In den Straßen herrschte pulsierendes Leben, viel Autoverkehr, englischer Linksverkehr. In den gepflegten Anlagen blühten Bougainvilleen übervoll und zierten mit ihren weinroten und orangenen Blüten als Sträucher Vorgärten und Torbögen. Als hochstämmige Straßenbäume standen sie flankierend an den Bürgersteigen. Moderne Hochhäuser, erstklassige Geschäfte mit reichhaltigen Angeboten, Feinschmeckerlokale, Restaurants, Hotels, Universität und Behördenbauten machten auf mich einen guten Eindruck. Nairobi ist, sehr zentral gelegen, Knotenpunkt für Schiene und Straße und besitzt einen großen Flughafen, auf dem die größten Maschinen landen und starten können. Nairobi ist eine

Afrikanische Jägerprüfung? Trittsiegel in Stein gehauen – durch die
Ureinwohner?

Blick in den Ostafrikanischen Graben (Riff-Valley) im Massai-Land.

Die Jagd auf Strauße erfordert meistens Schüsse auf weite Distanz. Um Wildbret und Haut zu schonen, sind Stender und Hals das Ziel.

Flüchtige Weißschwanzgnus in der Savanne.

für Europäer beeindruckende Stadt, die Politikern, Geschäftsleuten und Urlaubsreisenden oft für Treffen, Konferenzen und Besichtigungen dient. Sie ist aber auch Ausgangspunkt für viele Safariunternehmen in den ostafrikanischen Raum.

Nairobi beherbergt etwa 1,5 Millionen Einwohner. Neben den modernen Wohn- und Geschäftsvierteln, keine zehn Minuten vom Kenyatta-Zentrum der Stadt entfernt, liegt das Matre Valley, ein Tal, in dem ungefähr 200.000 Kenianer in unvorstellbaren, dreckigen Slums, den größten Ostafrikas, dahinvegetieren. Während der Regenzeit ist dieses sogenannte "Wohngebiet" eine stinkende, schlammige Masse und Krankheit produzierende Stätte des Grauens. Der krasse Gegensatz hierzu sind die exklusiven Villenvororte Karun und Muthaiga, wo heute unter 1.000 DM pro Quadratmeter kein Bodenerwerb möglich ist.

Die Grünanlagen der Stadt machten auf mich jedesmal einen guten, aber trockenen Eindruck. Es blühten Bougainvilleen, der Feuerbaum zeigte übervoll zinnoberrote Farben und gelbrot war der Glanz der Fieberbaumblüten. Das lag allein an den Jahreszeiten, in denen ich meistens in Nairobi war: Den Trockenzeiten. Die riesigen Rasenflächen hatte die Sonne gelb und braun gedörrt. Schade eigentlich, daß in einigen Monaten des Jahres, zur besten Jagdzeit und wenn der Urlauberstrom am größten ist, die mit viel Liebe und Können erstellten Grünanlagen dem Besucher diese traurige "Heuernte"-Wirkung vermitteln. Die Stadt ist modern aufgebaut, nicht kleinlich in der Gestaltung repräsentabler Bauten. ...

Gegen 13.00 Uhr also traf ich Bud, meinen Professional Hunter, an verabredeter Stelle, allerdings zwei Stunden später als vereinbart. Im Geländewagen saßen der Driver Jolly und der Tracker (Fährtenleser, Fährtensucher) Dechon. Mein persönlicher Boy (Waiter!) Kemao, der Koch Kitweo, der Hilfstracker Bogua, die Skinner (Enthäuter, "Boys für alles") sowie der persönliche Boy für Bud trudelten erst nach Stunden ein, in letzter Minute vor unserem Start ins Jagdgebiet. Sie wußten zwei Stunden vorher noch nichts von ihrem Safariglück.

Inzwischen fuhren Bud und ich zum indischen Restaurant "Bustani" und aßen scharf und gut. Es schien, als hätten wir unendlich viel Zeit. Als Europäer muß man sich jedesmal wieder umstellen und immer wieder für sich das Wort "Inschallah" parat haben ...

Gemächlich fuhr Bud mit mir durch Nairobi, dann zum Game Department. Wir erhielten unsere Lizenzen, bezahlten die gemieteten Jagdblöcke und besorgten die Waffen.

Vor dem Game Department begrüßten wir einige Bekannte von Bud. Unter ihnen war ein deutscher Jagdgast, mit dem ich ins Gespräch kam. Jagdlizenzen waren unser Hauptthema. Ich erfuhr, daß er schon im vergangenen Jahr in Kenia zur Jagd gewesen war. Er hatte mehrere Gazellen und Antilopen geschossen, aber auf Großwild, auf die "Großen Fünf" - Elefant, Büffel, Nashorn, Löwe und Leopard -, hatte er kein Jagdglück. Es habe wohl überwiegend an der Trockenheit gelegen, meinte er. Nun wollte er die große Jagdlizenz, die ein ganzes Jahr Gültigkeit hat, nicht ungenutzt lassen. Andere Jagdblöcke konnte er mieten und hoffte, dort sein Großwild zu finden.

Alle schlenderten gemeinsam zum Jagdmuseum. Wir Deutschen gingen hinein, denn es ist immer wieder faszinierend, diesen Reichtum seltener kapitaler Trophäen zu sehen. Aber nicht nur Schalenwildpräparate enthält die umfangreiche Sammlung, sondern auch Vögel, Schmetterlinge, Reptilien, Waffen der legalen Jagd und die der illegalen, der Wilddiebe, Steinsammlungen, historische Darstellungen und Funde. Es wäre viel Zeit erforderlich, um diese Anhäufung von Tierpräparaten und all die anderen Sehenswürdigkeiten genau betrachten und verstehen zu können. Abgesehen von ihrer Reichhaltigkeit sind die Sammlungen auch geschmackvoll zusammengestellt. Es ist immer eine Freude, dieses Museum besichtigen zu können. Wir hatten leider nicht genug Zeit. Die Jagd lockte!

Gewehre mußten unbedingt besorgt werden. Im ersten Geschäft hatten wir Pech, denn alle Waffen waren bereits vergeben. Die Jagdsaison florierte schon. Wir fuhren zu einem anderen Geschäft. Schwere Elefantenbüchsen zu bekommen, bereitete keine Schwierigkeit. Doppelbüchsen waren nicht mehr zu haben. Also entschied ich mich für eine 458er Winchester Magnum, eine Brünner Repetierbüchse. Die Waffe war verhältnismäßig neu, und da ich sie ohne Zielfernrohr für Großwild verwenden wollte, störte mich der Einwand, daß eben nur noch diese da sei, überhaupt nicht. Als ich erfuhr, daß keine leichtere Waffe mehr zu bekommen war, wandte ich mich an den Geschäftsführer. In einem solchen Fall ist der direkte Weg zur Geschäftsleitung immer gut. Ich hatte Glück und bekam nach Überprüfung eine gerade zurückgegebene Repetierbüchse Kaliber 30-06 Brünner Herkunft. Die Waffe sei in Ordnung, versicherte man mir. Als ich sie nahm und anbackte, stellte ich fest, daß sie im Schaft viel zu kurz war. Eine Schaftverlängerungskappe war erforderlich. Das Zielfernrohr saß mir direkt auf der Augenbraue. Zwei Stunden später konnten die Waffen abgeholt werden. Ich wollte dreißig Patronen für das leichtere und weitere zehn Patronen für das starke Kaliber.

Gegen 21.00 Uhr waren wir mit dem Besorgen der Safariausrüstung fertig. Dann ging es los. Ich erlebte Nairobi wieder im Glanz seiner Leuchtreklame und Lichter. Wir fuhren am Hotel Throntree vorbei, wo einst Ernest Hemingway und Robert Ruark Stammgäste waren. Ich bat Bud zu halten. Ich ging mit ihm auf einen Whisky in das Restaurant, um unseren Start zur Jagdsafari zu befeuchten. Es soll bekanntlich Jagdglück bringen. Das hätte ich nicht tun sollen. Immer dieser Aberglaube der Jäger. Ich ahnte zu der Zeit noch nicht, daß die Leber meines Professional Hunters Bud vertrocknet zu sein schien ... So bekam Bud bald wieder Durst. Schon nach einer knappen Stunde Fahrt hielten wir das erste Mal, um seinen Brand zu löschen. Das Lokal gefiel Bud nicht, und so kramte er aus seinem Gepäck einige Flaschen Whisky "VAT 68" heraus, die wir, uns gegenseitig zuprostend, bis zum nächsten Lokal leerten.

"Whisky pur ist auf die Dauer nicht gut", meinte Bud.

Ich pflichtete ihm bei. Schon hielten wir an einem weiteren Restaurant, dessen Besitzerin eine Weiße war. Wie mir Bud erklärte, war sie mit einem Schwarzen verheiratet, einem Direktor vom Rundfunk Nairobi. Adrett gekleidete Afrikanerinnen servierten. Mit ihren Kleidern aus rot-weiß-karierten Bettbezugsstoffen sahen sie niedlich aus; sie bedienten uns zuvorkommend und flink. Es waren unvergeßliche Stunden, die wir uns gemeinsam mit dem Besitzerehepaar bei Whisky, Bier und erstklassigem Abendessen sowie angenehmer Unterhaltung gönnten. Wir plauderten über Rundfunkprobleme, über die bei weitem noch nicht ausreichenden Kommunikationsmöglichkeiten für entlegene Gebiete dieses Landes. Wir sprachen sogar über das Verhältnis von Mischehen und die Zukunftsaussichten der weißen und andersfarbigen Einwohner Kenias. Es waren für mich aufschlußreiche Momente in freundlicher Atmosphäre ohne jede Ereiferung.

Ich hatte trotz meines relativ hohen Alkoholspiegels den festen Eindruck, daß in diesem Lande alles in Ordnung war. Bud konnte gar nicht mehr vernünftig gehen. Ich bemerkte, wie er schwankte und auf den Fahrersitz kroch. Ich war zwar nicht ängstlich, aber hier hatte ich doch meine Zweifel. Bud löste mein staunendes Schweigen auf seine Art. "Weißt du", sagte er und stieß mir wie einem alten Freund mit dem Ellenbogen in die Seite, "hier können wir nicht schlafen. Wir wollen in den Busch. Also nehme ich eine neue Whisky-Flasche und trinke einen kräftigen Schluck. Dann kann ich geradeaus fahren!"

Also fuhren wir. Seine stets ausgetrocknete Leber wurde auf der Fahrt wiederholt angefeuchtet. Im Scheinwerferlicht erblickten wir plötzlich eine

Herde starker Elefanten mit zwei Jungen, die gemächlich über die Straße wechselten. Langsam kurvte Bud auf die Elefanten zu, dann aber bremste er abrupt. Ein Zusammenstoß wäre nicht ratsam gewesen.

Bud sagte: "Elefanten haben grundsätzlich Vorfahrt, also halten wir und warten, bis sie uns den Weg freigeben."

Nach geraumer Zeit trafen wir in Hunters Lodge ein. Obwohl es schon späte Nacht war, saßen noch mehrere Gäste im Salon, Engländer in bester Stimmung. Die kleine, blonde Wirtin sprach so schnell Englisch, daß ich sie kaum verstand. Mir wurde jedoch klar, daß die Lodge ausgebucht war. Freundlicherweise ließ sie mir in der Waschküche eine feldbettartige Liege aufstellen. Bud fuhr mit den Afrikanern in den Busch und richtete das Camp ein. Er wollte partout nicht, daß ich ihn nachts begleitete. Er meinte, das könne ich noch oft genug, aber am ersten Abend wäre es nicht fair. Deshalb würde ich in Hunters Waschküche besser übernachten. Ich schlief sofort wie ein Murmeltier, aber mit dem ersten Vogelschrei war ich wieder wach.

Ich wusch mich noch einmal ausgiebig, denn bald würde es nicht mehr so gut und bequem möglich sein. Dann ging ich in den Garten, sah mir die Anlage an, beobachtete einige Vögel, schaute auf die fremdländischen Blumen, ging zum Wasser und auf die kleine Brücke und genoß den heiteren Morgen. Ich wollte die neue Umgebung sehen, die ich nachts nicht erkennen konnte. Erst dann nahm ich mein Frühstück ein und wartete mit nicht ganz klarem Kopf auf meinen Professional Hunter Bud. Bald erschien er mit vorgestrecktem Kopf und verschlafenen Augen, um mich abzuholen.

Jagd im Massailand

Auf der Fahrt zum Camp hielten wir vor einer Nissenhütte, dem amtlichen Domizil der Wildhüter. Mr. Bud erledigte die Eintragungen der zur Bejagung vorgesehenen Wildarten, die voraussichtliche Zeitdauer der Jagdtage und die gemieteten Jagdblöcke. Wir fuhren weiter zum Basiscamp, das in der letzten Nacht vom schwarzen Personal errichtet worden war. Die Savanne zeigte sich goldgelb bis braun, hoch stand die Sonne am Himmel und brannte auf das ausgedörrte Land. Eine Herde Schwarzfersenantilopen, Wildebeest (Gnus) und einige in Gesellschaft mitziehende Zebras bewegten sich langsam durch die Savanne. Immer wieder ästen sie dabei ein paar trockne Grashalme. Wir waren gut zweihundert Meter von ihnen entfernt, so daß sie sich nicht belästigt fühlten und kaum Notiz von uns nahmen.

Es war Wild und kein Zuchtvieh, keine Rinder, Schafe oder Ziegen, es waren wilde Tiere, die ich sah in einer freien Landschaft, einer Wildnis, die immer noch der Natur mehr gehört als den Menschen. Dieses Wild in seinem Lebensraum sehen, erleben, nicht wie in einem Großgatter oder einer Farm von Menschen gebändigt, das ist Naturerleben, das ist wie das Besteigen des Mont-Kenya-Massivs, wo nur wenige Menschen hinkommen, ist wie das Befahren eines unbekannten, unentdeckten Wassers mit kleinen selbstgebastelten Kanus. Erst in der Wildnis begreift der Mensch, der dazu noch fähig ist, daß das ursprüngliche Leben möglich war ohne unsere vielen belastenden Hilfsmittel, die Autos auf den asphaltierten Straßen, die Fernsehglotze und die Paragraphen der Einengung. Aber ohne Fortschritte leben, wäre das noch denkbar?

Ein paar hundert Meter weiter begegnete uns ein Trupp Massai-Strauße: drei männliche und vier weibliche Tiere. Die Herren mit dunklem Gefieder, die Damen nicht so reizvoll gekleidet, ganz im Gegensatz zu uns Menschen. Beim Vogelvolk herrschen andere Gesetzmäßigkeiten. Sie schritten gemächlich rechts von uns daher, stolz und majestätisch. Je näher wir kamen, desto flotter wurden ihre Schritte; die verhältnismäßig kleinen Köpfe leicht zu uns gewendet, äugten sie scharf und verfolgten genau unser Fahrzeug. In fast gleicher Höhe mit uns benahmen sich die Strauße ganz eigenartig. Sie versuchten, uns nicht vorbei zu lassen, und liefen immer schneller, so daß der rotbraune Savannenboden nur so nach hinten spritzte. Sie hatten keine Mühe, unseren Weg zu kreuzen. Hui, legten die Strauße ein Tempo vor! Olympische Einhundert-Meter-Sprinter sind gar nichts dagegen. Nach ungefähr 70 Metern - und schon auf der linken Seite unseres Weges - verfielen sie in einen leichten Trott. Lange dauerte es nicht mehr, und sie waren wieder damit beschäftigt, mit ihren Schnäbeln in den Gräsern herumzustochern und Nahrung aufzupicken.

So nahe kam ich in freier Wildbahn selten an Strauße heran. Schwierig wird es, wenn diese großen Laufvögel bejagt werden. Dann sind sie scheu, vorsichtig und laufen auf weite Distanz vom Jäger! Weittragende Kaliber sind nötig. Als ich mit der 8 x 68 S einen männlichen Strauß bejagte, mußte ich ungefähr 300 Meter weit mein Glück versuchen. Ständig war das Wild in Bewegung. Auch ich mußte unaufhörlich meinen Standort verändern, mich äußerst vorsichtig und flach im Gelände bewegen, um eine geeignete Schußposition zu bekommen. Strauße laufen nicht nur schnell, sie äugen auch hervorragend. Es war anstrengender, als ich ursprünglich annahm. Der Schuß vom Fahrzeug wäre leichter gewesen, aber das wollte ich nicht. Das Ziel ist klein. Um die ledrige Haut nicht zu beschädigen, wird meistens ein Ständer durchschossen. Der Strauß ist dann bewegungsunfähig und wird in sitzendem Zustand mit einem gezielten Schuß durch den Hals gestreckt. Ich versuchte, dann doch noch näher ranzukommen, und es gelang mir ein glücklicher Schuß auf den Hals. Der Vogel war natürlich sofort verendet.

Dornenbüsche und flachkronige Akazienbäume standen in Horsten mitten in der Massai-Steppe. Die Blätter der Gehölze hatten sich reduziert, angepaßt an die mörderische, wochenlange Trockenheit. Graugrün, schmal, glatt und metallen-hart wirkten sie.

Der Weg in den gemieteten Jagdblock war weiter, als ich dachte. Schon wieder begegneten wir einer Herde Wildebeest. Mr. Bud meinte, ich solle einen Braten schießen. Er gab dem Fahrer ein Zeichen anzuhalten. Kaum stand der Toyota-Geländewagen, kam Unruhe in die Wildebeestgesellschaft, Zebras und Grantgazellen.

"Na", dachte ich, "kennt das Wild die schlechten Absichten?"

"Schnell das Gewehr", sagte Bud auf Kisuaheli dem Tracker.

Ich winkte ab.

"Warum? Sie können gut vom Wagen schießen. Wir brauchen Fleisch für die vielen Leute!"

"Nein, danke. Erst will ich im Camp Probeschüsse abgeben. Repetierbüchsen, nur mit einem Universal-Schußprüfgerät in der Werkstatt bzw. im

Leihhaus getestet, sind nur zu oberflächlich kontrolliert. Und hier vom Wagen ...?" antwortete ich kopfschüttelnd.

Mr. Bud machte eine krause Stirn. War meine Ablehnung etwas Ungewöhnliches für ihn und seine Leute?

Der Schuß vom Fahrzeug war nicht nach meinem Geschmack. Verbindlich, wie Bud nun einmal war, pflichtete er mir bei. Außerdem befänden wir uns an der Grenze des Jagdblockes, wie er mir erklärte. Wild gäbe es noch genug.

"Sehen Sie", sagte Bud, "dort hinten ist die Chyulu-Kette, ein Gebirgszug, im Süden liegt Oloitokitok. Dahinter ist die Grenze nach Tansania. Wenn wir um diese Baumgruppen herumgefahren sind, geht's in Richtung Selengei weiter. Nördlich davon ist ein 6.000 Fuß hoher Berg. Der bleibt nordöstlich liegen, aber seitlich davon kommen wir an einen Hügel mit einigen Dornbuschbäumen. Auf diesem Hügel steht unser Camp."

Ist das ein herrliches Land! Soweit mein Auge reichte, ebene Savanne, leichte Hügel, Wälder und dann die Berge, die sich weit am Horizont auftürmten. Über der Savanne flimmerte heiß die Luft, aber auf dem kleinen Hügel wehte immer leichter Wind. Und den brauchten wir für unser Lagerleben. Der Wind verwehte Gerüche und verjagte Moskitos und Massaifliegen - denn wir waren im Massai-Land. Wo Fliegen lebten, waren Massai; wo Massai lebten, schwirrten Fliegen zu Myriaden! Mir war nicht gerade wohl bei dem Gedanken an Fliegen auf unseren Speisen, an Fliegen, die auf den vereiterten, kranken Augen eines Massai gesessen hatten und sich nun auf unseren Speisen niederließen. Daran sollte ich mich gewöhnen!

"Well, das ist unser Camp", unterbrach mich Bud bei meinen Gedanken über Fliegen, Moskitos und Massai.

"That's a wonderful nice place, Bud", antwortete ich.

"Bei klarer Sicht sehen wir im Südosten den Kilimandscharo."

Mr. Bud hatte einen wirklich schönen Platz ausgesucht, dazu noch mitten in der Nacht, in der er so voller Alkohol gewesen war, voll wie eine Strandhaubitze! Noch erstaunlicher war seine Fahrkunst nachts durch Busch und Savanne auf kaum erkennbarem Weg, einfach so querfeldein durch Astgewirr und Erdlöcher.

"Look the Camp", sagte er, als wir aus dem Toyota stiegen, "and that is your boy Kemao, your personal boy."

Ich hatte überhaupt nichts mehr zu tun. Kemao machte alles im Trab, ließ mir keine Gelegenheit, selbst Wasser zu holen oder mich zu versorgen. Er las mir jeden Wunsch von den Augen ab; ein famoser Kerl, klein von Statur, flink wie ein Wiesel. Er war 36 Jahre alt und Vater von zwei Kindern, wie er mir radebrechend später einmal erzählte. Ich lasse mich auf

Jagdreisen nicht gern bedienen. Wenn ich mir selbst etwas holen wollte - meinetwegen einen Stuhl - und der Berufsjäger sah das, bekam der arme Kerl einen Anpfiff wie der dümmste Rekrut auf dem Kasernenhof. War mir das peinlich! Auf Diskussionen hierüber ließ sich Bud überhaupt nicht ein. Die Schwarzen, so Bud - der selbst ein recht dunkelhäutiger Pakistani war - hätten zu parieren, zu arbeiten, sich auf Distanz von uns zu halten. Dafür bekämen sie bezahlt, das wäre ihr Job, basta!

Ich hatte ein großes grünes Zelt für mich ganz allein, mit Sonnensegel und Moskitonetz, Stuhl und Feldbett. Zwanzig Meter entfernt stand das Zelt des Hunters Bud. Es hätte, wie sich später herausstellte, noch einige Meter weiter entfernt sein können, denn der Mann schnarchte mark- und beinerschütternd und ließ meine Zeltwände erzittern. Mir wurde klar, weshalb es in der Savanne so wenig Bäume gab ...

Zwischen den beiden Zelten stand das große Messezelt; das Zelt, in dem wir abends unsere Speisen und Getränke einnahmen. Dieser Platz war gleichfalls ungünstig gewählt. Darüber wird es später noch viel zu erzählen geben. Etwas außerhalb befanden sich Dusch- und Toilettenzelt. Die Toilette war ein verbesserter "Donnerbalken", ein breites Brett mit Loch und einer Plumpsgrube.

Duschen im trockenen, heißen Busch ist herrlich. Die afrikanische Dusche ist unvorstellbar für den zivilisierten Menschen. Ein Eimer warmes Wasser in den Zeltwassersack gefüllt und durch eine simple Brause nach unten auf den müden Körper gesprüht, genügt vollkommen, um wieder sauber und erfrischt aus dem Zeltgeviert zu gehen.

Vorräte, Waffen, Patronen und vor allem Getränke wurden im Zelt des Hunters Bud aufbewahrt und auch nur durch ihn herausgegeben!

Die Küche war eigentlich keine: Um einen lebenden und einen abgestorbenen Akazienbaum und eine in den Boden gerammte Stange hatten die Afrikaner eine viereckige grüne Zeltplane gelegt und befestigt. In diesem Winkel standen ein Monstrum von Blechherd und zwei kleine Schränke für Gewürze, Teller, Schüsseln, Bestecke, Gläser und diverse Zutaten. Ein großer, von den Afrikanern bereits zusammengesammelter Holzhaufen sorgte für Energienachschub. Das Holzfeuer brannte ständig, die Asche blieb um die Glutbank liegen und wurde immer mehr angehäuft. Auf diese Art bekam der Koch Kitweo auf relativ großer Feuerstelle beste Koch- und Bratgelegenheit und konnte die Glut, gemischt mit Asche, als sogenannten "Grudeherd im Freien" zum Warmhalten der Speisen verwenden. Eine vorzügliche und bequeme Einrichtung.

Neben meinem Zelt stand schattenspendend ein Dornbuschbaum mit flach-rundlicher Krone. Der Wind hatte sie im Laufe vieler Jahre ein wenig in Lee auswachsen lassen: Ein Windflüchtergehölz. Die Zweige hingen voller Webervogelnester. Leicht schaukelten sie im Wind, und jedesmal, wenn ein Vogel mit seinem leichten Gewicht anflog und in das Nesteingangsloch schlüpfte, wippte es hin und her. Morgens jubilierte diese Spatzenverwandschaft in den neuen Tag hinein.

Ein Webervogel mit dunklem Kopf und gelbem Rückengefieder begrüßte mich besonders freundlich. Als ich eines Tages mit ihm eine Konversation darüber begann, daß die anderen Herrschaften noch ihren Rausch ausschliefen und wir beide erst allein wach seien, äugte er mich von allen Seiten an. Er drehte seinen kleinen Kopf so lustig und schräg zu mir, um mich immer wieder aus anderer Perspektive zu betrachten und sich ein Bild von diesem großen Bleichgesicht zu machen. Seine kleinen, roten Augenperlen blinzelten dabei in die Sonne, niedlich und intelligent mit seinem neugierigen, wichtigen Getue. So etwas gibt es beim Vogelvolk! Dann zwitscherte und tschilpte er los, ganz aufgeregt, sein Kehlsack plusterte sich auf, und die Töne, die aus seiner kleinen Kehle kamen, konnte ich deutlich interpretieren:

"Faule Schlafsäcke, Saufköpfe - tschilp, tschilp trillereli - aufstehen. Geh' sie wecken!"

Ich überlegte, ob ich der Aufforderung meines kleinen Vogelfreundes nachkommen sollte. Um sicher zu gehen, fragte ich noch einmal. Zuerst sah er mich verdutzt an und meinte wohl offenbar, ich sei ein bißchen begriffsstutzig, weil ich ihn nicht verstand. "Piep", sagte er und nickte mit dem Kopf.

Ich entschloß mich zu gehen - und er begleitete mich mit freudigem Gezwitscher ...

Hier könnte die Beschreibung des Camps abgeschlossen werden, denn mehr Zelte gab es nicht. Aber wo übernachteten die Tracker, Skinner, Koch und Fahrer? Sie alle schliefen irgendwie und irgendwo draußen. Einige Waiter (Boys) lagen bei Kitweo, dem Koch, neben der Holzkohlenglutbank. Das waren diejenigen, die nachts froren. Driver, Tracker und Skinner kampierten in oder unter den Autos. Ich war sprachlos. Die Leute waren ständig beschäftigt. Sehr früh, noch im Dunkeln, begann für sie schon der Tag, und spät nachts, wenn wir schon selig in unseren Feldbetten schliefen, hantierten und palaverten sie noch herum, bereiteten für den nächsten Morgen alles sorgfältig vor, um wieder mit einer Mütze voll Schlaf völlig frisch zu sein. Ist das ein Leben! Glauben Sie mir, lieber Leser, die Leute sind fröhlich, zufrieden und dankbar, dabei sein zu dürfen (!), sie sind auf der Jagd oder im Camp, sie verdienen gerne ein paar Shilling und erhalten Fleisch, viel Fleisch. Wer von der übrigen Bevölkerung genießt diesen "hohen" Lebensstandard? Der Schlaf ist zwar nicht reichlich bemessen und eine Safari für alle Teilnehmer sehr anstrengend, aber schließlich gibt es Bakschisch (Trinkgeld), und alles zusammen betrachtet, ist das Jagdleben eines der schönsten, auch für diese Menschen!

Unsere wichtigsten Leute sind die Tracker. Die Jungs gefielen mir. Der erste Tracker, Dechon, war ein schlanker, sehniger Bursche, ein Wakamba mit wundervoll weißen, aber spitz zugefeilten Schneidezähnen und blitzenden dunklen Augen, denen nichts entging. Ein Mann, der nicht nur intuitiv handelte, sondern auch reich an Erfahrung und Wissen war, den ich später immer wieder bewunderte. Er war ein sensibler Mensch, dieser Fährtenleser, und zugleich hart und ausdauernd. Diese Eigenschaften waren wohl erforderlich für einen Job, der mit 17 Kenia-Shillings pro Tag (1971) für afrikanische Verhältnisse als gut bezahlt galt.

Der zweite Tracker hieß Bogua, ebenfalls ein Wakamba mit hervorragenden Qualitäten, jedoch kleiner und jünger als Dechon.

Jolly hieß der Driver. Er machte auf mich keinen vertrauenerweckenden Eindruck. Ich sollte, wie sich später herausstellte, recht behalten.

Als Skinner waren noch zwei famose, immer lustige Burschen anwesend. Sie hießen Francis und Nyoroge. Beide waren neu in der Safari-Crew.

Mit Nyoroge verband mich bald eine besondere Zuneigung. Er war vielleicht 19 Jahre alt, genau wußte er es nicht. Sein Aussehen stach ab von dem der anderen, denn dieser Bursche war von der Natur stiefmütterlich bedacht, aber von einem auffallend reizenden humoristischen Wesen, gepaart mit Selbstbewußtsein und einer gewissen Sicherheit. Er könnte gerade wegen dieser Sicherheit das Kind wohlhabender Leute sein. Aber das traf wirklich nicht zu, vielmehr stammte er aus irgendeiner Großfamilie. Dennoch, durch diese Sicherheit, diesen Humor, dieses Vergnügtsein, wurde er binnen weniger Minuten der Liebling aller Safariteilnehmer und blieb es auch durch seine taktvolle Art.

Mit allen anderen Afrikanern hatte ich weniger Kontakt.

"Das also ist unser Messezelt, bitte gehen wir hinein", sagte Bud.

Er blickte zu Kemao, der sogleich verstand, was gemeint war und mir einen Feldstuhl unter den verlängerten Rücken schob. Ich fühlte mich wie im Hilton-Hotel, wo die Kellner diese Hilfe ihren Gästen ebenfalls angedeihen lassen.

"Nehmen wir einen Whisky pur, mit Wasser oder mit Fanta?" fragte Bud unvermittelt.

"Aber Bud, kennen Sie nicht die alte englische Kolonialsitte: Erst Alkohol trinken, wenn bereits die Sonne untergegangen ist?"

Er lächelte: "Sicher, aber hier regiert jetzt Jomo Kenyatta, und wollen wir einen bedeutenden Tag trocken beginnen? Das bringt kein Jagdglück!"

Ich bin nicht abergläubisch, und ich trinke auch gern mal ein Glas Alkohol. Sollte ich die große Last der Schuld auf mich nehmen, falls der Jagderfolg ausbliebe? Nein, das konnte ich nicht.

"Bitte mit Fanta", sagte ich.

"Ich nehme nur Wasser, ein klein wenig aus dem Wassersack, das ist am kühlsten", meinte Bud.

"Also auf eine gute, erfolgreiche Jagdsafari, cheerio!" Und schon klirrten die großen Gläser. Um es kurz zu machen, es trank jeder zwei volle Gläser aus, für jedes Bein eben eines.

Nun wurde ich aktiv. Ich stand auf und sagte: "Bud, an die Gewehre, bitte einschießen."

"Aber jetzt, mittags, wo die Sonne so hoch steht, das hält doch kein Mensch aus, das, das, das ...", er stotterte förmlich, "das Licht ist viel zu grell!"

"Bitte, es ist noch nicht einmal 11.00 Uhr, wir schießen die Gewehre ein, das muß sein!" sagte ich etwas deutlicher.

Mir war die letzte Nacht und auch die lange Fahrt bis zur Hunter's Lodge allzu gegenwärtig.

Bud trennte sich schwer, entsetzlich schwer von seinem Glas. Armer Kerl, dachte ich, nach solch einer langen Fahrt und Nacht, die Unmengen Alkohol, die er durch seine Leber laufen ließ, da mußte Bud die Mahnung zum Aufbruch offensichtlich brutal vorkommen.

"Let's go", sagte er und schlug mit der flachen Hand entschlußlos auf die schiefe Tischplatte.

Aus dem Zelt wurden die geliehenen Gewehre, die 30-06 Springfield und die 458er Winchester Magnum, geholt. Der Tracker legte sie in den Geländewagen. Hinzu kamen ein Stuhl, ein Tisch und ein paar alte Textilien als Gewehrunterlage.

Wir stiegen in den Wagen, und los ging die Fahrt ein paar hundert Meter weiter in die flache Massai-Steppe. Ein paar Dornbuschbäume standen dort zum "Anstreichen", kein Kugelfang. Seit zwei Stunden wehte schon ein scharfer Wind. Dicke weiße Kumuluswolken, die den nahenden Monsun deutlich ankündigten und ein sicheres Anzeichen für die in den nächsten

Wochen zu erwartende Regenzeit waren, ließen den Wind immer mehr auffrischen. Keine guten Stunden zum Einschießen der Gewehre.

Als Tisch und Stuhl standen, ließ Bud in knapp 20 Meter Entfernung einen Pappkarton an einen stacheligen Baum binden. Ich nahm die 458er Winchester Magnum und wollte damit schießen. Das sollte ich nicht. Es mußte die 30-06 Springfield sein, und das bei relativ kurzer Entfernung. Ich fragte Bud, ob das sein Ernst sei. Buds Meinung war es, wenn der Schuß auf 20 Meter richtig säße, müßte er auch auf 200 Meter und weiter stimmen. Auf meine Skepsis gab er nicht viel. Die Büchse wurde mir gereicht, dazu eine Patrone mit den Worten: "Die wird reichen, unsere Gewehre schießen alle gut."

Das sagte Bud so überzeugend, daß ich beinahe den Probeschuß abgelehnt hätte.

"Wo ist die Schaftverlängerungskappe?" fragte ich.

Alle sahen mich dümmlich an, zuckten mit den Schultern und kamen zu keinem Entschluß.

"Improvisieren wir!" sagte ich. Kurz entschlossen zückte ich mein Waidmesser und schnitt aus der Styropor-Kühlbox ein Schaftverlängerungsstück heraus. Dann bat ich um ein Pflaster bzw. Isolierband. Fünf Minuten später war die Büchse, was die Schaftlänge betraf, brauchbar.

Ich lud das Gewehr, legte es auf die vorbereitete Polsterung und zielte mitten in den mit Holzkohle gemalten dunklen Fleck des Pappkartons, Schuß! Zweieinhalb Meter neben dem Pappkarton spritzte der graugelbe Staub auf. Das durfte nicht wahr sein! Der Zielstachel des Zielfernrohres hatte drei Grad Neigung, so wie die Sonne sie auch in Kenia hat. Das war verdächtig, mußte jedoch nicht ausschlaggebend sein. Vielleicht wackelte er auch. Ich konnte es nicht genau feststellen. Sicherlich lag es daran, daß sich das Absehen im Zielfernrohr nicht exakt in der Mitte der Optik befand, abgesehen von der vollständigen Dejustierung.

"Das werden wir gleich haben", meinte Bud und schon kletterte er in den Toyota, fuhr nahe an einen Baum heran, suchte kommentarlos das Fahrerkissen sowie einige Seile und Bindfäden zusammen. Mit diesen Utensilien entstand eine ideenreiche Konstruktion gegen die Abdrift des Geschosses durch den Wind ...

"Das Zielfernrohr muß justiert werden, Bud."

"Abwarten, das Gewehr muß fest sitzen", war seine Antwort. Und dann wurde es an Baum und Toyota festgezurrt und mit Kissen und Lappen an Schaftende und Auflage gepolstert. Damit der Baum nicht vom Winde durchgerüttelt werden konnte, kletterten zwei Männer mit Panga (einem Haumesser) in die Krone und verschandelten den Habitus des Flötenakazien-Gehölzes. Unvorstellbar! Endlich saß das Gewehr bombenfest, wie Bud meinte. Ich hingegen überlegte, wenn das Gewehr wider Erwarten jetzt genau schösse, wäre es in der Praxis doch nicht brauchbar, denn der Körper verhielte sich durch seine Elastizität anders beim Schuß als das starr verankerte Gewehr. Da würde es immer entweder Hoch- oder Tiefschuß geben. Schon wurde ich aus meinen Überlegungen gezerrt. Ein Schwall lauter und energischer Kisuaheliworte sprudelte förmlich aus Buds Mund, und schon sprangen die Baumverunstalter aus der verstümmelten Baumkrone, liefen zum Pappkarton, ließen sich über 20 Minuten hin und her dirigieren, bis ein richtiger Platz an einem Baum gefunden wurde, der der Zielrichtung entsprach. Jetzt akzeptierte auch ich diese kurze Entfernung für die ersten Schüsse mit dem dejustierten Zielfernrohr.

"Okay", klang es deutlich, und Bud zielte gewissenhaft. "Rums", genauso gewissenhaft spritzte wieder der staubige Boden zweieinhalb Meter seitlich vom Ziel auf.

Bud fluchte auf die Waffenhändler. Er schoß ab und zu und er bekam Durst. Von den Patronen blieben uns nach drei Stunden Bastelei nur noch 16 Stück für die Jagd.

Mittlerweile war es Nachmittag geworden. Bud wollte ungestört sein. "Rums", wieder krachte ein Schuß, zehn Minuten später noch einer, und dann kam das erlösende "all right".

Ich wollte auch noch einen Probeschuß machen. Da nur noch 14 Patronen übriggeblieben waren, verzichtete ich. Später stellte sich heraus, daß ich hiermit einen Kardinalfehler begangen hatte, den ich mir als erfahrener Jäger nicht verzieh.

An diesem Abend lebten wir von Konserven, Tee und Whisky und gingen auf meinen Wunsch hin relativ früh schlafen. Ich konnte zunächst nicht zur Ruhe kommen, denn draußen waren alle Afrikaner und auch Bud noch geräuschvoll beschäftigt. Dann schlief ich ein und träumte von den wundervollsten Jagderlebnissen, die da kommen würden. Es war nach allen vorangegangenen Strapazen ein erquickender Schlaf, bis ich durch erneuten Lärm aufwachte. Draußen schrieen markerschütternd die Löwen, Hyänen "lachten" heiser, keckerten und kreischten wie pfeifende Sirenen, und es bellten die Schakale. Ich hörte das Trompeten weniger Elefanten von ganz weit her, aber ganz nahe knurrte, schnurrte und schnarchte ein "Tier". Unwillkürlich griff ich zum Jagdmesser, das immer neben mir lag, genau wie meine Taschenlampe. Was war das? Jetzt grunzte es. Nun wurde ich hellwach! Vorsichtig schlug ich die Decke beiseite und stand auf, das Messer in der rechten Hand, die Taschenlampe in der linken, öffnete den Reißverschluß des Zeltes, leuchtete mit der Lampe hinaus und lauschte dem schnarchenden Grunzen. Plötzlich sah ich im Lichtkegel der Taschenlampe das Gesicht meines Waiters Kemao. Der Prachtkerl war immer zur Stelle.

"Was ist, Bwana?" flüsterte er.

"Das wollte ich dich fragen", entgegnete ich.

"Mister Bud schlafen laut wie Löwe, Bwana", sagte er beinahe verängstigt und leise.

"Na, denn gute Nacht, Kemao."

Vom Toyota und vom Lkw her hörte ich das Kichern der anderen Schwarzen. Zwanzig Meter entfernt stand Buds Zelt! Keiner vermochte in seinem weiteren Umkreis ruhig zu schlafen.

Kaum erhellte die Morgensonne den Himmel, stand ich auf. Schon lief mir Kemao entgegen: "O Bwana, stand up now?"

Es war ihm sichtlich unangenehm, daß ich vor ihm das Zelt geöffnet hatte. Er lief zum Koch, und schnell wie immer kam er mit Tasse, Tee und Zucker zurück, servierte alles liebevoll am Feldbett und bat mich, erst zu trinken. Early morning tea. Inzwischen holte er Waschschüssel, Wasser und Seife und stellte alles neben dem Zelt auf einen Stuhl.

Bud schnarchte noch. Sein Waiter hatte wohl Hemmungen, ihn zu wecken. Er ging vorsichtig vor dem Zelt auf und ab, leise und wachsam wie ein Leopard.

Nachdem ich fertig war und die Schwarzen in dem Messezelt das Frühstück gerichtet hatten, benahm ich mich so laut, daß Mr. Bud diese Rüpelei hören mußte.

"Tee", rief er, und das war das Signal für seinen persönlichen Boy. Der Ärmste bekam gleich am Morgen eine "Standpauke" verpaßt, weil ich längst fertig war und man Bud seinen Rausch hatte ausschlafen lassen!

Dann ging alles relativ schnell; wir frühstückten, wobei es Bud nicht versäumte, den Schwarzen zu erklären, wie die Gerichte in Qualität und Menge auszufallen hätten. Mit vollem Magen kam gute Laune auf. Hoffnungsfroh kletterten wir in den Pirschwagen, und ab ging es auf die Jagd. Hinter uns die gelbbraune Staubwolke, die die Räder aufwirbelten, vor uns das weite Land der fast baumlosen Savanne.

Hinter einigen Akazienbäumen erspähten wir das erste Wild des Tages. Es waren die fast sechs Meter großen Giraffen, die uns neugierig abwartend beäugten, als wir anhielten, um ein paar Fotos zu machen. Vorsichtig und leise stieg ich aus dem Wagen und ging auf sie zu. Das mochten sie nicht. Sogleich setzten sie sich in trabartigem Paßgang in Bewegung und verfielen dann in schaukelnden Galopp, wobei sie ihre langen Hälse eigenartig straff in die Höhe hielten, damit ihren guten Augen auch nicht die geringste fremde Bewegung entgehen konnte. Ich blieb stehen; meinem

32

Beispiel folgten alsbald auch die Giraffen, etwas versteckt hinter flachkronigen Bäumen. Die Fluchtdistanz betrug ungefähr 50 - 60 Meter. Die Literatur nennt längere Fluchtdistanzen. Ich kann diese Auffassung jedoch nicht teilen, denn auch spätere Zusammentreffen mit Giraffen bestätigten mir meine Feststellungen.

"Die dummen Giraffen sind so leicht zu erlegen", sagte Bud, "ich kann überhaupt nicht begreifen, daß es noch Jäger gibt, die sich hierfür Abschußlizenzen kaufen".

Ich pflichtete ihm sofort bei.

"Als ich vor Jahren einmal einen Inder führte", erzählte Bud, "schoß er gleich vier Giraffen für teures Geld. Mit den Decken (Fellen) wollte er sich sein Foyer dekorieren. Es gibt schon eigenartige Käuze ...!"

Giraffen, Königinnen der Savanne, so wird erzählt, seien imstande, sogar dem König Simba, dem Löwen, gehörigen Respekt einzuflößen. Giraffen sind starke Tiere mit enormer Ausdauer, die sich kraftvoll und zielsicher mit den Schalen ihrer Vorderläufe zu verteidigen wissen, so daß schon mancher Löwe, wie vom Blitz getroffen, unter der gewaltigen Wucht des Schlages sein Leben aushauchte.

Mr. Bud war übrigens ein famoser Unterhalter, ein gebildeter Mann, der mehrere Sprachen beherrschte. Abgesehen von den unerfreulichen jagdlichen Erlebnissen war die Safari im Lande der Massai für mich sehr lehrreich, voller Abwechslung und immer wieder spannend.

"Sehen Sie dort hinten den Dornbuschhaufen?" fragte mich Bud.

"Wo?"

"Da ganz hinten am Horizont!" Buds geschultem Auge entging so leicht nichts.

"Ach, dieses flache Etwas, kaum zu erkennen? Ja, jetzt sehe ich ihn", antwortete ich.

"Das ist ein Massai-Kral, um den haben die Massai Dornbusch- und Akazienzweige und Äste um ihre niedrigen Hütten zu einem undurchdringlichen Wall aufgetürmt. Dieser umgibt den ganzen Kral und bietet ihnen und ihren Tieren Schutz vor Raubwild. Später werden wir die Massai besuchen. Jetzt müssen wir für Fleisch sorgen, laßt uns zunächst jagen!"

Die Massai passen sich sehr geschickt dem Leben in der Savanne und Steppe an. Das Leben spielt sich vornehmlich in flachen Landstrichen ab. Darauf haben sich Wild und auch Hirten-Nomadenvölker, wie die Massai, eingestellt. Sie selbst sind groß gewachsen, haben so von hoher Warte einen weiten Blick und sind damit dem Leben in der Savanne gut angepaßt. Das Grasland, auf dem die riesigen Herden der Massai ihre Nahrung finden sollen, sieht dürftig aus.

Die Massai ziehen als Nomaden mit ihren Herden von Weidegrund zu Weidegrund, und auch das Wild macht große Wanderungen, um genügend Nahrung zu finden. Schwaches Wild und Nutztiere der Massai werden vom Raubwild gefressen. Deshalb ist der Löwe als Regulator der erbittertste Feind der Massai. Jedes geschlagene Stück Vieh beraubt die Massai eines Teils ihres Reichtums, ihrer Viehbestände. Früher war es und ist heute zum geringen Teil noch Sitte, daß jeder Massai, um als vollwertiger Moran (Krieger) zu gelten, einmal einen Löwen gespeert haben muß. Es sterben heutzutage bestimmt weniger Massai durch Krieg und Kampf mit Löwen als vielmehr durch Seuchen und Krankheit.

Noch lag dünner, blaßgrauer Nebel über der Savanne. Die Sonne stieg langsam über den Horizont, glühend rot und verdrängte den morgendlichen Dunst. Als die Sonne dann emporstieg, legten ihre Strahlen der Savanne ein goldenes Kleid an. Es waren für mich die schönsten Stunden, wenn morgens die Savanne wie ein goldener Teppich dalag, wo das Muster aus Farbtupfern grüner Sträucher und graugrüner Dornbüsche bestand und Wild friedlich äste.

Viele Meilen schon holperten wir mit unserem Wagen über die ausgedörrte Savanne.

Sie sah trostlos aus. Schafe, Rinder und vor allem Ziegen, die nicht nur Gräser, sondern Blätter aller vorhandenen Pflanzen radikal abfressen, zerstören durch Überweidung den ohnehin empfindlichen Boden, dessen Humusschicht beinahe zu einem Nichts geworden ist. Hier in der Savanne herrschen in abnormen Trockenperioden andere Voraussetzungen. Jeder unnötige Huf zerstört dann das Wachstum der Pflanzen.

Trockensavannen sind nicht nur ebenes oder auch lückenhaftes Grasland, unterbrochen von Büschen, flachkronigen Schirmakazien, Euphorbien, Affenbrotbäumen (Baobab) und Trockenwäldern. Hänge, Hügel und Felsen liegen manchmal mitten in der Savanne wie Inseln im Meer. Oft ziehen sich Schluchten, Gräben, meandrierende Flüsse oder eingesprengte, dichte Dornbuschwälder durch die Savanne. Für die Qualität der Savanne ist die Länge der Trockenzeit maßgebend, denn bei gleicher Regenmenge und langer Trockenzeit finden wir Trockensavannen vor, wenn eben die Verdunstung höher ist als der Niederschlag und wenn bei gleicher Regenmenge kurze Regenzeiten folgen. Bei Feuchtsavannen ist es umgekehrt: Die Nähe des Äquators zu den Savannen- und Steppengebieten und der Sonnenhöchststand beeinflussen die Regenzeiten so, daß sie in den Gebie-

34

Wachsamer Netzgiraffen-Steppenzebra-Verband.

Löwen-Paarung.

ten Ostafrikas während eines Jahres in zwei Perioden auftreten: Die große Regenzeit von März bis April und die kleine Regenzeit von November bis Dezember.

Wir fuhren mit unserem Geländewagen über das weite Land und suchten nach einem schattigen Platz für unsere "Siesta". Die Erde war an diesem Tag heiß wie glühende Asche. Drückende Hitze. Mir wurde schnell klar, weshalb die afrikanischen Savannen in der Trockenheit so dürftig aussehen können:

In diesen Regionen überwiegt die Trockenheit, schafft die Grundlage für das Entstehen der Savanne. Es wächst und gedeiht oft nur eine einzige Grasart über weite Räume, z. B. das bis 15 cm hoch wachsende Bermuda- und Sägezahngras oder die verschiedenen Hirsearten (Kaffernhirse, Bluthirse, Kolbenhirse, Rispenhirse), zu denen Andropogon- und Panicum-Arten zählen.

Vieltausendköpfige Wildherden, die während ihrer Wanderungen über die Grasfluren der Trockensavannen ziehen und sie kurzäsen, scharfen, unerbittlichen Rasenmähern gleich, bewirken dasselbe wie der Rasenmäher im gepflegten Garten oder das Abbrennen der Savanne durch Menschenhand, durch Blitz oder andere Feuerbildungen: Anregungen zum neuen Wachstum.

Die Lebensgewohnheiten und Wanderungen des Wildes und der Hirtenvölker mit ihren Viehherden richten sich nach dem Regen, nach dem Wachsen des Grases. Erhaltungstrieb, Hunger, Durst und Furcht treibt die Herden voran.

Nach der kleinen Regenzeit, also nach November/Dezember, wenn das Gras wieder gewachsen ist, die Savanne blüht und Nahrung für alle reichlich vorhanden ist, werden die Kälber gesetzt.

Mit dem Wachsen der Gräser entwickeln sich auch die Jungen, lernen von den älteren Tieren, sammeln Erfahrungen, bis sie dem Schutz der Muttertiere entsagen können. Aber wenn das Gras mannshoch geworden ist, fängt das Wild an, diese Einstände zu meiden. Damals war es durch die wahnsinnige Trockenheit selten hochgewachsen. Die letzten Jahre waren kläglich für das Wild, vor allem im Massailand.

Einige Male befand ich mich zu anderen Zeiten bei Jagden im hohen Savannengras. Immer hatte ich ein ungutes Gefühl, wenn ich, gebückt oder auch aufrecht, in der typischen Bewegungsart des Menschen mich bewegte. So geht es auch den Grasfressern; dem Wild muß es unheimlich sein, denn es sieht und windet schlecht oder auch gar nichts in Hochgrassavannen. Die

< **Massai-Moran (Krieger) in vollem Putz.**

lebensrettenden Sinne, äugen, wittern und lauschen sind beeinträchtigt. Das Gesichtsfeld ist genauso eingeengt wie das meine, als ich durch mannshohe Gräser ging. Zu leicht wird Wild von Löwen und Leoparden geschlagen, von allen Fleischfressern, die sich im Schutz der hohen Gräser an das Schalenwild besser heranschleichen können. Wildebeest (Gnus), Leierantilopen, Zebras, Hartebeest, Grantgazellen und andere Grasfresser bevorzugen deshalb das "Kürzere-Gras-Land". Sie verabscheuen hohe Savannengräser und wandern in Zonen mit niedrigerem Wuchs und in höher gelegene Gebiete, wo sie Nahrung, Wasser und Schutz finden. Topis und Thommies (Thomsongazellen) dagegen lieben auch etwas längeres Gras der offenen Savanne, ziehen aber ungern in den dichten Busch. Das muß man wissen als Jäger. Wo die Gräser niedriger sind, da äst das Wild, da hält es sich auf, und wenn die Sonne zu heiß brennt, sucht das Wild Schutz in dem mit Bäumen und Büschen bestandenen Buschland.

Während einer späteren Reise ins Massailand wollten wir von einem Kral zu einem etliche Meilen entfernt liegenden Kral wandern, und so durchstreifte ich ohne Gewehr mit drei Massai Moran (Kriegern) und ihren beiden Hunden die Savanne. Wie ausgestorben lag die riesige Fläche vor uns. Über der Savanne brütete Mittagsglut. Ob wir überhaupt Wild sehen würden? Wo waren die zahlreichen Bewohner geblieben? Kein Windstoß war zu spüren, der sonst die Gräser hin- und herbog. Keinen Laut eines Vogels hörte ich, kein einziger Vogel flog in der flimmernden Luft, der Himmel war leer. Aber wenn die Sonne sich gegen Abend im Westen neigt, werden sie alle wieder erscheinen und die weite Ebene mit vielfältigem Leben erfüllen. Die Moran trugen ihren Speer in der rechten Hand, die Panga in roter Lederscheide an einem Lederriemen um die Hüften geschlungen, und über ihren schokoladenbraunen Körpern hing die ockerfarbene Toga (Shuka) herab. Sie wurde von einem dicken Knoten auf der linken Schulter gehalten. An ihren Füßen trugen sie Sandalen. Der Kopfschmuck bestand aus rotgefärbten Haaren, die durch Wollfäden verlängert, zu einem langen Zopf geflochten waren. Auch er wurde wie die übrige Frisur durch Fäden und Schmuck gehalten.

Eine Unterhaltung war kaum möglich, denn ihre Sprache war mir fremd, unsere Unterhaltung waren unsere Gesten. Aber Kakombe, so hieß der eine Moran, sprach ein paar Brocken Englisch, so daß das Notwendigste gesagt werden konnte. Leichtfüßig gingen sie und stolz wie Pfauen. Ihre Augen sahen alles, sahen auch das Flimmern über der Savanne: Hitzewellen wie von einem unsichtbaren Feuer entfacht über dem Boden.

Die Sonne sengte erbarmungslos das Land. Wir fanden Röhren, Baue, angelegt von nachtaktiven Erdferkeln, oder alte Baue von Termiten, die bevorzugt Warzenschweine bewohnen. Warzenschweine erweitern vorhandene Baue, Löcher, Röhren in der Savanne oder bessern sie aus, durchwühlen kniend die Erde mit dem "Gebrech", um für ihre Sippe genügend Unterkunft zu schaffen. Termitenhügel in oft bizarren Formen erhoben sich aus dem roten Lateritboden. In ihrem Inneren befand sich die Termitenstadt, wo emsiges Leben und Treiben dieser Insekten herrscht. Wir gingen entlang einiger Dornbuschhorste. Ich wußte nicht, daß die Moran mit mir in eine Warzenschweinjagd verwickelt würden. Ich mußte es ahnen, als sie vorsichtig und bedacht einige Baue betrachteten, in denen sie Warzenschweine vermuteten. Die Hunde wurden neugierig, und so geschah es denn auch durch sie. Sicherlich gibt es schöneres Wild auf der Welt, aber was heißt schon schön. Doch diese afrikanische Art aus der Familie der Wildschweine bedeutet für den Jäger große Faszination. Die spärlich auf den staubfarbenen, grauen Körper wachsenden Borstenhaare der ledrigen Haut sind es nicht, die uns begeistern können. Auch nicht die dicken, warzenartigen Auswüchse, die dieser Wildart den Namen "Warzenschwein" gaben. Da zählen mehr die Kraft, der Schwung und das Feuer, was in diesen Warzenschweinkerlen steckt. Als Trophäe tragen alte Keiler ein wundervoll langes und kräftiges gekrümmtes "Gewaff", Zähne, mit denen sie äußerst gefährlich tödliche Angriffe starten können. Ihr Gebrech mit den starken "Gewehren" und "Haderern", ihren Zähnen, dient ihnen jedoch auch zur Nahrungssuche, wenn sie im Gebräch stehen, und für Erdarbeiten an ihren Bauen. Mir ist eigentlich kein Wild bekannt, das mutiger wäre als ein Warzenschweinkeiler. In einem Fernsehfilm sah ich, wie ein Keiler einen Leoparden durch die Luft wirbeln ließ und ihn immer wieder gewandt und ohne Rücksicht auf eigene Blessuren angriff - und verjagte. Warzenschweine sind jedoch Wirt für die Erreger der Schlafkrankheit und wurden deshalb in verschiedenen Gegenden sehr stark dezimiert, regional sogar ausgerottet. Sie sind Lebewesen von Häßlichkeit und unerhörtem Schneid. Furchtlos verteidigen sie Familie, ihren Bau - ohne Skrupel, wenn es nur jemand wagt, sich ihrem Reiche zu nähern oder sich womöglich am Nachwuchs vergreift. Warzenschweine sind mißtrauisch gegen jeden. Ihre kleinen Argusaugen strahlen keine Freundlichkeit aus, nur Skepsis. Was ihnen ihr Gefühl nicht deutlich macht, ist verdächtig, müssen sie bekämpfen, vernichten. Sind sie nicht unterwegs im Busch, liegen sie in ihren Erdhöhlen mit wachen Sinnen, wie in einem Hinterhalt. Selbst wenn sie in starkem Tempo zu ihrem Bau kommen, drehen sie sich blitzschnell herum und rutschen rückwärts in die Röhre, niemals mit dem Haupt zuerst. Den Kopf zum Ausgang gerichtet, beobachten sie ihre Umgebung, um sich nicht überraschen zu lassen. Durch ständiges Ein- und Ausschliefen in die Röhren und Hinausschieben des heruntergerutschten Erdreiches mit dem Wurf (Wühlrüssel, Gebrech, Schnauze) machen die Warzenschweine das Erdreich locker. So wird gerade in der Trockenzeit die Erde immer wieder aufgewühlt, bewegt und zerrieben zu feinem staubigen Savannenboden. Wenn ein Störenfried in die Nähe ihres Höhlenbaues gelangt, prusten und schleudern sie dem vermeintlichen Gegner eine strukturlose Schwade aus feinsten Erdteilchen, entgegen. Das ist der Beginn eines Angriffes - oder einer Flucht, wenn ihr Gegenüber Menschen sind, deren Abstand dieses Ausweichen erlaubt. Zur "Begrüßung" verteilt das Warzenschwein schnell und sicher treffend einen nicht belanglosen Hieb mit seinen dolchscharfen Gewehren, um anschließend, wenn keine Gegenwehr erfolgt, die Flucht zu ergreifen - einen, das Bein der Länge nach aufgeschlitzten "Wissensdurstigen", zurücklassend. Ich habe eine solche alte Verletzung am Bein eines Mannes gesehen, schönen Dank! Der Moran pfiff seine Hunde zurück; er wußte, welche Gefahr sogar für einen erfahrenen Hund in einem Gebiet der Warzenschweinhöhlen besteht. Aber der Duft von Warzenschweinen stieg dem stärkeren Hund, einem kräftigen Mischling zu verlockend in die Nase. Er war nicht zu halten.

Plötzliches lautes, grelles, schrilles Quieken und Quietschen eines Frischlings, nein einer ganzen Frischlingsschar mit Bache, die in dem gelben Gras getarnt, durcheinanderraste, den Pürzel senkrecht in die Höhe gehalten, als wollten sie die Fahrtrichtung signalisieren. Ein wildes Durcheinander, ein Zusammenlaufen und ein Davonstieben, ein verrücktes Hasten und Huschen im Gras, begleitet von gellenden Quieklauten. Aufregung, Alarm, für die Bache, für Keiler und Familienvater, für alle Erwachsenen! Ich sah nur, wie der Hund durch die Luft gewirbelt wurde, aufjaulte und zu Boden klatschte, hörte die Sau "blasen", aber sie drehte wohl ab, denn ich sah sie nicht mehr, plötzlich erblickte ich einen mittelalten Keiler, der wie eine Lokomotive, mit Volldampf auf uns losstürmte. Der Angriff war gestartet. Der Keiler kannte nur eins: Vernichtung der Störenfriede. Der Massai-Moran sprang zur Seite, und eh ich es begriff, hatte er blitzschnell dem Keiler seinen blanken Speer kraftvoll in den Brustkorb geschleudert. Hochblatt saß er, und der Keiler schlug um sich mit seinem Gewaff, verfolgt und gebissen und gerissen und gezerrt von dem anderen Hund. Der Moran und der Hund folgten dem Keiler. Es waren nur noch wenig über siebzig Meter, die der Keiler mit dem schwankenden Speerschaft in seinem

Körper bewältigte, dann brach er zusammen. Der Speer hatte ein tiefes Loch gerissen, er war so kräftig geschleudert und so zielsicher auf dem Warzenschwein gelandet, daß er zwischen die Rippen quer durch den Körper ging und innen vor der Schwarte der abgewandten Seite stecken blieb!

Der starke Hund war böse zugerichtet. Die rechte Seite war der Länge nach aufgerissen, die Rippen teilweise freigelegt, gelblich-weiß leuchteten Teile aus dem blutigen Fleisch wie Schweinerippen auf dem Schlachthof, die Därme, Gott sei Dank, noch von der inneren Bauchhaut umgeben, und der Kopf hatte mehrere tiefe Schmisse. Aber der Hund jaulte nicht, er war fast benommen, apathisch lag er ausgestreckt auf der Seite und ließ sich von seinem Herrn behandeln. Dankbarkeit und siegesbewußte Freude schienen in seinen Augen zu liegen und er leckte Hand und Beine des Massai. Es war uns klar: Hier darf der Hund nicht bleiben, seine Wunden geben Witterung, er wäre Fraß für Löwen, Leoparden und Hyänen. Zwei Massai trugen den kampfstarken Hund. Im Kral würde sich der Häuptling, der Laibon und zugleich Medizinmann, um den Hund kümmern, ihn versorgen. Als wir nur vier Tage später wieder im Kral waren, kam uns der notdürftig geflickte Hund schon wieder entgegen. Afrikanische Sonne heilt schnell.

Wer heute die großen Herden der Savanne sehen möchte, muß die Gebiete verlassen, in denen sich inzwischen seit der Jahrhundertwende der Mensch mit seiner Zivilisation, seinen Städten, Dörfern, Straßen und der Landwirtschaft ausgedehnt hat. Die Kultur ist zum Feind der Natur geworden, aber dort, wo durch weitvorausschauende Männer riesige Wildreservate und Naturparks geschaffen wurden, wie die Selous, die Serengeti, Massa-Mara, der Tsavo-Nationalpark, der Samburupark und viele andere, oder dort, wo ungesundes Klima oder durch Schlafkrankheit oder Malaria verseuchte Regionen sind, die von Menschen gemieden werden, sind die unendlich vielen und verschiedenen Arten von Wild anzutreffen. Da kann man die großen Herden der Antilopen und Gazellen erleben, wie sie über die Savannen ziehen, wie sie unsere Altvorderen noch in jenen Tagen erlebten, als die Natur noch nicht so entsetzlich eingeengt und bedrängt wurde. Aber Kampf gab es schon immer, auch in der Natur, jedoch nie in dem Ausmaß, wie er leider noch heute gegen die Natur stattfindet.

Endlose Weite der Savanne, so als sei, oberflächlich betrachtet, wenig Leben vorhanden, und doch ist dieses weite Land, wie eigentlich alle

Kurzgrassavannen, voll von warmen Leben, von Wild, Zuchtvieh und Massai, voll wie ein gigantischer, landschaftlicher, zoologischer Garten ohne Einzäunung. Wie Häkelmuster kreuzen sich auf dem ockerfarbenen Savannenboden die Fährten der vielen Antilopen und Gazellen und Zebras und Büffel. Büffel treten aus den Dornbuschbeständen zur Äsung auf das Weideland, und wer Glück hat, sieht Elefantenherden oder ein Nashorn, gleich riesigen, urweltlichen Geschöpfen, ihre Fährte ziehen. In dieses Land kommen jährlich viele Jäger und Jagdgesellschaften, abseits von jeglicher Zivilisation, um frei zu leben, zu jagen, abgeschieden von allem, was den "modernen" Menschen das Leben so wertvoll erscheinen läßt. Aber das Leben der Savannen hat seinen eigenen Lebensrhythmus:

Mit dem Setzen der Kälber beginnt der Herdentrieb, die große Wanderung, der Rundlauf um und in z. B. die Serengeti bis ins Massai-Mara-Gebiet. Innerhalb von vierzehn Tagen bis drei Wochen haben alle Muttertiere ihre Kälber zur Welt gebracht. Eine Vorkehrung der Natur, eine Anpassung der Grasfresser, um zu überleben. Das Raubwild kann auf dieses Überangebot von Jungwild nur mit vollem Magen und mit Sättigung reagieren. Das bedeutet bessere Aussichten zum Überleben. Würden sich die Geburten auf das ganze Jahr erstrecken, wäre der Tisch für Raubkatzen, Hyänen, Wildhunde, Geier ständig mit zartem Wildfleisch gedeckt. Die Verluste an Schalenwild wären immens groß, obwohl die gerade geborenen Kälber nach wenigen Stunden, nachdem sie das Licht der Welt erblickt haben, dem Muttertier galoppierend folgen können.

Wildansammlungen großen Ausmaßes bieten beste Gewähr und sicheren Schutz vor dem Gefressenwerden durch Raubwild. Viele Augen sehen mehr! Aus einer großen Herde ein Stück Wild zu holen, ist wesentlich schwieriger als aus einem kleinen Rudel. Eine große Herde bietet Schutz für führende Tiere und Kälber. Deshalb liebt das Schalenwild auch die offene Kurzgrassteppe oder Savanne mehr als hohes Gras.

Wenn Mitte Juni die große Regenzeit sich ihrem Ende zuneigt, haben sich die Wildebeest, die ihnen vorausziehenden Zebras und das andere Schalenwild satt und rund geäst. Dann ist auch die hohe Zeit der Brunft, wenn die Gnubullen schnaubend ihren Harem verteidigen und zusammenhalten müssen gegenüber anderen Bullen. Auf uralten Wechseln ziehen sie in gewohnten, endlos erscheinenden, meist parallelen Formationen den neuen Weidegründen zu, alle 50 Meter eine Kolonne im Blickfeld eines Bullen, der in seinem Machtbereich die Tiere kontrolliert, die er Ende Mai im westlichen Waldland beschlägt. Die brunftigen Jungbullen benehmen sich wie liebestoll, sie tanzen umeinander in eigenartigen Sprüngen, drücken den Rivalen mit ihren sichelförmigen Hörnern, versuchen ihn

42

kniend fortzuschieben, um ihn aus ihrem Besitzterritorium zu drängen. Alleiniger Herrscher wollen sie in ihrem Machtbereich bleiben. Das ist wichtig für jeden Leitbullen - bis ein stärkerer ihnen den Rang streitig macht.

Mit den ersten Regenschauern im Oktober/November, die auf das Savannen- und Steppenland fallen, ziehen die Gnus im großen Bogen wieder zur Zentralebene der Serengeti zurück, woher sie gekommen sind. Wieder wandern sie in langen Kolonnen durch die weite Savanne. Täglich werden die geordneten Wanderungen unterbrochen, die langen Reihen lockern sich, das Wild schwärmt aus und zerstreut sich zu breitgefächerten Herden, um sich satt zu äsen.

Das Wild folgt immer dem Regen. Er ist wie ein Geschenk an das Leben in Savanne und Busch.

Inzwischen waren wir in die Nähe des Krals gekommen. Die beiden Tracker, die hinten auf der Pritsche standen und mit ihren geübten Augen ständig nach Wild Ausschau hielten, klopften auf das Dach. Der Fahrer hielt an. Bud nahm das Fernglas, und wir alle schauten angestrengt in die Richtung, wo das Wild vermutet wurde. Das Flimmern der Savanne machte das Erkennen auf weite Distanz äußerst schwer. Falschmeldung!

Ich wollte die Savannen nicht nur bei der Jagd oder vom Geländewagen aus erleben. Dann ist selten Zeit für die kleinen Dinge, für die kleinen Lebewesen, für die kleinen Käfer, Fliegen, Schmetterlinge aus dem riesigen Reich der Insekten, für Pflanzen, Kräuter, die alle zur Savanne gehören wie das Großwild, die Sonne und der Regen. Bei meinen oft wiederholten Wanderungen hatte ich Eingeborene zur Seite, Massai, die mich im Ernstfall beschützen würden. Der eine Massai-Moran hieß Ole; er war äußerst sympathisch, und mit ein paar englischen Wörten konnten wir uns auch verständlich machen.

"Dieses Jahr ist es wieder sehr trocken. Die Sonne wird viel kaputt machen", aber N'gai weiß, was er tut", meinte Ole.

Dürreperioden gab es in vielen Generationen, Menschen und Tiere verhungerten oder flohen in ertragreiche Gegenden. Massai wanderten mit ihren Herden wohl aus diesen Gründen einst gen Süden. Verheerende Trockenzeiten, überweidete Grasflächen, spärliche Ackerkrumen, übermäßiger Hackbau, Sträucher und Bäume für Brennzwecke abgeholzt, sind der Grundstein zur Wüste. Sie entsteht aus vielen kleinen Fehlern in der Vegetationsfläche, wie der Rost auf einem Laubblatt; immer weiter um sich greifend, sich verbindend, bis das grüne Blatt zu einer verdorrten, toten, unverwendbaren Masse wird, marschiert sie stets breit-linear vorwärts.

Ich habe allerdings zerstörtes Savannenland in Ostafrika gesehen, das achtlos einige Jahre liegen blieb, weil es keinen Ertrag abwarf. Es lohnte sich nicht, Nutzvieh über die Flächen zu treiben. Das war gut. Das Grasland konnte sich in wenigen Jahren regenerieren. Gräser, Krautflora und einige Gehölze eroberten spärlich den einst so unwirtlich und langweilig daliegenden Boden und belebten ihn. Laßt ihn gewähren, Zeit heilt Wunden! Dennoch gibt es Gebiete, die schwerlich wieder zu beleben sind. Doch auch derart verwüstete Gebiete sind zu sanieren. Kosten dürfen keine Hinderungsgründe sein, wenn Millionen Menschen Hunger leiden und an Hunger sterben.

Je nördlicher der Reisende in kenianische Regionen vordringt, desto schlimmer wird die Trockenheit. Die Landschaft nimmt einen halb wüstenähnlichen Charakter an. Für Europäer ist es kaum faßbar, daß in diesen Gebieten Menschen ihr ganzes Leben verbringen, in einem fast gestorbenen, öden Land. Nur wenige Sträucher oder Bäume sind zu finden, Steine, Sand, glühende Hitze beherrschen riesige Gebiete. So war es nicht immer in Kenia, auch nicht im hohen Norden dieses Landes, wo die ersten archäologischen Funde aus einer Zeit vor 3,5 bis 4 Millionen Jahren Beweis sind für die Anfänge der Menschheitsentwicklung. Üppiger Pflanzenwuchs legte dem Land vor Jahrmillionen ein grünes Kleid an. Die Lebensbedingungen müssen ausreichend gut gewesen sein.

Spätere Klimawechsel färbten das Land gelbbraun und machten es trocken, wie frische Asche. Jahrtausende vergingen. Viele Lebewesen, Pflanzen, Tiere, Menschen wanderten in bessere Lebensräume, - einige blieben zurück und paßten sich den veränderten Lebensbedingungen an.

Die Tracker klopften auf das Dach des Fahrerhauses. Der Fahrer stoppte den Wagen. Wir sahen nun alle wieder in die gleiche Richtung wie vor wenigen Minuten. Ganz scharf mußten wir Ausschau halten. Eine "Netzhautstrapaze" war die flimmernde Savanne! Die Tracker hatten schon beim ersten Mal, als wir anhielten, richtig vermutet. Jetzt konnten auch wir durch unsere Ferngläser Wild ausmachen.

"Wildebeest und Zebra, Bwana", sagte Dechon.

"Fertigmachen", meinte Bud.

Führendes Hartebeesttier (Kuhantilope) mit Kalb.

Warzenschweinkeiler.

Schabracken-Schakale zählen zu den echten Hunden; hier ist er auf der Früh-
pirsch.

Massai-Frauen mit Kindern vor der Hütte, zwei mit umgehängter Isurutia.

Impala-Böcke im Massailand.

Weithorn-Grantgazelle und Grantgazellen im Norden der Loita-Ebenen.

Ich ließ mir die 30-06 Springfield geben, die Mr. Bud mit so viel Mühe und Zeitaufwand am Vortag eingeschossen hatte. "Erst fahren wir noch näher heran. Da sind noch einige Meilen zu marschieren."

Jetzt waren wir noch ungefähr sechshundert Meter vom Wild entfernt. Wir hielten an. Bud, der Tracker Dechon und ich stiegen aus und pirschten uns, immer wieder Deckung hinter Büschen und Bäumen nutzend, langsam voran. Zweihundert Meter waren wir jetzt entfernt. Wir betrachteten die kleine Gesellschaft von ungefähr fünfzig Stück Wild. Auch fünf Thomson-gazellen sahen wir in dem Verband, acht Zebras und einige Wildebeest.

"Da links", meinte Bud, "ist ein starker Bulle. Sehen Sie ihn?"

"Ja, er steht mit dem Haupt nach links."

"Okay schießen."

Ich pirschte mich noch vierzig Meter weiter und etwas seitwärts an einen Baum heran, um anstreichen zu können. Den ersten Schuß wollte ich auf diese Distanz keinesfalls freihändig abgeben.

Bud mahnte zur Eile. Die Wildebeest wurden unruhig.

Ganz sicher ging ich hochblatt ins Ziel und schoß.

"Gut", rief Bud, "getroffen!"

Das Stück hatte überhaupt nicht gezeichnet. Afrikanisches Wild quittiert einen Treffer kaum sichtbar. Ich war unsicher. Im Anschlag hatte ich schon repetiert, wartete einen Augenblick. Das Wildebeest zog ruhig weiter nach links, während das andere Wild etwas aufgeregt, so empfand ich es, gera-deaus weitertrollte, aber sofort wieder verhoffte. Ich zielte nochmals genau und krümmte ruhig den Finger, der den Rückstecher der Büchse berührte, und im Brechen des Schusses zog der ganze Wildverband weiter. Das Gnu zeichnete wieder nicht. Inzwischen hatte Bud dem Driver Jolly zugewinkt. Der Wagen kam angebraust. Die ganze Herde wurde nun flüchtig, auch das von mir beschossene Stück. Das hielt Bud nicht davon ab, mir schon jetzt für den Jagderfolg die Hand drücken zu wollen. Ich winkte ab: "Erst wenn es auf der Decke liegt, vielleicht, denn das waren doch keine Treffer!"

"Alles okay", sagte Bud.

Schon war der Fahrer mit dem Wagen da. Wir stiegen hinten auf die Pritsche; Bud ließ sich seinen TowTow-Pumper (Kleinkalibergewehr mit 25 Patronen im Magazin) geben, wechselte dann nochmals mit meinem Gewehr, und ab ging es in brausender Fahrt dem Wildebeest nach. Im Fahren schoß er mit der 30-06 einmal, natürlich vorbei, gab mir das Gewehr zurück und nahm wieder den Pumper. Eine verrückte Jagd begann.

<Massai-Moran, ein erfolgreicher Löwenjäger mit Löwenfellmütze.

Das Stück wurde von der Herde abgedrängt, und mit der Bemerkung, "Angeschweißtes Wild muß sofort verfolgt werden, das ist Gesetz", machte sich Bud bereit, dieses sonderbare Handwerk auszuüben. Wir rasten immer weiter dem Wild nach, bis wir nach langer Zeit neben dem Wildebeest fuhren. So wollte Bud es haben. Aus dem fahrenden Toyota schoß Bud mit dem Pumper wie ein Westernheld das halbe Magazin leer, immer auf das Gnu und daneben. Mich ekelte diese Tortur. Kurz vor dem Zusammenbrechen des Gnus war ich mit der 458er Winchester Magnum fertig und erlegte es mit Blattschuß über Kimme und Korn. Ich war mir nicht darüber klar, ob mein später Schuß das Wild zur Strecke brachte oder ob die drei kleinen Patronen-Treffer oder die lange Hetze das Stück verenden ließen. Zu allem Überfluß war es noch ein weibliches Stück mit außergewöhnlich starkem Horn.

Die "Trophäe" schenkte ich zum Abschluß der kurzen Safari Bud! Mit der 30-06 war, wie sich später beim Herausschlagen des Wildes aus der Decke zeigte, überhaupt nicht getroffen worden.

"Sie erledigen heute noch einen kapitalen Wildebeest-Bullen. Die Kuh rechnen wir nicht. Wir haben aber Fleisch", sagte Bud.

Mich konnte dieser Hoffnungsschimmer nicht fröhlich machen. Das war keine Jagd nach waidmännischer Art. Doch was sollte es, ändern konnte ich an dem Geschehenen nichts mehr.

Während die Skinner das Wildebeest aufbrachen, lud mich Bud zum Whisky ein, den ich nicht mochte. Dafür nahm ich eine Tasse Tee. Das Gnu wurde aufgeladen, und schon ging es weiter. Mittlerweile war es 13.00 Uhr. Wir legten eine Pause ein, saßen im kargen Schatten einer breitausladenden, dürres Laub tragenden Schirmakazie und verzehrten aus der mit meinem Taschenmesser demolierten Kühlbox einige Sandwiches mit Eiern und Pfefferschoten. Dazu tranken wir Tee bzw. Limonade. Die Schwarzen kauerten abseits hinter dem Fahrzeug und unterhielten sich. Nur einer von ihnen trank aus dem Wassersack, der während der Fahrt stets vorn über dem Kotflügel hing und vom Fahrtwind gekühlt wurde. Die Eier brachten mich auf eine Idee. Ich hatte ganz vergessen, daß ich mir im Hotel in Malindi beim Waiter vier gekochte Eier bestellt hatte. Die Eier befanden sich noch in meiner Jagdtasche, in der ich Fotoapparat, Filmutensilien, Verbandszeug, Medikamente und diverse Kleinigkeiten für das Jagdleben im Busch verstaut hatte. Ich traute meinen Augen nicht. Kamera und all die Utensilien (zum Glück waren die Filme in Alubehältern) waren durchdrungen von Eiweiß und Dotter, stinkend, schmierig und verklebt! Die Eier waren nicht - wie gewünscht gekocht, sondern roh geliefert worden. Wenn jeder Jagdtag so spannungsgeladen ist wie dieser, gäbe es keine Langeweile. Tröstliche Gedanken.

"Brechen wir auf", sagte ich, als meine Jagdtasche wieder getrocknet und verpackt war.

Schon ratterten wir durch die Savanne einer vorwiegend bewaldeten, mit Dornbüschen bestandenen Fläche entgegen. Die Chance auf Wild sollte dort größer sein. Langsam und schwerfällig kurvten wir durch den Baum- und Strauchbewuchs, durch Löcher von Erdferkel- und Warzenschweinbauten, über zerfallene Termitenhügel und über glasharte, mit spitzen Stacheln bewehrte Dornbuschzweige, die abgebrochen den Savannenboden zierten.

Reifenpanne! Anhalten, Reifen wechseln. Zwei Ersatzreifen verbrauchten wir am ersten Jagdtag. Auf dem Heimweg zum Camp sahen wir noch eine Herde Wildebeest mit Zebras und Thomsongazellen, in anderer Richtung standen gut getarnt zwischen den Bäumen Massai-Giraffen, und ein wenig von ihnen entfernt ästen sich Grantgazellen durch den Busch. Wir erblickten einen starken Mähnenlöwen, einen alten Herrn, der gelassen in die weite Savanne äugte. Er schien satt zu sein.

Von der Schußleistung der 30-06 Springfield, einem sonst hervorragenden Kaliber, war ich nicht begeistert. Deshalb entschloß ich mich auch wieder für einen großen Wildkörper, für ein Wildebeest. Ein großer Körper ist leichter zu treffen ...

Dann sagte ich unvermittelt: "Bud, geben Sie mir bitte Ihre 375 Holland & Holland."

Er machte große Augen. "Ich habe nur fünf Patronen zur Sicherheit mit", antwortete er. "Vielleicht brauchen wir sie noch!"

"Und ich möchte die letzten Patronen der 30-06 sparen. Morgen müssen wir nochmals einschießen. Bud, eine Patrone reicht doch", konterte ich. "Okay", sagte Bud und reichte mir seine private Büchse, eine alte englische, mauserartige. Nun versuchte ich auf meine Art, das Wildebeest zu erlegen. Ich bat den Fahrer, bogenförmig an die Herde zu fahren. Während der Fahrt wollte ich vorsichtig abspringen. Ich hoffte, das Wild würde dieses Manöver nicht bemerken. Der Toyota fuhr wie verabredet weiter. Ich hatte Glück. Das Wild behielt das Fahrzeug mehr im Auge als mich, und ich pirschte mich auf ungefähr neunzig Meter heran.

Vorsichtig führte ich die Büchse an die Wange, versuchte trotz der Pirsch konzentriert und ruhig zu sein. Das Wild blieb nicht stehen, es zog weiter, und ich zog mit, zielte über Kimme und Korn hochblatt und schoß. Der Abzug ging sehr hart. Es war kein "trockener" Flintenabzug. Ich verriß ein wenig. Der Gnubulle zeichnete deutlich, machte ein paar bockige, schon taumelnde Sprünge und brach zusammen. Bud kam mit dem Wagen angerast, sprang mit gezücktem Messer auf das verendete Wildebeest zu und stach ihm ins Herz: Ein wichtiges Ritual für Mohammedaner. Gläubige würden sonst nichts von dem Wildbret essen, erfuhr ich von Bud. Eilig wurde aufgebrochen, dann aufgeladen, und ab ging die Fahrt zurück in Richtung Camp. Denn bald würde die kurze Dämmerung hereinbrechen. Der Himmel glühte schon tief rotgolden von den letzten Sonnenstrahlen. Akazien reckten ihre wenig belaubten Zweige gespenstisch in den Himmel. Nicht weit davon standen fünf Topis. Sich silhouettenhaft gegen den Himmel abhebend, wirkten sie wie Fabelwesen aus einer vergangenen Zeit auf uns. Ihre glatten, kurzhaarigen Decken, die sonst so vielfältig von gelb, grün, violett bis braun schimmern, sahen jetzt nur dunkel aus. Wir genossen in der Abenddämmerung diesen "urweltlichen" Anblick.

Es schien, als zerschlüge sich unsere Hoffnung, noch mehr Wild zu sehen. Gerade wollten wir weiterfahren, als wir eine Zebraherde wahrnahmen, die schemenhaft vorbeizog. Eine Fellzeichnung war nicht mehr zu erkennen. Wohl von dem rangältesten weiblichen Tier wurden die Zebras angeführt. Vorsichtig in jede Richtung äugend, trabten sie daher, irgendeiner Wasserstelle zu. Hoffentlich fanden sie eine! Ein paar Meter hinter und neben dem Zebraverband alberten mit wilden Sprüngen drei junge Hengste. Ein bellender Ruf eines Hengstes war nicht zu hören; es war ein fast lautloses Ziehen zum Wasser ...

Wenige Minuten später kreuzten wir den Zebrawechsel, auf dem die kleine Herde im "Gänsemarsch" trabte. Endlos schlängelte sich der Wechsel durch das vertrocknete Gras. Er war bereits sehr ausgetreten und so schmal, daß ich so eben meinen Fuß (Schuhgröße 45) quer zur Richtung in die Erdfurche stellen konnte.

Wie weit der Wechsel führte, war nicht erkennbar, sicherlich ging er durch ein Gebiet, das zu Herrschaftsbereichen verschiedener Säugetierarten zählt. Wild markiert Reviergrenzen. Grantgazellen, Thomsongazellen und andere Wildarten scheuern ihr Haupt an Stämmen und Ästen, die sie mit einem Sekret aus ihren Drüsen benetzen. Diese Duftmarke ist nur für das Wild der gleichen Art bestimmt. So legt jede Wildrasse ihren Artgenossen den eigenen Einflußbereich fest.

Zebras scheuern sich an Sträuchern, Bäumen oder Termitenhügeln und markieren damit ihren Herrschaftsbereich. Die Äsungsbereiche teilen sich verschiedene Wildarten. So laufen Gnus und Zebras oder Elan-Antilopen friedlich miteinander. Ein solcher Verband von verschiedenen Wildarten benötigt weite Räume, und da, wo die Grenzen überschritten werden, endet auch für den Wildverband von Pflanzenfressern das Nutzungsrecht. Oft ist

52

es so, daß zwischen festen, umgrenzten Territorien völlig neutrale Äsungsgebiete liegen, wie Inseln im Meer, Gebiete, die von keiner pflanzenfressenden Wildherde als Besitz empfunden werden. In solche Gebiete ziehen alle angrenzenden "Bewohner" und nutzen das Weideland. So hat jedes Tier eine bestimmte Beziehung zum Lebensraum. Die Verhaltensweisen des Wildes, oft sogar der einzelnen Familien, sind somit stark differenziert.

Wir Menschen besitzen gleichfalls "Reviergrenzen". Durch Umzäunung des Grundstücks, durch Wohnungen ("my home is my castle") sind diese Grenzen deutlich sichtbar, da unser Geruchssinn in dieser Hinsicht bereits verkümmert ist. Auch unser kleines Camp im ostafrikanischen Busch zeigte den meisten Lebewesen an, daß hier ein für sie unantastbares Territorium bestand.

Im Camp machten sich die Skinner sogleich an die Arbeit. Mit großer Schnelligkeit und Sicherheit schlugen sie die beiden Gnus aus den Decken.

Wir gönnten uns indessen eine "wohlverdiente" Dusche, sahen dann gerade noch, wie die Sonne am hügeligen Horizont glutrot versank. Im Messezelt wurden die Campinggaslampen angezündet. Die Schwarzen deckten den Tisch mit allerlei kulinarischen Verlockungen und entfachten draußen ein Lagerfeuer. Über der Glutbank briet der Koch an langen Metallspießen in Würfel geschnittene und zuvor stark gewürzte Filetstücke des Wildebeests.

Am Lagerfeuer wurden uns Getränke gereicht, und jeder von uns erhielt als Vorspeise einen Spieß mit gegrilltem, frischem Wildbret. Anschließend setzten wir uns ins Messezelt, um richtig zu speisen und gebührend zu trinken. Es schmeckte wie immer vorzüglich, was uns der Koch Kitweo ideenreich zusammenzauberte. Für jeden Tag hatte er eine neue Überraschung parat.

Diesmal brachen wir zeitiger am Morgen auf. Probeschüsse waren nochmals erforderlich, wobei ich auf einer langen Distanz bestand. Draußen im Busch bemerkten wir, daß die Schwarzen den Zielscheiben-Karton vergessen hatten. Für die Jungens mußte man leider immer mitdenken. Da entdeckte ich verknüllt in einer Ecke der Pritsche einen großen Papiersack für Futtermittel oder Zement, nahm ihn, trennte ihn auf, malte mit dem Kugelschreiber einen dunkelblauen Fleck in die Mitte und ging zu einem Baum in

150 Meter Entfernung, an dem ich die improvisierte Zielscheibe sorgfältig befestigte. Etwas abseits versteckte ich kugelsicher unseren Hilfstracker Bogua. Er hatte die Aufgabe, nach jedem Schuß zur Zielscheibe zu gehen, um uns den jeweiligen Treffer anzuzeigen. Es war windstill. Bud nahm das Gewehr, lud, strich am Türrahmen des Toyota an und schoß. Die Spannung wuchs mit jedem Schritt, den der Hilfstracker zur Zielscheibe machte. Ich war verblüfft, der Schuß saß im Zentrum. Das erschien mir unmöglich! "Bud, schicken Sie den Fahrer hin. Er soll mit aufpassen, daß ganz genau angezeigt wird", sagte ich.

Im müden Trab lief der Bursche hin. Ich sah, wie die beiden stehend schwatzten und gab Handzeichen, damit sie in Deckung verschwanden.

"Das war ein Zufallstreffer, Bud", hänselte ich ihn.

Er nahm das Gewehr und schoß nochmals. Wieder saß der Treffer genau im Ziel. Bogua zeigte wieder mehrmals mit dem Finger auf das blaue Zentrum der Papiertüte.

"Na, bitte", war sein selbstsicherer Kommentar.

Nun war ich an der Reihe. Ich zielte sehr genau, schoß und merkte mir das Abkommen. Beide Schwarzen kamen aus der Deckung hervor, liefen zur Papiersack-Zielscheibe, suchten wieder nach dem Einschuß, machten wieder die tollen Handbewegungen: Wieder ein Treffer ins Mittelfeld! Waren wir stolze Schützen! Ich machte noch einen zweiten Schuß, der ebenfalls wieder im Ziel landete. Ich verstand überhaupt nichts mehr. Daß ich die Zielscheibe nicht auf die Einschüsse untersucht habe, sollte sich noch als verhängnisvolle Unterlassung herausstellen. Bud drückte die Hupe, und schon kamen die beiden Schwarzen im Laufschritt an. Wie stiegen alle ein und fuhren zur Jagd.

Nach wenigen hundert Metern schlug unser Tracker Dechon auf das Dach "Grants und Thommies, Bwana!"

"Anmutige Geschöpfe", ging es mir durch den Sinn, als ich dieses Wild durch mein 10 x 40 Pirschglas betrachtete.

In Afrika wird nachts nicht gejagt. Da benötige ich also kein schweres Nachtglas mit großen Linsen. Das handliche Leitz Fernglas 10 x 40 ist ideal für nahe und weite Entfernungen. Wenn ich Massai-Frauen oder auch Männer durch das Glas schauen lasse und sie dann weit entfernt Rinder hütende Moran oder Familienmitglieder "ganz nah erkennen", ist der Kontakt schnell geschaffen.

Kleine, leichte Ferngläser haben auch andere Vorteile. Bei der Wildbeobachtung erschrecke ich das relativ gut äugende afrikanische Wild niemals ungewöhnlich stark. Große Nachtgläser machen bei Tageslicht gut äugendes Wild unsicher. Wenn die Sonne sich womöglich in den Linsen spiegelt,

54

würden die sicher überdimensional groß wirkenden "Augen" dem Wild Furcht einflößen. Aus gleichen Gründen verwende ich auch variable Zielfernrohre, keine "Ofenrohre". Ich bevorzuge in Afrika das 1,5-6fache Zielfernrohr mit Absehen 4, das heruntergedreht für den Schuß auf flüchtendes Wild genauso gut geeignet ist wie bei sechsfacher Vergrößerung für die Jagd in der Dämmerung und für den weiten Schuß.

Die Wedel (Schwänze) dieses Wildes, der Grant- und Thomsongazellen waren ständig in Bewegung. Männliches Wild hatte die unverkennbaren dunklen Streifen an den Flanken der sienafarbigen Decken (Felle). Thomson-Gazellen wollte ich damals nicht bejagen. Aber einen Grantgazellenbock, den begehrte ich. Das Rudel war ganz auf das Äsen konzentriert. Nur ab und zu warf ein Stück auf und äugte sichernd in die Weite der Savannenlandschaft. Langsam äste das Wild schräg von uns fort, immer nach ein paar guten oder auch dürftigen Halmen suchend. So gelang es uns, von Busch zu Busch pirschend, relativ schnell auf ungefähr 150 Meter an das Rudel heranzukommen. Mit Hilfe Dechons hatten wir zwei kapitale Böcke ausgemacht. Beide trugen wundervolle kräftige und ebenmäßige, leicht geschwungene Hörner auf ihren Häuptern. Bei Grantgazellen und auch Thommies sah ich oft, daß mehrere kapitale Böcke beisammen standen. Nur zur Zeit der Brunft stecken sie ihre Reviergrenzen ab, wo sie dann im Mittelpunkt ihres Herrschaftsbereiches, oft leicht erhöht auf zerfallenen Termitenhügeln stehend, auf ihr Reich äugen. Aus ihren Bereichen wird jeder Eindringling der gleichen Art vertrieben, wenn der Verteidiger der Stärkere ist. Der Schwächere wird es nur in den seltensten Fällen auf eine härtere Auseinandersetzung ankommen lassen. Rivalitätskämpfe beobachtete ich einige Male. Mit gesträubtem Mähnenhaar sich quasi vergrößernd, stolzierten die Böcke warnend mit erhobenen Häuptern aufeinander zu, drohend und wohl nur bis zum ungefährlichen Scheinkampf.

Noch mußten wir ein paar Meter weiter pirschen. Dort war ein Bäumchen, zwar sehr dünn, aber bei der Windstille reichte es völlig aus zum Anstreichen für einen sicheren Schuß. Schon hatte ich den älteren Bock im Fadenkreuz meiner geliehenen und mit soviel Zeit und Mühe eingeschossenen 30-06 Springfield. Schuß! Der Bock sah kurz zur Seite und äste weiter. Nur die anderen Stücke warfen kurz auf, äugten umher, standen absolut still, ohne jegliche Bewegung, und schon gingen sie ihrer Nahrungssuche weiter nach.

"Bwana, noch mal, Bock gut stehen!" mahnte mich Dechon.

Der zweite Schuß ging wieder vorbei. Wir sahen uns verdutzt an. Die Grants flüchteten, acht- bis neunhundert Meter pirschten wir hinterher. Endlich hatten wir wieder eine gute Distanz erreicht. Unsere Hemden klebten an unseren Körpern. Unsere Lungen keuchten und arbeiteten wie Blasebälge. Hinter einem Strauch warteten wir und ließen unseren Puls ruhiger werden, was bei mir doch länger dauerte als bei dem jungen, drahtigen Dechon. Noch waren die Grants auf der "Bühne" und ästen. Sie waren unruhiger geworden, welches Wunder. Ihre Fluchtdistanz schien jetzt länger zu sein. Wir hatten große Mühe, auf gute Schußentfernung heranzukommen.

Einen Schuß wollte ich noch wagen. Ich versuchte es. Der Schuß brach. Der Grantbock sackte hinten kurz zusammen und schlug nach rückwärts aus. Blitzschnell erkannte ich, was geschehen war: Der linke Hinterlauf war über dem Sprunggelenk durchschossen, hing beim Laufen nach unten, schlegelte hin und her. Nach siebzig Metern Flucht stand der Bock. Er begriff wohl noch nicht, was mit ihm geschehen war. Vorsichtig pirschte ich mich nochmals weiter an den Grantbock heran, zielte auf halbe Höhe des Kopfschmuckes vor dem Haupt (!), versuchte nochmals die falsche Schußrichtung zu überschlagen, das genaue Maß zwischen Hinterlauf und Blatt (Herz) festzustellen und schoß. Im Knall brach der Grantgazellenbock zusammen. Nun war ich mir hundertprozentig im klaren: Das Gewehr war nicht richtig eingeschossen. Aber unsere hervorragenden Treffer auf der großen Futtermitteltüte beim Einschießen ...?

Wir liefen zum Bock. Bud war mit dem Toyota etwas schneller da. Langsam ging er mit dem großen Messer auf den Bock zu, und obwohl er bereits verendet war, stach er ihm den kalten Stahl ins Herz wieder aus den bekannten religiösen Gründen.

"Einige Männer würden sonst nichts vom Wildbret essen", erklärte mir Bud nochmals.

Ich bestand darauf, die Jagd abzubrechen und auf dem Heimweg zu unserem Schießplatz zu fahren. Nach langer Fahrt fanden wir ihn kurz vor Dunkelwerden. Die Papiertüte befand sich noch am Baum. Kein einziger Treffer zeigte sich auf dem heilen Papiersack! Nun riß bei mir, wie man so schön zu sagen pflegt, der Geduldsfaden. Ich war stocksauer. Bud zuckte mit den Schultern und wackelte mit dem Kopf und erklärte mir nach langem Palaver mit seinen Leuten: "Die Schwarzen meinen es gut mit uns. Sie zeigten immer mit dem Finger auf das Zentrum. Das sollten wir treffen, da sollten wir hinschießen!!!"

Drei oder vier Patronen hatte ich noch für dieses Kaliber. Sprachlos gab ich Bud das Gewehr samt Patronen.

Im Camp gab es bald darauf gegrilltes Grantfleisch am Spieß. Vorweg nahm ich einen kräftigen Schluck aus meiner Whisky-Flasche. Den hatte ich an diesem Abend nötig.

Rappenantilope (Sable-Antilope), in Tansania weit verbreitet, in Kenia nur noch auf den Shimba-Hügeln.

Verfasser mit großem Kudu in Südwestafrika, heute Namibia.

Abdimstorch (Ciconia abdimmi).
Verbreitung von Südarabien bis
Südafrika.
Springbock.

Geckeltrappe (Eupodotis afra afroides),
häufig verbreitet in Südwestafrika,
Südafrika und Botswana.

Bud hatte ein feines Gefühl. Er merkte gleich, als ich wieder ansprechbar war.

"Ich werde zum Bahnhof fahren und mit meinem Cousin telefonieren, er schickt dann seine neue Kaliber 308 Winchester, eine erstklassige Waffe, eine Sauer-Weatherby, die er von einem deutschen Kunden bekommen hat. Keine Aufregung mehr, das Gewehr kommt. Die Safari wird ein voller Erfolg. Die letzten Tage waren doch wirklich interessant bei den Massai, nicht wahr?" Er sah mich so treuherzig dabei an, daß ich nicht widerstehen konnte, ihm bis auf die reine Waffenmisere Recht zu geben.
Dann verkündete er laut: "Morgen geht's auf Büffel!"

Nach wenigen Kilometern Fahrt trafen wir Massaihirten. Bud erkundigte sich nach Büffeln und Elefanten. Dann verabschiedete er sich bis zum übernächsten Tag, denn bis dahin wollten die Massai mit ihren ausgezeichneten Kenntnissen über Gelände und Wild, unterstützt durch ihr hervorragendes Sehvermögen, uns über gute Jagdmöglichkeiten informieren.
Der Artenreichtum des Wildes war in diesem Gebiet größer. Die feuchteren Berghänge und Wälder hoben sich als ergiebigere Futtergrundlage vom Grasland ab. Wir konnten es kaum erkennen, weil die Savanne auch hier goldbraun aussah und die Trockenheit ihre Spuren deutlich zeigte. Dennoch fanden die Menschen hier bessere Bedingungen vor, denn sie waren mit ihrem Vieh hier, eingerichtete Pumpenanlagen waren vorhanden, wohl der Hauptgrund für dieses nomadisierende Volk, sich an den Berghängen aufzuhalten. So war auch hier vorauszusehen, daß die Rinder- und Ziegenherden den Savannenboden mit der Zeit zerstören würden. In den Wäldern sahen wir viele Bäume von Elefanten umgebrochen, ausgerissen und gerodet. Im Taita-Gebiet machte ich diese Beobachtungen in noch viel stärkerem Maße. Vielen Europäern mag der Kreislauf dieses ökologischen Systems frémdartig und ungeeignet erscheinen. Könnte sich der Elefant nicht mit dem Abreißen und Äsen des Laubes begnügen, um Magen und Därme zu füllen? Warum diese Zerstörung?
Geschieht die Vernichtung der Gehölze im wiederkehrenden Rhythmus von Jahren? Zieht der Elefant wieder zurück in das Gebiet, wo er einst Bäume umwarf?
Es mag hypothetisch klingen, fast unmöglich, aber ich habe wiederholt von einem Zyklus der Elefantenrückkehr gehört. Ob in dieser Behauptung Wahrheit steckt? Wer weiß?
Bedenken wir, welche riesigen Wanderungen die Elefanten fast unge-

hindert noch vor 100 Jahren unternehmen konnten. Einst gehörten diesem imposanten Wild der Rüsseltiere über 100 Arten und Gattungen an. Sie zählen zu den ältesten Säugetieren und waren schon vor 50-60 Millionen Jahren über die ganze Welt verbreitet. Was ist von ihnen übriggeblieben? Es gibt nur noch zwei Gattungen: Die afrikanischen Schliefer und die im nassen Element lebenden Seekühe sowie die in zwei Arten vorkommenden größten Landtiere unserer heutigen Welt: Den größeren und stärkeren afrikanischen Elefanten und den indischen Elefanten mit den kleineren Tellerohren und dem längeren, aber eingerollt getragenen Rüssel, der sich auch leichter als Arbeitstier abrichten läßt.

Die Suche nach Wasser ist eine Hauptursache für das Umstoßen der Bäume. Zugleich verrichtet der Elefant mit dieser Tätigkeit eine wichtige Bodenbearbeitung. Ein seit Jahrzehnten unbewegter Boden wird gelockert, durchlüftet und für neues Pflanzenwachstum vorbereitet.

In der Zwischenzeit sind aus den Samen der Gehölze neue Bäume herangewachsen, Bäume, die für Elefanten zum Ernten des Laubes gut erreichbar sind.

Mitte März geht in Ostafrika die Trockenzeit ihrem Ende entgegen. In diesem Monat kündigen dicke Kumuluswolken, die unbeirrt am Himmel ihre Bahn ziehen, die neue Regenzeit an. Wasserstellen sind bis dahin selten in freier Wildbahn zu finden.

In Trockenzeiten wandern sie über weite Strecken, um an Wasserstellen, Teiche, Tümpel, Flüsse vorzudringen. Eigentlich sind die letzten Wochen vor der neuen Regenzeit günstig für Elefantenjäger. Da können sie an den Wechseln zu den Tränken das Großwild abpassen, können sich die stärksten, ältesten Bullen mit den gewaltigen Stoßzähnen heraussuchen, sie anpirschen und zur Strecke bringen.

Die Zeiten haben sich gewandelt. Der Lebensrhythmus des Wildes ist beeinträchtigt, ist in falsche Bahnen gelenkt - und sie führen unausweichlich in die Nationalparks und Reservate. Aber diese verhältnismäßig kleinen Flächen werden restlos überfordert. Nur wenige Prozente der Gesamtflächen sind es, wohin jetzt das Wild in Massen wandert, wo es spürt, daß es in diesen Teilen des Landes unbekümmertes Leben führen kann. Und der Erfolg? Zerstörte Vegetationen, Versteppung, Wüstenbildung, elendes Verhungern und Verdursten der Wildbestände.

Die Elefanten sind ein Problem für die Tierparks und Reservate. Sie wandern, wie ich schon erzählte, wahrscheinlich in bestimmten Zyklen, bestimmt aber gelenkt von den Regenzeiten, auf uralten Wechseln durch die endlosen Weiten Afrikas. Heute sind diese weiten Landstriche zerschnitten von Verkehrsadern, zersiedelt durch Bauten und landwirtschaftlich genutzte Flächen, bedrängt von Menschen. Durch diesen Zivilisationsdruck vernichten die Elefanten die Vegetation ihres kleiner gewordenen Lebensraumes.

Als ich Jahre später in der Serengeti in Seronera war, wo die Elefanten aus dem Nordwesten einwanderten und beträchtlichen Schaden anrichteten, oder als 1971 bis 1973 in den großen Trockenperioden Elefanten die fürchterlichen Zerstörungen im Tsavo-Park und in anderen Gebieten anrichteten, war guter Rat teuer. Ich weiß nicht, wie viele Hunderte von Elefanten gerade in den Parks offiziell geschossen wurden, um die Landschaft zu erhalten. Die charakteristischen Schirmakazien und Baobabs, die der Landschaft ihr typisches Aussehen verleihen, wurden von Elefanten mit Vorliebe umgebrochen. Elefanten besitzen die vernichtende Kraft und die geradezu sture Ausdauer, um aus einer lieblichen Baumsavanne eine trostlose Grassteppe zu machen. Begünstigt durch enorme, unnatürlich harte Trockenzeiten ist es dann nicht mehr weit bis zum Wüstenstadium.

Was sollen die Elefanten machen? Ständig sind sie dieser Bedrängnis ausgesetzt. Sie wollen leben, die Folge ist Zerstörung. Hier hilft nur Regulation, um ein zukünftiges Nebeneinander und Miteinander von Elefanten und anderen Lebewesen im verkleinerten Lebensraum zu ermöglichen. Es gibt nur diese Alternative: Entweder der Mensch weicht, und das wird bei der Bevölkerungsexplosion in Afrika nicht möglich sein, oder der Elefantenbestand wird durch Abschuß reguliert, um den verbliebenen Lebensraum zu erhalten. Nur so ist die Katastrophe zu bremsen, die unweigerlich käme: Elendig verhungerte, verdurstete Elefanten in verwüsteter, trostloser Landschaft; traurige Unvorstellbarkeit, aber eine Bilanz des 20. Jahrhunderts, auch im Tsavo-National-Park. Hierüber könnte noch sehr viel gesagt werden ...

Die Zukunft wird den Parkverwaltungen neue Aufgaben stellen. Landschaftszerstörende Einflüsse, ob durch Großwild oder Witterung, werden, wenn das Gefüge Nationalpark nicht zerbröckeln soll, menschlichen und sicherlich drastischen Eingriffen unterworfen werden müssen. Vielleicht sollten die Parkverwaltungen als Revierbesitzer unter Gamwarden-Führung gezielt Abschüsse zur Aufbesserung der Kasse für die Tierwelt vergeben? Oder es sollte versucht werden, ich denke an den Amboseli, kleinere Gebiete zu vergrößern, damit die zerstörenden Kräfte nicht so geballt die Parks angreifen können. Wie wird es in zu kleinen Parks überhaupt mit der Erbmasse des Wildes werden, wenn die Dynamik der Vermehrung nachläßt und das Wild zooartig lebt? Es ist eine alte Weisheit, daß unbejagtes Wild, ob durch Mensch oder Raubwild, in seinen Vermehrungsraten und auch in der Qualität zurückgeht. In großen Parks mit der Verbindung zu den sie umgebenden Pufferzonen wird diese Befürchtung nicht Wirklichkeit werden.

Der Driver lenkte unser Fahrzeug wieder in Richtung Dornenbusch-Savanne.

Wir wollten versuchen, an Impalas, Grantgazellen und anderes Steppenwild zu kommen. Bud sah nicht so sehr auf den Boden, um Fährten und Spuren zu beobachten; er schaute immer in die Weite, während die beiden anderen Tracker beide Möglichkeiten, Wild zu finden, ausschöpften. Schon klopfte es auf dem Dach:

"Impala, Bwana!"

Wir stiegen aus und versuchten zu pirschen. Die Impalas hatten uns sofort eräugt und gingen in langen, eleganten Fluchten ab. Fort waren sie. Schon saßen wir wieder im Fahrzeug. Schwer stöhnte der Wagen in dem holperigen, schwierigen Gelände. Es war heiß. Es war stickig. Kein Luftzug wehte. Wir schwitzten entsetzlich. Klopfen auf dem Dach:

"Hartebeest, Bwana!"

Der Wagen hielt, wir stiegen aus und gingen erneut auf die Pirsch. Bud blieb auf dem Fahrzeug sitzen. Ihm war es wohl zu heiß. Er lief nicht gerne. Das hatte ich schnell erkannt. Bei Steppenwild hielt er es als Professional Hunter nicht für ratsam, sich anstrengen zu müssen. Also ging ich mit zwei Trackern allein; das gefiel mir besser. Je weniger Anhang bei der Jagd, desto aussichtsreicher: Bestimmt bei jeder Pirsch. Aber als Bud vom Fahrzeug lauthals Anweisungen gab, mißfiel mir die Pirsch genauso wie den Hartebeests - "ab ging die Post!" Ich fragte Bud im Anschluß an diesen 300-Meter-Trip, ob es dort oben auf dem Toyota schön kühl sei.

"Nein, heiß ist das hier", antwortete er.

"Das habe ich mir doch gedacht, daß es ihnen zu heiß ist. Warum schreien Sie denn so?" fragte ich ihn.

"Rechts von ihnen kamen Impalas. Die konnten Sie nicht sehen", sagte Bud, "die hätten das ganze Wild mitgenommen!"

"Und nun? Wo ist das Wild jetzt geblieben?"

"Wir fahren ihnen nach. Wir kriegen sie!"

"Rufen oder schreien Sie bitte nie wieder, es sei denn, eine lebensgefährliche Situation erfordert es", bat ich eindringlich.

Hoch am blauen Himmel kreisten in weiter Ferne drei Geier. Sie zogen weite Kreise, suchten nach Nahrung, nach Resten, die ihnen Hyäne oder Löwe übriggelassen hatten, aber meistens waren sie die ersten, die es mit ihrem "sechsten Sinne" verstanden, verendetes Wild zu finden. Wo Geier hoch in den Lüften fliegen, wird gejagt, ob durch Raubwild, Jäger oder Wilderer. Geier beobachten schon von weit her und aus großen Höhen diese Vorgänge in der Hoffnung auf Nahrung. Es ist, so meine ich, nicht der "sechste Sinn", der die Geier so schnell an erlegtes oder geschlagenes Wild bringt. Vielmehr ist es das ausgeklügelte, ausgetüftelte und durchorganisierte Beobachtungssystem, das die Geier zur Kommunikation verbindet. Es dauerte selten lange, bis diese Gesundheitspolizisten der Lüfte in Busch und Savanne zur Stelle waren. Die Geier verfolgten jede Bewegung der Löwen. Wo der Löwe jagte, blieb auch für sie etwas Freßbares übrig.

Der Löwe, Simba, in der Sprache der Massai, ist der König der Tiere, wird gesagt; trotz dieser Machtstellung konnte ich einige Male beobachten, daß er den Geiern das Feld räumte und sie fressen ließ. Vielleicht war er satt. Wohingegen die Hyänen den Geiern unliebsame Nachbarn sein müssen. Ob aus Furcht? Wo viele Hyänen versammelt waren, ließen sie sich nicht einmal durch die Anwesenheit eines einzelnen Löwen beeindrucken!

Die Rangordnung wurde jedoch überwiegend eingehalten; erst kam der Löwe zum Fraß, dann die Jungen und schließlich die weiblichen Tiere, obwohl ihnen die Hauptarbeit der Jagd zufiel. Dann erst durften sich die Hyänen heranwagen. Kleinere Rudel von Hyänen wurden grundsätzlich bei zuviel Vorwitzigkeit zurückgebissen. Einige Male erlebte ich allerdings, daß die Löwinnen und ihre Jungen mit dem Fraß begannen, und der Löwe später erschien oder auch gar nicht. Der Löwe war der Herr, und das zeigte er mit Entschiedenheit. Zum Korps der Gesundheitspolizei gehören neben Löwen die Hyänen, und sie waren wiederum die Konkurrenten der Geier.

Bud merkte, daß ich andauernd zu den Geiern sah.

"Die haben uns schon lange bemerkt. Sie warten auf den Braten. Den werden sie bald haben", sagte Bud und deutete auf mich.

"Sie meinen doch nicht etwa mich?" Ich bekam schon einen Schreck.

"Sie sollen etwas erlegen, dann haben auch die Geier ihren Schmaus", sagte Bud und weiter zum Fahrer: "Wir fahren wieder in die offene Savanne, da ist das Gelände besser für den Wagen."

Aber kaum hatte er das ausgesprochen, bemerkte der Fahrer Jolly, daß ein Reifen keine Luft mehr hatte. Alle Mann aussteigen, Reifen wechseln, wieder einsteigen, weiterfahren. Diese "Gangart" lernte ich während meiner Jagdreisen zur Genüge kennen. Kaum ein Tag verging ohne Reifenpanne. Spitzenleistung waren an einem Tag im Taita-Gebiet neun zerstochene Reifen.

Wir sahen sehr weit entfernt Grantgazellen und einige Zebras. Beim Näherkommen machten wir zwei kapitale Böcke aus. Ich stieg mit den

Trackern aus, und Bud blieb wieder auf der Pritsche. Nach gut 150 Metern Pirsch blieb Bogua, der zweite Tracker, unvermittelt stehen. Er besaß hervorragende jagdliche Qualitäten, und ich hatte den Eindruck, daß er im Vergleich zu Dechon, der sein Handwerk auch bestens verstand, rein intuitiv immer das Richtige tat. Wir sahen noch gar nichts, aber er wußte schon, daß die Luft nicht rein war. Der Wakamba hatte einfach das richtige Gespür. Dechon spähte nach den Grantböcken, und Bogua hielt mich plötzlich - er folgte mir - am Hemd fest. Dann stand auch Dechon wie angewurzelt. Auch ich sah die Gefahr. Ungefähr 40 Meter von uns entfernt saß ein Löwe und äugte uns kalt und bedrohlich an. Augenblicklich blieben wir stehen und gingen auf leisen Sohlen ganz bedächtig zurück. Wir retirierten, wie man so schön sagt, und vergrößerten dadurch die Fluchtdistanz (Sicherheitsabstand) zum Löwen. Bogua hatte bereits, von mir unbemerkt, ein Handzeichen gegeben, und schon war das Rattern des näherkommenden Fahrzeuges zu hören. Der Löwe drückte sich und machte sich dann mit großen Sprüngen davon. Bis zu seinem Verschwinden im nahen Busch ließen wir ihn nicht aus den Augen. Dieser Löwe benahm sich ganz anders. Ihm knurrte mit Sicherheit schon wieder der Magen. Nach einer Jagd, wenn die Natur ihren Tribut gefordert hat, tritt bei dem Löwen und beim Schalenwild bald Ruhe ein. Der Löwe liegt dann ruhig, er verdaut ...

Nun wurden die Grantgazellen unruhig. Sie flüchteten einige hundert Meter, verhofften, aber sie ließen uns nicht heran. Wir waren zu hastig.

Der Nachmittag verging wie im Fluge; wir mußten an den Heimweg denken. Außerdem war Freitag, da würde Bud den Jagdtag etwas früher beenden. Ob aus religiösen Gründen? Das konnte sein. Ich ahnte wirklich nicht, weshalb der Entschluß zur Umkehr so dringend erschien.

Als wir im Camp waren, bekam Bud Besuch. Nach der Begrüßung erschien er gleich bei mir und fragte höflich, ob ich etwas gegen den unverhofften Besuch hätte. Es seien Freunde und Verwandte. Sie würden gern übers Wochenende bleiben und die Jagdsafari in keiner Weise stören; im Gegenteil, es wären reizende Leute, so daß sie eine Bereicherung des ganzen Safarilebens bedeuteten. Er hatte nicht unrecht, was die Bereicherung betraf. Ich war doch etwas argwöhnisch, was das "unverhofft" anging. Aber ein höflicher Mensch hat nichts gegen guten Besuch ...

Der eine Herr gehörte der japanischen Botschaft in Nairobi an, intelligent, mit enorm viel Kenntnissen über Massai. Der Zweite, Mr. Mohammed, wußte ebenfalls einiges über die Massai zu berichten. Der dritte ältere

Herr, mit einem Peugeot 404, hier in diesem unwegsamen Gelände unterwegs, mit seinen Freunden, war Kaufmann i.R. und genoß seinen Lebensabend mit Reisen und Jagd.

Bei Tisch im Messezelt saßen wir alle zusammen und aßen und tranken ausgiebig. Für Großwild hatte ich zwei Flaschen Whisky dabei, um es gebührend tottrinken zu können, zwei volle Liter "Johnny Walker". Bud hatte sogar deren vier. Sie sollten für die Safari reichen. Wir rechneten großzügig pro Woche und Mann eine Flasche. Nun hatten wir drei Gäste, und wie sich zu später Stunde herausstellte, fehlte uns ausgerechnet schon am ersten Abend eine Flasche, damit zumindest jeder den Inhalt einer Flasche für sich konsumieren konnte. War das eine Wiedersehensfreude mit den lieben Freunden und Verwandten! Um zwei Uhr nachts ging ich in mein Zelt. Die Freunde unterhielten sich noch sehr lange weiter, aber bald hörte ich nicht mehr viel von ihnen. Ich schlief fest.

Warum hob ich für meinen Teil die feucht-fröhliche Runde auf? Nicht etwa, weil ich betrunken war oder weil ich den Rest des Alkohols den Freunden allein gönnte. Der "Japaner", so nannte ich immer den Botschaftsangehörigen, hatte, vereint mit seinem Freund Mohammed, sechs Stunden lang über Geschichte, Leben, Kämpfe, Kriege, Raubzüge, Beschneidungsfeste usw. einen fast vollständigen Abriß des Massailebens gegeben. Der Alkohol begrenzte mein Aufnahmevermögen, zumal das mich sehr interessierende Massai-Gespräch ins Englische abglitt. Um zwei Uhr war für mich deshalb endgültig Schluß.

Am nächsten Morgen weckte mich mein Webervogel mit Gezwitscher. Ich wusch mich ausgiebig mit kaltem Wasser und planschte entsetzlich viel davon auf den trockenen Boden, was gewiß meinem kleinen Webervogel Freude bereitete. Kaum war ich im Zelt verschwunden, eiferte er mir, in den kleinen Pfützen nach. Gesellschaft bekam er von zwei Savannenschönheiten, den Glanz-Starlingen, die mit ihrem schillernden, farbenprächtigen Gefieder immer angenehm auffallen. Das klare Wasser mochten sie lieber als das mit Seife vermischte. An späteren Tagen goß ich deshalb immer erst etwas sauberes Wasser für meine gefiederten Waschkumpanen abseits in eine kleine, mit einem Blechteller abgedichtete Bodenwelle.

Nun hatte ich durch den Schlitz des Zeltes die gefiederten Herrschaften genug beobachtet. "Schluß jetzt, Webervogel", sagte ich und kroch aus dem Zelt. "Willst du denn heute gar nicht, daß ich die Saufköppe wecke?"

Er blieb jedoch sitzen, sah mich mit seinen glänzenden Knopfaugen verblüfft an, nickte sehr aufgeregt, zwitscherte, strich ab und setzte sich auf den Dornbuschbaum in der Nähe des Berufsjäger-Zeltes.

Mühevoll weckte ich Bud und seine Freunde. Es dauerte lange, bis alles startbereit zur Jagd war.

Wie könnte es nach einem so lang ausgedehnten nächtlichen Gespräch anders sein? Wir waren entschlossen, die Massai im Kral zu besuchen. Ich war die treibende Kraft, denn mein Entschluß war längst gefaßt. Ich wollte alles mit eigenen Augen in verschiedenen Massai-Krals sehen.

Nach einer Stunde Fahrt wurde vom "Japaner" um Stop gebeten. Aus seiner Hosentasche fummelte er ein überdimensionales Taschentuch hervor, ging an einen Strauch, brach einen starken Zweig ab, schnitt die zerfaserten Enden mit seinem Taschenmesser glatt und ging wortlos weiter zum Wassersack. Ich kannte die pakistanische Art noch nicht: Das Taschentuch wurde quatschnaß gegossen, durchgeknetet, neu zu einem Stirnband zusammengefaßt und um das schmerzende Haupt geknotet. Ihm schien der Kopf bersten zu wollen. Ein Knoten reichte nicht aus. Der abgebrochene Zweig wurde auf den ersten Knoten gelegt, dann folgten noch zwei. Fertig war der Knebel, und der Kopf konnte wie von einer Rund-Schraubzwinge je nach Bedarf stramm und strammer zusammengedreht werden. Ein Bild für Götter!

"Aha", sagte ich, "jetzt begreife ich, weshalb die Pakistani immer so riesige Taschentücher bei sich führen."

Er sah mich sprachlos an. Die Nase war bei allem Respekt wirklich nicht so gewaltig, daß dieses Taschentuch hätte so groß sein müssen. "Nein, aber der Hals, das Taschentuch ist zugleich mein Halstuch, au, hab ich einen Brummschädel - au - au", klagte der "Japaner". "Whisky trinken, das tut gut", meinte ich.

"Prima!" rief Bud, und schon zauberte er für jeden eine kleine 'Vat 68'-Zweischluckflasche hervor. Ich verzichtete.

Die Pakistani tranken 'Vat 68'.

Der "Japaner" spuckte fünf Minuten später das wertvolle Naß auf den Savannenboden und krümmte sich zu allem Überfluß noch vor Magenschmerzen.

"Schade, daß wir keine Ziege hier haben. Ziegenmilch ist bestimmt erfolgversprechender", sagte ich.

"Meinen Sie?" fragte er zaghaft.

"Wir sind gleich bei den Massai, da gibt es bestimmt welche, so mit Rinderurin und Blut vermischt. Hervorragend gut, wie Sie mir gestern abend erklärten."

"Sind Sie verrückt?"

"Dann quälen Sie sich nur weiter", scherzte ich.

Das zog er vor, statt Milch zu trinken. Er litt entsetzlich, aß nichts und ihm wurde zusehends elender, je höher die Sonne stand und je heißer der Tag wurde.

Endlich hatten wir den langersehnten Massai-Kral erreicht. Bud arrangierte alles, und dreißig Minuten später durchschritten wir den Dornbuschwall, hopsten über Kuhfladen, wehrten uns genauso verzweifelt wie vergeblich gegen Fliegen. Ich hatte den Eindruck, daß die Biester es auf uns besonders abgesehen hatten. Der Alkohol, der mit dem Schweiß aus unseren Poren drang, schien reinster Nektar für die Plagegeister. Wenn sie von "Japaner" fortflogen, schaukelten die Fliegen immer so eigenartig. Zu ihm kamen sie nie wieder zurück, wirklich, das konnte jeder, der ein geübtes Auge hatte, deutlich feststellen...

Wenn wir sehr früh aus unserem Camp fuhren, rasierte ich mich gelegentlich erst um die Mittagszeit - bei Tageslicht. Wir bekamen im Zeltlager nie Besuch von Massai; sie waren viel zu stolz und reserviert, Zeltcamps sind ohnehin für Fremde tabu. Ich hatte den Eindruck, daß Massai auf alle anderen Völker voller Verachtung schauen. Sie tuen das ohne Verbitterung, weil ihnen ein Leben mit ihren Rindern und ausreichendem Grasland ausreicht. Das Streben nach Geld und Gut, womit das Leben vieler Menschen anderer Rassen ausgefüllt ist und was schließlich mit Arbeit verbunden ist, können sie nur als eine permanente Beleidigung ihres Gottes N'gai ansehen. In unserer Nähe hüteten zwei Massai-Krieger eine Rinderherde. Schon seit Tagen waren sie in der Gegend unseres etwas höher gelegenen Camps, wo uns keine Fliegen störten. Als ich mich nun rasierte, bekam ich Fliegenbesuch. Ich war erstaunt und blickte mich um. Da standen tatsächlich zwei Massai-Moran und schauten aus ungefähr zwanzig Meter Entfernung zu. Ich begriff schnell: Meinen Rasierspiegel hatte ich an einen Akazienzweig gehängt, er blinkte in der Sonne die Massai an! Da wurden sie neugierig. Ich machte Bud darauf aufmerksam. Er meinte, wir sollten sie nicht ins Camp hereinlassen.Ich hegte einen anderen Wunsch, also ging Bud ihnen entgegen, hielt seine rechte Hand über seinen Kopf, was ich selbstverständlich auch gleich tat, denn damit signalisierten wir unser fried-

liches Vorhaben. Nur sehr zögernd und mit entsetzlich langem, zeitrauben-
dem Palaver gelang es Bud, die beiden Männer zum Spiegel zu geleiten.
Nur ihm galt ihre Neugier. Ich hatte den Eindruck, daß sie sich beinahe
ängstlich-vorsichtig an dieses Satansinstrument heranwagten. Und als der
erste Massai-Krieger in den Spiegel blickte, trat er mit einer hörbaren
Verwunderung erschrocken zurück. Er sah seinen Kollegen mit weitgeöff-
neten Augen an und stammelte ein paar Worte. Er hatte wohl noch nie sein
Gesicht in einem richtigen Spiegel gesehen. Als nichts weiter passierte,
schaute auch der andere Massai in den Spiegel. Der kannte wohl dieses
sonderbare "Gerät" bereits, denn er betrachtete sich darin lange und interessiert. Bud lachte verständnisvoll. Schließlich faßte der erste Massai neuen
Mut, nahm "sein Herz in die Hand" und bestaunte sich ausgiebig im Spiegel. Nachdem der erste Schreck überstanden, benahmen sie sich beide wie
Kinder, die sich sogar beide zugleich im Spiegel sahen und Bewegungen
ihres Minenspiels voller Begeisterung beobachteten. Sie waren hingerissen
von ihren Fähigkeiten, Grimassen zu schneiden und sich selbst die Zunge
herauszustrecken. Sie konnten sich kaum von diesem "Spielzeug" trennen.

In der Zwischenzeit hatten unsere Boys den Lunch serviert. Beide Massai standen auf Abstand, betrachteten mit erstaunten Gesichtern unser
Mahl. Jede Bewegung wurde von ihnen genauestens registriert. Endlich
wurden sie zutraulicher, hockten sich in Tischnähe nieder und taten so als
sei es das Selbstverständlichste von der Welt, uns die Bissen in den Mund
zu zählen. Das ihnen angebotene Essen verabscheuten sie allerdings. Dafür
hatten wir um so mehr als "Gegenleistung" regen Massai-Fliegenbesuch auf
unseren Speisen. - Wir beendeten bald unsere Mittagspause, bestiegen
unser Fahrzeug - und die Massai schlenderten zurück zu ihren Rindern.

Der Massai ist mutig, furchtlos und stets bereit, für seine Rinder alles zu
opfern, auch sein Leben!

Ein Jahr später, als ich mit einem Dolmetscher, einem Kenner der Nilo-
hamiten, unterwegs war, trafen wir eine Ansammlung von Massai-Älteren,
die aus allen Richtungen zu einem Treffen unter einer großen Schirmakazie
erschienen. Sie kamen alle äußerst pünktlich, obwohl sie keine Uhren besaßen. Wir plauderten mit ihnen und erfuhren allerlei für uns neue Dinge.
Beiläufig erwähnten sie, daß sich die Massai-Moran (Krieger) zu Bespre-
chungen treffen würden. Diese Gelegenheit wollten wir uns nicht entgehen
lassen. Nur vage verstanden wir, wo diese Zusammenkunft sein würde. Es
verging keine Stunde, da sahen wir in der Ferne der Savanne menschliche

Bewegungen, auf die wir mit unserem Fahrzeug zusteuerten. Unser Gesprächsbeginn fing nicht so nett und problemlos mit den Moran an, wie mit den Älteren. Die jungen Krieger schienen voller ungebändigten Temperaments zu sein, waren kaum zugänglich, ja geradezu abweisend. Ich bat den Dolmetscher, das immer zündende Thema "Rinder" und in dem Zusammenhang "Löwenjagd" anzuschneiden. Erst beim zweiten Versuch glückte es. Wir spendierten einige Flaschen Fanta und Bonbons, setzten uns mit den Moran unter einen Baobab-Baum, der arge Verletzungen am Stamm aufwies. Elefanten hatten dem Baum diese Wunden zugefügt. Sie hatten saftige Holzteile herausgerissen und die Flüssigkeit ausgelutscht. Blätter waren nur noch vereinzelt an den Bäumen, aber die vielen Äste und Zweige spendeten uns ein wenig Schatten.

"Macht ihr noch Mutproben?" ließ ich fragen. Große Augen sah ich, als wollten sie mir erzählen, daß ein Massai-Moran diese nicht nötig hätte, er sei immer mutig.

"Ich meine, geht ihr noch auf Löwenjagd, um eure Rinder zu schützen?"

"Löwenjagd ist verboten."

"Auch für euch ganz verboten?"

Ein verschmitztes Grinsen konnten die Moran nicht verbergen. Also setzte ich mit einer neuen Frage nach - immer mit Hilfe des Dolmetschers. "Wie macht ihr die Löwenjagd, oder besser wie taten es früher, als es noch erlaubt war, die Moran?"

Massai erzählen gerne, wenn sie Lust haben und für sie Themen angeschnitten werden. Da wird temperamentvoll durcheinanderpalavert, daß es schwierig ist, Ordnung in die Erzählung zu bringen. Das hörten wir schließlich:

"Die Löwenjagd findet nach bestimmten Richtlinien statt, wenn sie eine Mutprobe, eine Alamaiyo, ist. Wird eine solche Löwenjagd anberaumt, laufen die Moran durch die Krale und verkünden Zeit- und Treffpunkt. Noch vor dem allgemeinen Aufstehen läuft ein Krieger durch die Krale. Über seinen Fußknöcheln sind Schellen befestigt, die beim Laufen laut rasseln, und die Krieger, die dieses Klingen der Schellen hören, wecken die anderen. Schnell ergreifen sie ihre Waffen und eilen zum vereinbarten Treffpunkt. Kurzes Beratschlagen und Bestimmen, wohin es auf Löwenjagd geht. Dann formieren sich die Krieger und laufen im "Gänsemarsch" ihrem Ziel entgegen, voran die schnelleren, leichtfüßigen Morani, während ihnen die mit Schilden und Waffen beladenen Jäger folgen. Sobald ein Löwe entdeckt wird, ruft er seinen Kameraden, "Löwe, Löwe," zu, die es laut rufend weitergeben, bis es jeder weiß. Dann laufen die Massai schneller. Sie wollen rasch in die Nähe des Löwen, wollen ihn hetzen und umzingeln. Der Löwe fürchtet Massai, deshalb versucht er zu fliehen. Die Massai sagen, daß er sich sogar, wenn er vom nächtlichen Raubzug zur Verdauung niedergetan hat, seinen Mageninhalt erbricht, um beweglicher für seine Flucht zu sein. Mir erschien die Darstellung, die mit entsprechenden Gesten anschaulich dargeboten wurde, ein wenig übertrieben. Die Massai versicherten uns jedoch, daß dieser Moment für den Moran, der beste Zeitpunkt sei, den ersten Speer auf den Löwen zu schleudern.

Löwen greifen leicht und plötzlich an, vor allem, wenn sie von Kriegern gestellt sind und sich bedrängt fühlen. Die Kunst der Massaikrieger, die zuerst am Löwen sind, ist die, einen Angriff des Löwen zu vermeiden, und zwar so lange, bis alle Moran den Löwen in weitem Abstand eingekreist haben. Mit Gesängen wird der Versuch unternommen, den Löwen ruhig zu halten, ihn zu beschwichtigen, denn jeder zu zeitige Angriff bedeutet große Gefahr. Während die Moran singen und sich damit noch mehr Mut machen, wird der Kreis um den Löwen immer enger geschlossen bis die beste Entfernung für einen erfolgreichen Speerwurf eines Jägers erreicht ist. Ist der Speer geschleudert und der Löwe getroffen, verläßt der erfolgreiche Jäger sofort den Ring, weil der Löwe mit Sicherheit den Jäger, der ihn verwundet hat, gleich annimmt. Alle in der Nähe des ersten Speerwurfes stehenden Massai stellen sich mit ihren Schilden und Speeren dem angreifenden Löwen entgegen, speeren ihn, daß er aussieht wie ein Stachelschwein. Der Löwe jedoch hat Kraft, und wenn er angreift, genügt ein Prankenschlag, um den Schild zu zerstören und den Massai zu töten. Viele mutige Moran haben bei diesen Löwenkämpfen ihr junges Leben verloren. Eine Prankenverletzung ist äußerst gefährlich, weil an den Krallen Kadaverreste hängen, die böse Vergiftungen hervorrufen. Antibiotika waren noch unbekannt. Der Massaikrieger, der dem Löwen mit seinem Speer die erste Verletzung zufügte, muß seinen Namen laut und deutlich, auch den seines Clans, ausrufen, denn ihm gebührt Mähne und Schwanz des erlegten Löwen. Der zweite Krieger, der ihn verwundete, erhält die Pranken. Die Trophäen wurden nach einem bestimmten Ritual verteilt. So wurde von vornherein alle eventuellen Streitigkeiten vermieden.

Um den Löwen werden Freudentänze veranstaltet, Trophäen auf die Speerspitzen gesteckt und hochgehalten, und so ziehen sie alle, die mutigen Massaikrieger, in ihre Krale zurück, freudig und stolz, ihren Familien-Clan-Mitgliedern die Kunde von dem Kampf zu liefern. Es folgt ein langes Fest mit viel Genuß. Ein Moran, der einen Löwen getötet hat, ist an seinem Kopfputz zu erkennen. Er trägt als Kopfbedeckung eine Pelzmütze, die weitläufige Ähnlichkeit in Höhe und Form mit der Mütze eines Koches hat. Aus dem Halsfell des Löwen wird eine kegelförmig abgestumpfte Kopfbedeckung gefertigt, ein hohes Pelzbarett. Diesen Kopfputz trägt er an allen feierlichen, jagdlichen oder kriegerischen Anlässen. Der Einzug in den Kral nach einer Löwenjagd ist ein großes Zeremonien-Spektakel. Der Anführer trägt ein großes ellipsenförmiges, mit Straußenfedern geschmücktes Gestell, hoch aufgerichtet, durch das er seinen Kopf steckt. Andere sind mit Adlerfedern geschmückt, Beinschellen rasseln bei jedem Schritt. Schnelle Moran-Läufer eilen der Jagdgesellschaft voraus, um im Kral Vorbereitungen für den gebührenden Empfang zu signalisieren, damit alle Kralbewohner den Einzug der Moran-Jäger erleben können. Mit großer Leidenschaft und lauten Lobeshymnen werden die erfolgreichen Moran-Jäger empfangen. "Die Moran haben einen Löwen getötet", rufen sie. Krieger, die nicht an der Jagd teilgenommen hatten, sind begeistert von ihren Kameraden, und sie übertreffen sich gegenseitig in ihren lauten und wilden Äußerungen. Stimmungsmache für den Einzug in den Kral. Im Kral ist helle Begeisterung und Aufregung. Alle wollen sie teilhaben an dem Empfang ihrer Massai-Krieger. Sie wollen ihre Helden feiern, mit ihnen tanzen und Milch trinken, sich schmücken. Welche Mädchen werden die schönsten sein, um von den Löwentötern begehrt zu werden, mit ihnen zu tanzen? Sie behängen sich mit Halsketten, Armbändern und Ringen, schmücken sich wie zu einem Fest. Zusammen mit den Frauen und Älteren werden sie zum Eingang des Krals laufen und die Massaikrieger begrüßen. Sie geben ihnen für ihre trockenen Kehlen von herbeigetragener Milch zu trinken und segnen sie damit.

Dann wird gefeiert, lange und ausgiebig mit viel Milch, Gesang und Tanz. Wir würden sagen: "Der Löwe wird mit Milch totgetrunken." Der Löwe ist stark, er ist der Feind der Massai, der ihnen Rinder raubt, er ist aber auch weithin als König der Savanne, als König unter dem Wild Afrikas bekannt. Ihm gebührt besondere Ehre, nicht nur den Löwentötern unter den Massai. Es gehört ein außerordentlicher Mut dazu, einen gefährlichen Löwen mit dem Speer anzugreifen und zu töten. Diese hervorragende Leistung wird von jedem Kralbewohner anerkannt. Aus diesem Grund beteiligen sich an Feiern anläßlich der Erbeutung einer Löwin die Krieger in mehreren, meistens vier Kralen. Ein männlicher Löwe steht höher im Kurs, denn bei Tötung eines solchen Raubtierkönigs wird in doppelt so vielen Kralen ausgiebig gefeiert. Es ist auch erstaunlich, wie schnell sich solch eine Ruhmestat im Massai-Land herumspricht. Ich hörte wiederholt von solchen Jagderfolgen, nur bewiesen waren sie nicht, zumindest nicht für mich. Daß eine solche Kunde zu den Behörden vordringen kann, dürfte verständlich sein, denn die überschwengliche Freude an einer so erfolgreichen Aktion bleibt selten ein Geheimnis, - aber Savannen sind großräumig.

Begegnung
im Busch

Wir waren schon drei Stunden gelaufen, in der Hoffnung, auf eine Büffel- oder Elefantenfährte zu stoßen. Alte Fährten fanden wir, aber keine frischen.

Wir konnten nur noch auf Großwild jagen. Die andere Brünner Repetierbüchse, Kaliber 30-06, war unbrauchbar, und die angekündigte 308er Winchester würde wohl nie eintreffen. Also zogen wir mit der 375er Holland & Holland und der 458er Winchester Magnum los. Wir wollten in ein hügeliges Gelände und zu Fuß den Büffeln und Elefanten folgen. Der Fahrer hatte uns unterwegs abgesetzt. In der Zwischenzeit sollte er nach Sultan Hamud fahren, um alle Kanister mit Trinkwasser und die Tanks mit Benzin füllen zu lassen. Sultan Hamud, mit Lokalen, kleinen Einkaufsläden, einfach zusammengezimmerten Bretterbuden, einer Tankstelle und einem Bahnhof, ist in der Bauzeit der ersten Eisenbahnstrecke Mombasa - Nairobi - Uganda entstanden. Ein kleiner Ort mit relativ viel Leben. Wer aus dem Busch kam, fand leicht bescheidene Abwechslung.

In einem vollen Lokal, wohl dem besten am Ort, "deponierte" mich Bud für eine gute halbe Stunde am Tresen der Theke. Ich saß anfangs allein am Tresen und genoß mein Keniapils. Ehe ich mich versah, saß schwuppdiwupp auf dem Barhocker rechts neben mir eine vollbusige, schwarzbraune Wakamba-"Dame" mit breiter Nase, dicken Lippen und wundervoll kräftigen weißen Zähnen. Mein erster Eindruck war: Dieses Weib besitzt verschlingende Kräfte! Kaum, daß sie neben mir saß, fingerte sie dezent an meinem Körper und versuchte, vom Hals über den Gürtel hinab zu streichen. Säße nicht inzwischen auf dem Barhocker links von mir noch eine Gespielin des Kikuyustammes, wäre ich bei meinem Ausweichmanöver glatt zu Boden gegangen. So lag ich beinahe der Kikuyu-Tante auf dem Bauch, allerdings in sitzender Haltung. Der wackelige Barhocker begünstigte die Komik dieser Situation gewaltig. Es war erst mein zweites Bier, ich war noch völlig nüchtern. Mit einem Scherz versuchte ich der Lage Herr zu werden. Die beiden Damen fanden die Situation genauso spaßig wie ich, und so lachten wir alle drei aus vollem Hals. Ich spendierte jeder ein Bier und damit war für mich dieses Thema erledigt.

Endlich hatten meine erwartungsvollen Blicke zum Eingang dieses Lokals Erfolg: Meinen Berufsjäger hatte ich erkannt - und er mich in meiner "bedrängten" Lage. Buds Stirn war kraus und sein Kopf hatte wieder die "typische Schräglage" vom Alkohol, dennoch widerstand er dem Angebot am Tresen. Wir zogen uns ziemlich eilig aus der einem Etablissement ähnlichen Herberge zurück, bestiegen unser Fahrzeug und fuhren in den Busch.

Aber jetzt sind wir auf Jagd. Bud schnaufte wie eine Dampfmaschine, ihm fiel das Laufen sichtlich schwerer als mir. Die Schwarzen gingen leichtfüßig wie Gazellen und bepackt mit Proviant, Wasserflaschen und bisweilen mit den Gewehren, als bedeute ein stundenlanger Marsch nicht allzuviel für sie.

Gegen Mittag legten wir eine Pause ein, setzten uns in den Schatten einer Schirmakazie und verzehrten einen Teil unseres Lunchpaketes. Dann dösten bzw. schliefen wir ein wenig - Siesta. Eine mörderische Hitze wie in einem Backofen, am Himmel keine Wolke, nur die Sonne, die erbarmungslos ihre Strahlen zu uns schickte. Die Vögel waren verstummt, keinen Laut hörte ich. Ihnen war es offensichtlich zu heiß um diese Tageszeit. Ein paar Glanzstare und ein Nashornvogel waren die einzigen, die auf ihrem Zug ein wenig Notiz von uns nahmen.

Zu Beginn unseres Marsches waren uns in weiter Ferne kleinere Rudel Impalas, Grantgazellen, Thommies und Zebras, vereint mit einigen Gnus, begegnet. Sie alle hatten nichts zu befürchten. Unsere Jagdabsichten waren andere. Wenn es allerdings mit Großwild nicht klappen sollte, wollten wir versuchen, für die Küche noch eine Gazelle zu erlegen. Gegen 17.00 Uhr sollte uns unser Fahrer Jolly, ein Mischling mit viel indischem und wenig schwarzem Blut, wieder an dem bekannten Treffpunkt in Empfang nehmen und zum Camp zurückbringen.

Bud war äußerst schweigsam. Nach dem Mittagsschläfchen sprach ich ihn an: "Allzuviel Wild zeigt sich im Massai-Land wirklich nicht?"

"Da gibt es genug. Wir haben auf allen Jagdsafaris viel und gute Beute gehabt."

"Hoffentlich wurde nicht zuviel geschossen?" fragte ich weiter.

"Nein, bestimmt nicht. Wenn zu wenig Wild da ist, haben die Trockenzeit und die Massai mit ihren Viehherden daran Schuld. Vor einem halben Jahrhundert übrigens, so erzählte mir mein Vater, gab es hier noch den großen Kudu. Die meisten waren allerdings den großen Seuchen der neunziger Jahre des vorigen Jahrhunderts zum Opfer gefallen. Aber noch ist er in Kenia, Uganda und Tansania verbreitet. In Kenia ist der Greater Kudu in Matthews-Range und in den Northern-Frontier-Province, im Gebiet des

Marsabit-Berges, zu finden. Ich habe ihn in dieser Gegend nicht mehr erlebt", sagte Bud.

Ob auch noch anderes Wild verdrängt worden war, wußte Bud nicht. Er war überhaupt recht wortkarg an diesem Tag.

Es war in Südwestafrika, im heutigen Namibia, als ich einen großen Kudu schoß. Farmjagd: Wir fuhren entlang der Pads (Wege) in das Jagdgebiet, sahen die riesigen, eingegatterten Camps des trockenen, dürftigen Weidelands, wo 10 Hektar Fläche notwendig sind, um nur einem Rind pro Jahr genügend Nahrung anzubieten. Schafe werden gehalten, wenn das Weideland noch unergiebiger und trockener ist. Aber Wild gibt es relativ viel; es kann auf ungefähr fünfzehn verschiedene Wildarten gejagt werden: Auf den "Gemsbock" = Oryx-Antilope, den Springbock, den Elen, Warzenschwein, Hartebeest, Steinbock, Bergzebra, Blessbock, Strauß, Flugwild und, nicht zu vergessen, auf den großen Kudu.

Jedoch ist für meine Begriffe die Jagd in Ostafrika urwüchsiger, weil sie in weiträumigem Savannen- und Buschland erfolgt, ohne daß Zäune der Camps die Bewirtschaftung des Landes deutlich machen. Der größere Artenreichtum, auch mit wehrhaftem Wild, macht die Jagd interessanter, abwechslungsreicher. Aber auch in Namibia gibt es große Landstriche, Jagdland, in dem keine Zäune die freie, natürliche Landschaft beeinträchtigten. An jenem Morgen in Namibia war es sehr kalt: Strahlungswetter mit heißen Tagen und kalten Nächten. Auf dem Pirschwagen pfiff uns der Fahrtwind um die Ohren. Endlich konnten wir absteigen. Die Pirsch begann. Ganz weit entfernt sahen wir mit dem Fernglas die hellen, in der Morgensonne leuchtenden Spitzen der langen, gedrehten "Korkenziehergehörne" der Kudus aus den Büschen ragen. Die Körper des Wildes waren durch die Büsche getarnt. Wir mußten vorichtig sein. Jede Deckung ausnutzend, bewegten wir uns Schritt für Schritt vorwärts. Die Sonne stieg langsam, die morgendliche Kühle wich. Statt zu frieren, begannen wir zu schwitzen. Nach gut dreißigminütiger Pirsch, wo uns der Haki oder auch "Wartebiggi"-Busch (warte ein bißchen) oft mit seinen "Haken" (an den Zweigen) festhielt und die Haut zerkratzte, hatten wir es endlich geschafft, bis auf eine gute Schußentfernung von rund einhundertzwanzig Metern an die Kudus heranzukommen. Dann sahen wir auch die Wildkörper im Schatten der flachkronigen Bäume, konnten erkennen, wie stark und kräftig einige Kudus waren. Es befanden sich unter den fünf Kudus allerdings nur zwei, eigentlich nur ein jagdbarer, männlicher Kudu; die restlichen waren

Elefanten-Nachwuchs in der Obhut der Mutter.

Massai-Löwenmann verdaut im Schatten von Büschen nach erfolgreicher Jagd der Löwinnen.

Verfasser mit Warzenschweinkeiler.

Wildebeest (Gnu) im Bett ruhend.

"junge Herren", denen es an Masse fehlte. Ich konnte mit meiner 8 x 68 S (14,5 g KS-Geschoß) Repetierbüchse an einem Stamm anstreichen, fand schnell eine große Lücke und hielt auf den Trägeransatz. Im Knall brach der Kudubulle zusammen, war an den Platz gebannt und verendet.

Ich hatte den Eindruck, daß dieses Wild "weich" sei, aber bei dem Treffer auf dem Trägeransatz (Hals), fällt jedes Stück. Es dauerte nicht lange nach dem Schuß, da hörten wir den Geländewagen auf uns zukommen. Der Kudu wurde mit vereinten Kräften aufgeladen und ab gings zum Farmhof.

Wie anders doch die Art der Wildversorgung! Im ostafrikanischen Busch wird die rote Arbeit sofort an Ort und Stelle erledigt. Dort in Südwestafrika wird das Wild unversorgt zum Farmhof gefahren, das Stück an den Hinterläufen mittels Fleischhaken befestigt und an einem Gestell, ähnlich einem Reck mit Flaschenzug, hochgehievt und aufgebrochen. Der Aufbruch wurde sogleich in Schubkarren fallen gelassen und teilweise von den Schwarzen genüßlich verwertet, am offenen Feuer "gebraten" - mit Darminhalt ...

Nach einem ausgiebigen Frühstück im Farmhaus fuhren wir wieder auf Jagd, eine Jagd, die nicht so beschwerlich ist, die auch ältere Jäger sehr gut bewältigen können.

Aber jetzt bin ich in Ostafrika.

"Laßt uns aufbrechen", mahnte ich nach über zweistündiger Rast. Bud sah zur Sonne hoch. Ob er noch nicht aufbrechen wollte? Es mußte sein! Der Marsch ging gemütlich wie bisher durch die Savanne, den bewaldeten Hügeln entgegen. Unsere Augen hingen förmlich am Boden, immer nach frischen Fährten suchend. Und unsere Blicke schweiften in den Busch, ob irgendwo hinter Sträuchern versteckt doch noch Büffel zu sehen waren. Je länger wir gingen, desto schwerer fiel uns das Suchen. Ab und zu lagen umgestoßene Bäume im Wege, denen wir ausweichen mußten.

Der lange erfolglose Marsch war mühsam. Europäer benötigen zur Akklimatisation eine gewisse Zeit. Aber wenn ich zu Bud sah, fühlte ich mich gleich wieder jung. Der späte Nachmittag und die Hoffnung auf Büffel gaben mir frische Kraft. Bud trottete so eigenartig und schwer atmend hinter mir her. Dann rauchte er schon wieder. Ob das gut ging?

Von einem größeren Hügel aus hielten wir lange Ausschau. Mit unseren Ferngläsern suchten wir die ganze weite Umgebung ab, die flachen Dornbuschhänge, die Savanne und die im Süden ansteigenden Hügel. Steppenwild sahen wir, aber Büffel oder Elefanten nicht. Weiter bergauf zu laufen, hatte keinen Zweck. Dafür war es zu spät. Wir gingen zurück, dem Treffpunkt entgegen. Nach weiteren zwei Stunden hatten wir es geschafft. Nun kauerten wir im Gras, das verdorrt den staubigen Savannenboden bedeckte. Mit dem Rücken lehnte ich an dem borkigen, rissigen Stamm einer alten weitausladenden Schirmakazie, die einem leicht demolierten, schräg gehaltenen Regenschirm glich. Die laue Abendluft umfächelte meinen müden Körper. Noch einmal erlebte ich in Gedanken die anstrengende, stundenlange Pirsch auf Kaffernbüffel im Busch, da wo kein Luftzug wehte.

Wir warteten auf unseren Wagen, der uns hier abholen sollte. Wir saßen aber auch, bedeckt am Rande eines Akazienanfluges, auf eine Antilope oder Gazelle an, die wir für unser Camp schießen sollten. Noch war Büchsenlicht; ich konnte Kimme und Korn meines Gewehres deutlich erkennen.

Nach einer Weile kamen Dechon und Bogua zurück. Sie hatten etwas abseits ein wenig gepirscht und nach Wild Ausschau gehalten.

"Nichts mehr sehen, Bwana", sagte Dechon. "Es ist aus für heute, nichts mehr sehen, Bwana" und hob dabei resignierend seine schlanken Schultern.

Mr. Bud saß neben mir. "Er war menschlich wohl ein guter Mann," dachte ich, "wenn er nur dem Alkohol nicht so verfallen, seine 'Whisky-Pumpe' nicht diesen Belastungen ausgesetzt wäre." Er war physisch fertig und begriff augenblicklich nicht, was der Tracker meinte. Strapazen, die den Mann forderten, waren für ihn Gift! Wenn er sich zusammenriß, erfand er überzeugend wieder seine klassischen Ausreden: Daß es noch viel mehr und stärkeres Wild gäbe, morgen wäre auch noch ein Tag, dann tracken wir in eine andere Ecke des Jagdblockes oder in einen nächsten Jagdblock oder in eine andere Gegend zu anderen Massai und dann wäre bestimmt noch der kapitale Büffel ... Derartige Reden kannte ich mittlerweile seit Tagen.

"Schlawiner", dachte ich, "du reagierst noch nicht einmal, wenn Dechon sagt, es wäre kein Wild mehr zu erwarten, nachdem die Sonne schon blutrot hinter den Hügeln verschwunden ist."

"Shauri gani?!" rief Bud unvermittelt (was ist los, was hast du?), noch halb dösend, zu Dechon. Der zweite Tracker Bogua verbeugte sich ehrfurchtsvoll und wiederholte: "Keine Jagd mehr, Bwana."

Und Dechon, der Sensible, wiederholte auch noch einmal den Sinn des zuerst gesprochenen Satzes.

"Verflucht! Wo ist der Driver mit dem Wagen?" fragte Mr. Bud zurück.

Wieder verbeugende, schulterzuckende, verneinende Antworten der Tracker.

"Setzt Euch doch zu uns", sagte ich zu den beiden Afrikanern.

"Nein, Bwana, wir müssen warten und sehen und hören, wenn Jolly kommt!"

"Das könnt ihr doch auch sitzend."

"Nein, Bwana, besser stehen."

78

"Ach was", sagte ich zu Bud, "lassen Sie sich doch die beiden hinsetzen, die sind doch auch den ganzen Tag gelaufen!"

"O.K." - ein paar Worte auf Kisuaheli, eine Handbewegung und die beiden Tracker gingen zehn Meter weiter und setzten sich unter einen anderen Baum.

"Das ist doch komisch, Bud, warum setzen sich die beiden Burschen so weit ab von uns. Wir jagen doch zusammen, warum bei jeder Pause diese Distanz? Das sind doch keine Aussätzigen: Sie dürfen nicht bei uns sitzen, sie dürfen nicht mit uns zusammen essen, sie dürfen nicht, sie dürfen nicht ..."

"Ist ja gut!" sagte Bud, "aber sie dürfen mit uns jagen, sie dürfen für gute Kenia-Shillinge arbeiten, und sie bekommen von unserem Essen ab."

"Ja, ja", unterbrach ich ihn.

Ich hatte keine Lust, im Jagdurlaub dieses Thema weiter zu behandeln. War ich womöglich etwas ärgerlich, daß wir schon einige Tage erfolglos auf Jagd trackten und die geliehene Büchse so hundsmiserabel schoß? Oder war es die Anstrengung des Tages, die das alte leidige Thema 'Menschenbehandlung' aufreizend deutlich werden ließ?

"In welchem Zeitalter leben wir eigentlich?" fragte ich.

"Sir, wenn Sie schwarzhäutigen Afrikanern den kleinen Finger reichen, nehmen sie gleich die ganze Hand. Sie müssen immer den Abstand wahren. Sie müssen uns bedienen und müssen in Bewegung gehalten werden. Sie müssen den Herren über sich spüren, wie die Meute den Leithund, weil sie sonst merken, daß auch noch andere Lebewesen arbeiten können. Daraus folgert, daß sie weniger zu leisten brauchen. Wo kämen wir da hin. Das dauerte keine zwei Tage, und sie tanzten uns auf der Nase herum."

Nun mochte ich nicht mehr antworten. Vielleicht war ich doch noch zu neu auf diesem Kontinent, aber ich erkannte auch, daß dieses keine Lösung für die Zukunft bedeuten konnte.

Inzwischen habe ich von Bekannten erfahren, daß auch Schwarzafrikaner ausgezeichnete Jagdführer sein können. Tansania soll sich bei Aufgang der Jagd 1978-79 mit einem neuen Berufsjägerstamm präsentiert haben. Dort verfiel man allerdings in ein anderes Extrem: Nur schwarze Berufsjäger. Das war auch keine Lösung. Sie war auch nicht von Dauer. Heute denken und handeln die tansanischen Jagdbehörden wesentlich großzügiger, der Weiße ist wieder gefragt. Das Blatt hat sich gewendet. Mit ein bis zwei Ausnahmen führen heute wieder die White Hunters.

Die Sonne war nun hinter den bewaldeten Hügeln versunken. Schnell wurde es dunkel. Vögel sangen ihre Abendlieder. Aus dem tiefen Busch erscholl schon der heiser bellende Ruf von Mfisi, der hungrigen Hyäne, die sich in Rudeln ständig auf Nahrungssuche befindet.

Ich stand auf und atmete tief die laue Abendluft.

Die Tracker schienen vor sich hinzudösen; sie saßen so zusammengesunken am Baum, ich spürte, wie gut ihnen diese Ruhe tat. Ich ging einige Schritte hin und her und genoß die ersten Minuten dieser Tropennacht.

"Es ist nichts mehr los", sagte Bud. "Sogar unsere Tracker pennen. Hätte ich sie stehen lassen, würden sie nicht schlafen!"

Er hatte wohl recht.

"Let's go!" rief Bud und forderte uns auf, in Richtung Weg zu gehen. Sie standen auf, nahmen die Gewehre, die leergetrunkenen Segeltuchflaschen und die Proviantbeutel und setzten sich in Bewegung. Voran Dechon, dann wir anderen hinterher, am Schluß Bogua, so tasteten wir uns zwischen Sträuchern und Bäumen hindurch, stolperten über Termitenhügelreste in der verdorrten Grassavanne und gingen und gingen. Vom Geländewagen war nichts zu sehen und nichts zu hören, aber wir liefen weiter auf den Weg zu, auf dem uns Jolly entgegenkommen sollte. Wir nahmen nicht den direkten Weg, so schien es mir. Wir marschierten mehr im spitzen Winkel, um ihm abkürzend zeitiger zu begegnen. Er sollte, während wir den Fährten des Wildes folgten, seine Aufgaben bis zum Mittag erledigen!

Ich war immer wieder über den Orientierungssinn der Schwarzen und der Hunter erstaunt, die so zielsicher gingen, als hätten sie einen unsichtbaren Kompaß im Bauch. Auf all meinen Reisen bewunderte ich diese Fähigkeiten, obwohl ich von mir auch behaupten kann, einen guten Orientierungssinn zu besitzen.

Deutlich hörten wir das Gepolter einer Zebra-Antilopen-Herde, die durch uns aufgemüdet, hart ihre Hufe und Schalen in den rotbraunen Boden schlug und in rasender Flucht abging. Vom Wild sahen wir nichts. Wir blieben lauschend stehen, aber es dauerte nicht lange, und kein Hufschlag war mehr zu hören.

Wir waren ein paar hundert Meter gegangen. Dechon ging rechts an einer Kandelabereuphorbie vorbei, ich links. Der Gänsemarsch im Dunkeln war sinnvoll, mir aber zu militärisch, besonders, wenn nicht mehr gejagt wurde. Die Tracker hatten für die Natur ein tolles Feingefühl. Ehe ich es recht begriff, war ich auf einmal knietief im Erdboden versunken. Die beiden Afrikaner sprangen besorgt an meine Seite und halfen mir wieder auf die Füße. Als sie merkten, daß ich mir nicht wehgetan hatte und normal laufen konnte, lachten sie leise. Erdferkel legen mit ihren scharfen und kräftigen Grabewerkzeugen, ihren krallenbewehrten Branten ihre Baue so geschickt an, daß sie für unaufmerksame Fußgänger zu Fallgruben werden.

Warzenschweine liefern ähnlich tückische Fallen obwohl sie selber selten Baue graben. In ein solches Loch war ich getreten.

Es ist fast immer dasselbe: Wenn ich hinter Wild her pirsche, oft über Stunden, ist es, als säße ein Motor im Innern meines Körpers, der mich fast mühelos vorantreibt, dessen Brennstoff Hoffnung ist auf Beute. Eine solche Pirsch ist selten langweilig. Sie ist vielmehr spannungsgeladen und aufregend, läßt das Gefühl für Zeit und Entfernung schwinden. Wenn die Pirsch erfolglos war, der Jäger einen Fehler beging, das Wild unerreichbar absprang oder das Wild sich bei näherem Betrachten als zu jung , für nicht jagdbar zeigte, wurde der Heimweg unaufhörlich lang, mühevoll und ermüdend. So war es auch hier.

Es dauerte noch lange, bis wir auf dem Weg waren. Dann sahen wir auf einmal in der Ferne zwei Scheinwerfer durch die Nacht blinken. Das müßte Jolly sein.

"Jolly mit Toyota, Bwana!"

Wir gingen nur noch so weit, bis wir an eine Stelle kamen, an der der Wagen bequem auf dem Weg wenden konnte. Wir warteten. Zehn Minuten vergingen, ehe das Auto kam und vor uns anhielt.

"Sollen wir Sie ein Stück mitnehmen?" fragte ein Mann in Englisch.

"Nein, danke", sagte Bud, "wir warten auf unseren Wagen. Haben Sie einen gesehen?"

"Nein, nichts gesehen."

"Wo kommen Sie her?"

"Wir waren auf Elefantenjagd."

"Haben Sie einen geschossen?"

"Nein, nicht einmal Anblick gehabt, obwohl wir schon vier Tage im Massai-Land hinter ihnen her sind!"

"Das wird schwer sein, genauso wie mit den Büffeln."

"Es ist einfach zu trocken. Entweder ziehen sie in die Berge, wandern über die Grenze nach Tansania oder halten sich in den Parks auf. Im Tsavo-Park sollen sie zu Tausenden sein. Da finden sie Tränken, Wasser zum Überleben. Aus Dank brechen sie dann die Bäume um und zerstören die ganze Vegetation!"

"Haben Sie Amis als Klienten?"

"Nein, zwei Deutsche."

"Hallo und Waidmannsheil!" rief ich den beiden zu, als ich hörte, daß sie Landsleute waren.

Die beiden kletterten aus dem Landrover, der eine drahtig, elastisch, sportlich und schlank, der andere kurz von Statur, dick und behäbig mit deutschem Jägerfilz auf dem kantigen Kopf und dicker Hornbrille auf der

Nase, durch die zwei kluge und listige Augen guckten. Im Licht der Scheinwerfer konnten wir uns gut sehen. Den Dicken schätzte ich auf 240 Pfund. Für meine Begriffe hatte er Mut, mit dem Gewicht in Afrika direkt unter dem Äquator zu jagen.

"Mögen Sie eine Zigarette?"

Er hielt mir eine Packung 'Camel' unter die Nase und stellte sich vor: "Kröger, mein Name."

"Nein danke, ich rauche nicht, nicht mehr. Besser so."

Kurze Vorstellung. Der Sportsmann hieß Dr. Widmann. An der Mundart und dem Dialekt erkannte ich gleich einen Hessen, so aus der Gegend Frankfurt bis Mainz. Der dicke Herr war ein lustiger Ostpreuße, das verriet die breite Aussprache und sein köstlicher Humor.

"Wie weit haben sie es zu ihrem Camp?" fragte mich der Doktor.

"Ungefähr dreißig Meilen, schätze ich. Wir warten auf unseren Fahrer und sind seit heute morgen unterwegs."

"Oha, das ist eine Leistung!"

"Sie bringen mich auf eine Idee", sagte Herr Kröger in seinem ostpreußischen Akzent, "wir leisten ihnen Gesellschaft, bis der Wagen kommt - es sei denn, wir fallen ihnen auf die Nerven, einverstanden?"

Und ob wir einverstanden waren! Mich freute es, nach Tagen Landsleute, dazu noch Jäger, zu treffen, um Erfahrungen und Erlebnisse auszutauschen. Schnell hatten sich drei Gruppen gebildet: Die Hunter unterhielten sich auf englisch, rauchten Zigaretten und standen am Landrover. Hinter dem Fahrzeug hockten etwas abseits die Schwarzen und palaverten in ihrer Sprache. Mir schien es kein Ende nehmen zu wollen.

Wir Deutschen unterhielten uns sitzenderweise, das war bequemer.

Drei verschiedene Sprachen auf engstem Raum in afrikanischer Nacht inmitten der lichten Buschsteppe Kenias. Über uns glitzerten Millionen ferner Sterne, und der Mond zog golden am südlichen Firmament auf. Aus der Ferne flötete ein Abendvogel sein Lied einem anderen zu, der nach reiflicher Überlegung, so schien es mir, sich zur Antwort bequemte, jedoch gehaltvoller, mächtiger im Ton, und die scheinbare Stille des Abends mit einem sehnsuchtsvollem Klang erfüllte, der uns Menschen schweigend lauschen ließ. Kaum war die Strophe des Vogels beendet, ging Mr. X., der Professional Hunter der beiden Jäger, zu den Afrikanern und unterhielt sich kurz mit ihnen. Er gab Anweisungen, und schon liefen sie in die Dunkelheit und kamen, beladen mit Ästen, Zweigen und Resten von Baumstämmen zurück und schichteten einen Scheiterhaufen auf.

"Kibiriti, tuende!" hörte ich rufen, was soviel bedeutete: "Streichholz, schnell!"

Schon züngelten die ersten Flammen und fraßen sich in das aufgeschichtete Holz, spendeten flackerndes Licht und Wärme. Wir setzten uns um das lodernde Lagerfeuer.

Es ist wohl immer so, wo auch immer ich im Busch sein mag: Wenn ein Lagerfeuer brennt und die freien Flammen zum dunklen Nachthimmel züngeln, fühle ich die Freiheit grenzenlos. Ich bin zwar nicht allein, aber ich denke allein, ich horche allein, ich möchte für Stunden allein sein, am Feuer sitzen, die Knie mit meinen Armen umschlungen, und in die Flammen starren, wie ein kleiner Bube, der das Feuer stundenlang betrachten kann. Ich höre das Holz knacken, wenn es gesprengt und gefressen wird von den Flammen. Aber ich höre nicht einmal richtig zu, wenn der White Hunter seinem Boy etwas zuruft. Ich verstehe es auch nicht, nur ein Wort von Bud höre ich heraus: "Whisky". Ach so.

"Lete Whisky Kwa bwana!" rief Mr. X., der White Hunter unserer neuen Bekanntschaft, seinem Fahrer, zu. Mr. Bud saß etwas in sich versunken auf dem Kolben seiner flach hingelegten 375er Holland & Holland-Büchse und horchte sichtlich erleichtert auf. "Whisky" war das erlösende Wort, wie ich gleich feststellen durfte. Gläser und Becher wurden uns allen gereicht, und dann goß Mr. X. warmen "Black and White" in die großen Gläser. Wer mochte, nahm aus dem Wassersack gekühltes Wasser hinzu.

"Cheerio", sagte Mr. X., hob sein Glas und ... es war ein wundervoller Schluck, der die trockene Zunge löste und die Strapazen des Tages vergessen ließ. Und wir tranken gleich noch einen kräftigen Zug, genießerisch wie Männer, die seit Tagen keinen Alkohol gesehen haben.

"Sir", sagte der Hunter X. zum Doktor, "solche Zusammenkünfte und die Art, wie wir sie jetzt erleben, sind die große Seltenheit im Jägerleben. Afrika ist dafür zu groß. So oft trifft man sich nicht nachts. Ich finde das prima!"

Das Lagerfeuer loderte. Unsere Gesichter glänzten im Schein des Feuers.

"Well, es war ein anstrengender Tag, aber ein schöner Tag. Morgen werden wir bestimmt, so hoffe ich, einen Büffel finden", begann Bud stereotyp das Gespräch nach erfolgloser Pirsch. Nun war er wieder da, dieser Mann, dessen Geister vom Alkohol geweckt worden waren. Er erzählte gleich weiter: "Vor ungefähr 25 Jahren, als wir noch britisches Protektorat waren, hatte ich eine anstrengende Jagd auf die großen Fünf mit einem Klienten. Da wurde fast alles, so wie heute, nur zu Fuß gemacht. Die heutigen Safaris mit dem Landrover oder Toyota sind behaglicher. Heute haben wir im Basiscamp Kühlschränke, Radio und sogar oftmals

Funk. Diese Erleichterungen und Bequemlichkeiten des Safarilebens gab es damals kaum. Wir fuhren mit unseren Lastwagen und waren stolz auf diesen Besitz. Körperlich mußten wir aber noch mehr Strapazen ertragen."

"Daher sind Sie wohl auch so ausgelaugt, weil Sie früher zuviel gelaufen sind?" spöttelte der Kollege Berufsjäger.

Bud hätte das nicht erzählen sollen, denn Mr. X. war noch aus der alten Schule der Berufsjäger, die dem Club angehörten. Das war ein Mann mit Schliff und Energie. Mir imponierte er sehr.

"Man wird eben älter", meinte Bud und lenkte vom Thema ab.

Bud erzählte am laufenden Band. Wir hörten zu und sahen auch, wie oft er sein Glas füllen ließ...

In Gespräche und Gedanken vertieft waren über zwei Stunden vergangen.

"Gleich zu Anfang wollten Sie Elefanten jagen?"

"Natürlich ja. Im letzten Jahr habe ich es nicht mehr geschafft. Wir jagten gut mit unserem White Hunter, erlangten prächtige Trophäen. Mir geht es um das jagdliche Erlebnis, um das Leben in fast unberührter Natur und um die Jagd, um die Beute. Ich will einmal abschalten von der Hektik Europas, der Zivilisation mit ihrem nervtötenden Motorenlärm, mit Radio, Fernsehen und überkandidelter Lebenssucht in verstänkerter Luft. Wenn ich hier oder anderswo im Urwald jage und meine körperliche Bewegung habe, die mir Zivilisationskrankem sonst fehlt, habe ich die beste 'Kneippkur à l'Afrique' hinter mir, habe an Gewicht eingebüßt und fühle mich elastischer. Und wenn ich mal nichts erlege, ist es auch egal. Hauptsache, ich fühle mich wohl und ich spüre diese grenzenlose Vertrautheit in noch ungeschändeten Urlandschaften, wie sie auf mich wirken. Mich quält nur der Gedanke, daß mein Jagdurlaub, egal aus welcher Region ich zurückkomme, immer eine Rückkehr in die häßliche Zivilisation bedeutet".

"Sind Ihre Trophäen gut in Deutschland angekommen?" fragte ich.

"Nein, sie waren zwar gut verpackt, aber da, wo die Schläuche saßen, war nicht gut desinfiziert. Würmer bohrten sich durch die Hörner!"

"Meine Trophäen waren bei einer Inder-Firma für den Versand fertiggemacht. Für mich waren die Trophäen Kostbarkeiten. Ungeachtet dessen hat die Firma sie in Säcke gesteckt und abgeschickt. Die Schädelknochen waren alle zerbrochen. Das war eine Sisyphusarbeit! Ich mußte Knochensplitter an Knochensplitter leimen!"

"Das kenne ich", sagte Dr. Widmann.

"Und ich glaube das nicht", sagte Bud.

"Tun Sie es nur!"

"Ich habe Trophäen in der prallen Sonne herumliegen sehen, sogar vor Wildhüterhütten."

"Das waren sicherlich gewilderte Trophäen."

"Das glaube ich wohl, aber wir stehen eben anders zu Trophäen; sie bedeuten uns Erinnerung an jagdliche Erlebnisse, sie sind uns ein ideeller Wert, der uns bereichert."

"Auch schlechte Trophäen? Die lassen auch Jäger hier - oder wenn die Bude voll ist zu Hause?" fragte Bud, "was dann?"

"Oder haben Sie schon einmal in einer Negerhütte zur Zierde Trophäen hängen sehen?"

"Das gibt es doch nicht. Was sollen die schon damit anfangen. Wild töten die Schwarzen, um den Bauch voll zu haben, nicht um Trophäen zu besitzen."

"Wir helfen ihnen dabei. Wir liefern dafür das Wildbret. So ist es doch."

"Das stimmt nicht ganz", sagte ich, "es gibt genug Schwarzafrikaner, die sich mit Trophäen schmücken. Aus Platzmangel hängen sie sie nicht in ihre Hütten, dafür sind sie zu klein. Aber auch diese Menschen haben Beziehungen zu Trophäen. Das sehen wir bei Tänzen, Götterverehrungen und anderem."

"Und am gewilderten Elfenbein und Leopardenfellen", setzte Mr. X. den Satz fort.

Er hatte nicht unrecht. Die Liste könnte erweitert werden. Hierüber könnte lange gesprochen werden. Der Hauptgrund dürfte darin zu sehen sein, daß die Jagdgesetze wohl doch nicht so sind, wie sie sein sollten. Sicherlich wurde bisher versucht, durch strenge Kontrollen Jagd und Wilderei in den Griff zu bekommen. Das Lizenzjagdsystem hat eben in dieser Hinsicht Lücken.

"Die Schwarzafrikaner und vor allem auch Vertreter anderer Hautfarben sind einfach zu schlau geworden. Der Urlauber aus Übersee, der kauft alle Trophäen als Souvenir zu horrenden Preisen."

"Das sind Tatsachen! Das verleitet, das verführt zur Zügellosigkeit. Zur Wilderei!"

Das wirklich große Interesse am Wildbestand und an der Hege, soweit in Afrika überhaupt von Hege gesprochen werden kann, ist beim Revierjagdsystem meines Erachtens unübertroffen. Zur Zeit der Kolonisation hatten vorwiegend die europäischen Nationen das Lizenzjagdsystem geschaffen und zur Erhaltung des Wildbestandes in den ehemaligen Kolonien

Ost- und Westafrikas eingeführt. Klassische Jagdländer, wie hier in Ostafrika, wurden besonders stark in den letzten Jahrzehnten frequentiert. Das alte, wilderhaltende Lizenzjagdsystem hatte, besonders auch durch die Übertragung der Regierungsgewalt an die Schwarzafrikaner, nicht mehr die Tragweite, die es einst besaß. Die einzelnen Jagdblöcke hatten beträchtliche Flächenausmaße. Wildschätzungen und -zählungen bestimmten den Abschußplan, der schwerlich kontrollierbar war. Berufsjäger hatten einmal Aufgaben zu erfüllen, die dem Gesetz gegenüber galten, aber auf der anderen Seite den Klienten gegenüber Verpflichtungen auf sich zu nehmen. Jedenfalls wurden die Jagdblöcke (Reviere) oftmals von zwei und mehr Parteien zur gleichen Zeit bejagt, zumindest wechselten oft die Jagdgesellschaften. Aber diese Beanspruchung ist sicherlich nicht der Grund für die negativen Entwicklungen, die der Wildbestand ertragen mußte. Schlimmer und grausamer ist Wilderei!

Neue Perspektiven werden sich auftun. Es ist bekannt, daß es afrikanische Staaten gibt, die planmäßig Wildbewirtschaftung betreiben bzw. sie anstreben für die Erzeugung größerer Fleischerträge und für die Jagd. Auch gibt es schon fortschrittliche Regierungen, die an die Erhaltung des Wildbestandes und der Vegetation denken, die versuchen, das ökologische System wieder ins Gleichgewicht zu bringen. Es darf nicht mehr der alte Grundsatz gelten, daß jedes existierende Stück Wild der Konkurrent des Nutzviehs ist und deshalb getötet werden muß. Das Prinzip eines ausgewogenen Verhältnisses zwischen Wild und Nutzvieh wird in Zukunft der richtige Wegweiser sein. Die veralteten Ansichten sollten endlich der Vergangenheit angehören! Dann wird der Wildbestand anwachsen und mit ihm werden Äsungsflächen genutzt, die bislang der Überbeanspruchung durch Viehherden ausgesetzt waren. Für die Bevölkerung werden mehr proteinhaltige Nahrungs-, sprich Wildbreterträge, auf Landstrichen erwirtschaftet werden, wo sonst nur spärlich Nutzvieh (Fettfleisch) weiden konnte.

Während meiner Jagdreise nach Südwestafrika konnte ich mich selbst von dem guten Verhältnis Wild und Zuchtvieh überzeugen. Auch stellten Jäger und Wildschutzbeamte bei Regulationsjagden fest, daß das Nutzfleischverhältnis beim Wild günstiger ist als beim Zuchtvieh (Rindern).

In diesem Land tritt ein Bewußtseinswandel ein, der dem Wild neue Chancen zu "geordneter Ausbreitung" bringt. Farmbesitzer betrachten das Wild nicht mehr nur aus dem "ethischen Blickwinkel", sondern erkennen, daß sie mit ihrem Wild erhebliche Vorteile für sich erwirtschaften können. Jagdfarmen bereichern durch vermehrte Artenvielfalt ihre Wildbestände, Schutzmaßnahmen werden von Farmern und Regierung getroffen. Planmäßige Wildbewirtschaftung durch Gewinnung von Wildbret für die Bevölkerung, Lebendverkauf von Wild und Jagdtourismus stehen in enger Beziehung mit der Erhaltung der Naturlandschaft.

Das bedeutet zugleich im weitesten Sinn Naturschutz nicht nur für das Land, sondern auch für die Lebewesen, die in ihm leben, für Pflanzen, Menschen, Zuchttiere und Wild.

Ein lauwarmer Luftzug bewegte die Blätter der Büsche und Bäume, als flüsterten sie im Nachtwind geheimnisvolle Worte. Von weit her erscholl der düstergrollende Ruf eines Löwen. Aus entgegengesetzter Richtung kreischten und keckerten Hyänen.

"Simba ist hungrig, heute nacht will er jagen", flüsterte mir Dechon ins Ohr. "Bwana, hörst du, wie Simba grollt?" Ich hörte es genau, dieses erste tiefe Grollen, diesen Warnruf eines Löwen, der irgendwo im Busch jagt. Und wie grollend er ruft, so als wollte er sich an unserer Unterhaltung am Lagerfeuer beteiligen; auch Hyänen, Wildhunde, Schakale und Leoparden lassen uns fühlen, daß sie hier sind in unserer Nähe oder daß sie hinter den bewaldeten Hügeln pirschen oder im Dornbusch lauern oder in der Savanne sind, wo die Büffel, Wildebeest, Hartebeest, Impalas, Grant, Robertson-Gazellen und Thomsongazellen und Zebras äsen, sie sind alle um uns herum, unsichtbar, verborgen, überall und sind hier genauso einsam oder auch gesellig beisammen wie wir am Lagerfeuer.

Das Feuer flackerte und knisterte; es wärmte uns. Weit und breit das einzige Feuer. Lebhaft knackten die Zweige in der Glut, Rauch und Funkenflug stiegen auf ins nächtliche Firmament. Tiefdunkelblau war das Himmelszelt, an dem unzählige Myriaden glitzernder, silberner und flimmernder Sterne, unvorstellbar rein und klar, in die Nacht leuchteten. Der Mond stieg anfänglich golden auf, aber jetzt, wo er höher am Himmel als zunehmender Beinahe-Vollmond hinaufgestiegen war, blinkte er fast silbern.

Die bewaldeten Hügel hoben· sich am Horizont als dunkle Schatten gegen den hellen, jedoch dunkelblauen Nachthimmel ab. Dahin wollten wir morgen auf Jagd, wollten versuchen, in den weniger heißen Regionen dem Großwild nachzustellen.

Von unserem Wagen war weder etwas zu hören noch zu sehen. Unsere Unterhaltungen und der Whisky hielten uns trotz des anstrengenden ganztägigen Fußmarsches frisch und munter.

"Ich bin zum dritten Mal in Ostafrika", erzählte der Doktor. "Ich finde einen Jagd- und Angelurlaub zwar anstrengend, dafür aber auch gut für den Körper. Solche Gewalttouren, wie Sie sie unternehmen, lehne ich allerdings ab."

"Das soll auch nicht zur Regel werden. Mr. Bud wird von sich aus die Safari weniger anstrengend gestalten. Er hatte heute mehrmals sehr mit sich zu kämpfen. Seine Gesundheit ist wohl nicht die beste."

"Das ist doch Voraussetzung", sagte Dr. Widmann.

"Das meine ich wohl auch."

"Da fällt mir etwas ein", sagte der Doktor weiter, "im vergangenen Jahr, nein, vor zwei Jahren, jagte ich in Rhodesien (dem heutigen Simbabwe). Es war eine schöne und gut organisierte Jagd. Ich erlebte aber auch, wie ein Europäer mitten im Busch einen Herzinfarkt bekam."

"Doktor", unterbrach ihn der Ostpreuße, "nun erzählen Sie schon wieder von dem Herzinfarkt! Ich bin nun einmal ein bißchen dick, das weiß ich doch. Sie vergällen einem wirklich den ganzen Urlaub. Müssen Sie immer so schwarzsehen?"

"Das ist es ja gerade, der verfluchte Leichtsinn!"

"Warum soll denn etwas passieren? Und dann gibt es doch hier den East african flying doktors service. Der kommt überall dorthin, wo Landemöglichkeiten sind, auch in die entlegenen Gegenden. Freilich, wenn der Herzinfarkt einen mitten im Busch erwischt und man mit dem Landrover stundenlang zur nächsten Funkstation oder zu einem Telefon holpern muß - vielen Dank!"

Der "East african flying doctors service" ist ein über das ganze Land verbreiteter Notrettungsdienst, der im Notfall schnell dorthin gelenkt werden kann, wo Unfälle sind oder Schwerkranke der Rettung bedürfen. Außerdem werden durch ihn regelmäßig entlegene Stämme besucht, Untersuchungen an Kranken vorgenommen und auch Flugzeuge eingesetzt, um Schwerkranke auf kürzestem Wege in Hospitäler zu bringen. In erster Linie ist der Rettungsdienst für Notfälle eingerichtet. Das Problem ist nur, die Verbindung in den Busch zu schaffen, zu weitentlegenen Orten, wo weder Telefon noch Funk oder Radio existieren, wo in der Nähe Kranker nicht einmal improvisierte Landepisten geschaffen werden können. Dann wird es problematisch und gefahrvoll.

Ob unser Ostpreuße diese Problematik im dichten Busch in Betracht zog? Dafür war er zu lebenslustig und davon überzeugt, daß ihm nichts passieren könnte. So sollte ein Jäger auch sein, bei aller Vorsicht! Mir schien er trotz seines Gewichtes hart und leistungsfähig genug.

Mr. Bud sah, daß ich auf meine Uhr schaute, lachte und sagte: "Inschallah."

Dabei sah er zu Herrn Kröger.

"Herrjeh noch mal", antwortete er, "wenn nichts weiter geht, höre ich immer Inschallah."

"Europäer im Denken und Handeln. Leben Sie zeitloser, und ihnen wird alles in Afrika gefallen", sagte Bud lachend.

"Sie haben wohl immer Zeit im Überfluß. Mein Urlaub ist begrenzt, eingeteilt und bestimmt nach dreißig Tagen zu Ende! Inschallah ist für uns Europäer Quatsch. Inschallah beruhigt die Nerven derjenigen, die Zeit im Überfluß haben, nicht auf den Geldbeutel zu sehen brauchen oder den Tag ohne besondere Vorkommnisse am Indischen Ozean verbummeln."

"Ich möchte auch mehr Zeit haben, nicht nur tracken, moven und schwitzen und voll Staub sein und Durst haben. Ich sitze gern auf Wild an, so mit dem Hintern auf einem dicken Ast, und blicke in den Busch, höre die Vögel singen und lasse mich auch mal von den Ameisen dabei kitzeln. Keine schweißnassen Baumwollsachen am Körper. Wenig Durst, keine Zunge, die nach Flüssigkeit lechzt. Nur die Natur erleben und träumen mit offenen Augen... und jagen."

"Daß ich nicht lache, von Ameisen kitzeln lassen. Haben Sie schon einmal die kleinen Biester an Ihrem Körper gehabt und all das Unbehagen verspürt, wenn sie bestialisch die Haut zwicken? Dann scheint die Zeit stillzustehen. Nein, ich tracke lieber oder setze mich dort hin, wo ich weiß, mir kommen diese Biester nicht an die Haut!"

"Ich bin eigentlich mehr auf Großwild aus", unterbrach Herr Kröger das Gespräch. "Es gibt eben Leute, die fangen gleich an zu philosophieren, wenn sie etwas Whisky getrunken haben."

"Was meinen Sie, wenn Insekten einer übergeordneten Organisation unterlägen und sich einig wären, uns Menschen vernichtend zu tyrannisieren. Sie könnten es! Hoffentlich wird die Zeit nie kommen", sagte der Doktor.

"Zeit, ja Zeit", sagte Mr. Bud, "wo bleibt Jonny? Verflucht noch mal!"

"Der Wagen ist sicherlich kaputt."

"Nein, Mr. Bud, Inschallah!"

Alle Männer lachten. Das Lagerfeuer flackerte wieder kräftiger, nachdem die Afrikaner ein paar Äste in die Glut geworfen hatten. Die Nacht schien dunkler als sonst. Der Feuerschein blendete das Augenlicht und ließ den dunkelblauen Nachthimmel und die glitzernden Sterne anders erscheinen. Als kräftig zunehmende Scheibe stand der Mond hoch am Firmament. Aus der Ferne hörten wir immer wieder das grollende Brüllen eines Löwen.

Sonst schien es ruhig zu sein, außer unserer Runde am Lagerfeuer, die die Nacht mit Stimmengewirr füllte. Gäbe es nicht "Inschallah", hätten wir nicht das Vergnügen, uns in der Busch-Savanne Kenias zu treffen und unterhalten zu können. Es hat eben alles zwei Seiten...

"Ich finde es großartig", sagte der Doktor, "und kann nur wünschen, daß ihr Driver nicht so bald mit seinem Erscheinen die fröhliche Runde sprengt."

"Als ich das erste Mal auf dem Schwarzen Kontinent war", sagte der Ostpreuße, "beeindruckten mich, besonders einmal nachts, die rotbraunen Erdhügel der harten Termitenbauten. Übermannshoch standen sie in dem Gebiet, in dem ich auf Jagd war, angenagt von Wind und Regen, oft gespenstische Formen bildend, daß sie mich häufig täuschten."

"Oh ja, das kann ich ihnen sagen, mich hat auch solch ein Termitenbau einmal gewaltig genarrt", erwiderte ich.

"Aber vom Leben dieser hochinteressanten Tiere müßten Sie eigentlich mehr wissen als ich", meinte der Doktor.

"Weshalb ich?"

"Sie haben doch, wie die Schwarzen erzählten, beim Stolpern die Liaison zu den Termiten gesucht ..."

"Sie mit ihren Ameisen und Termiten, Doktor!"

"Cheerio!"

Dechon und Katunga, die beiden Tracker unserer beiden Safaris, kamen mit neuem Holz aus dem Busch zurück. Das waren prächtige Burschen, nie müde, immer vergnügt und hilfsbereit. Dechon, der sensible Tracker, und Katunga, den ich erst ein paar Stunden zuvor kennengelernt hatte. Gleichgesinnte oder auch gleichrangige Schwarzafrikaner schlossen sich zusammen. Tracker waren höher gestellt und besser bezahlt als Enthäuter (Skinner) oder einfache Boys. Klasseneinteilung bei weniger entwickelten Völkern beginnt schon auf unterster Ebene. War das auch Naturinstinkt, oder war das abgelauscht von den Weißen, die sie einst regierten?

Schon bei den einfachen Eingeborenenstämmen erlebte ich Gemeinschaftsformen, in denen Großfamilien hierarchisch gegliedert waren. Sie halten bei weitem keinem Vergleich mit modernen zivilisierten Staatsformen stand, wo die Rangordnungen Auswüchse erreichen, die den Bürokratismus zum beherrschenden Instrument der Macht treiben und die Persönlichkeit ersticken lassen, wie ein zum Tode auserwähltes Massai-Rind. Hier denke ich besonders an politische Staatsformen, die eigentlich gerade soziale Errungenschaften und persönliche Freiheiten der Individuen für ihr Hauptanliegen halten und mit diesen Parolen versuchen, alle Völker für ihre Interessen zu gewinnen. Aber wenn die Menschen erst begriffen haben, in welchen zentral-gesteuerten Apparat sie gepfercht sind, ist es leider zu spät. Und doch dürfte Hoffnung bestehen. Es wird lange dauern, aber es ist immerhin beruhigend zu wissen, daß bis jetzt kein System für die Ewigkeit geschaffen war, sondern laufenden Veränderungen bzw. Anpassungen unterliegt (geschrieben 1982).

Katunga war ein toller, umsichtiger Naturbursche von erfrischender Herzlichkeit, ein wenig kräftiger gebaut, besaß aber genauso schlanke und drahtige Beine wie Dechon. Ein Schneidezahn fehlte ihm. Aber was bedeutete schon ein Schneidezahn? Wichtiger war die Lücke. Durch die pfiff er, und je stärker er blies, desto schriller klang der Pfiff, den er je nach Eindringlichkeit beinahe lustig seinen Leuten als Signal gab. Einem Waiter (Boy) galt ein schriller Pfiff. Seine Augen blitzten dann im lodernden Schein des Feuers den armen Teufel an. Nein, nicht irgendwie gemein, sondern freundlich bestimmt. Der arme kleine Kerl war erst vor fünf Tagen neu angeworben und mußte vieles erdulden, was ein Neuling erst hinnehmen muß, um in den Kreis der Altgedienten aufgenommen zu werden. Überall das gleiche?

Ich versuchte, mit diesem Mann ins Gespräch zu kommen. Wie ich erfuhr, war er von der Küste, ein Giryama weichen Gemüts, der kaum Englisch verstand und alles von den Augen abzulesen versuchte. Er war aus seinem Heimatdorf gewandert, ein Landflüchtiger, der nach Nairobi getrampt war und dort den großen Coup erhoffte, aber jämmerlich in den Vorstadtslums hängenblieb, nun aber die erste Chance hatte, als Skinner und Boy in einem Safariunternehmen Geld zu verdienen. Es wurde nicht nur vom Personal besonderes Können in den einzelnen Sparten eines gut organisierten Safariunternehmens verlangt, sondern auch unbedingter Gehorsam, Gemeinschaftsempfinden - und immer die Bereitschaft, sein Äußerstes für die Safari zu geben, sich voll einzusetzen für alle Tätigkeiten, die anfallen. Dafür waren sie alle die bestbezahlten Leute in Ostafrika. Diese Leute waren zufrieden. Sie waren eigentlich immer zufrieden, die Schwarzen, wenn sie Arbeit hatten und helfen konnten, ihren großen Familienverband finanziell zu unterstützen. Das Zusammenleben afrikanischer Großfamilien ist bewundernswert und empfehlenswert für zivilisierte Nationen.

Ich habe kaum mißmutige, gedrückte oder aufwieglerische Schwarze erlebt, ganz selten, und dann waren es meistens Leute, die in irgendeiner Form mit sogenannten Pharisäern der Politik zusammentrafen, von denen ihnen Unruhe, Neid, Mißgunst und Hetze in die 'Adern geblasen' wurden. Von Natur aus, glaube ich, denkt der Afrikaner, wenn es ihm zum Existieren reicht, nicht daran, sich für ein besseres Dasein zu engagieren. Ich habe unzufriedene Schwarzafrikaner nur in den größeren Städten und auch in Badeorten, wie Malindi und Mombasa - mit Raub und Totschlag! - erlebt, wo sie ständig mit der modernen Stadt, dem Reichtum, der Politik, den oft reichlich unvernünftigen Urlaubern konfrontiert wurden, wo sie doch selber so arm waren und den ganzen Kontrast zweier Welten vor Augen hatten. Das dann unerwünschte Reaktionen entstehen können, dürfte allzu einleuchtend sein.

Die Flucht vom Land in die großen Städte führt in den seltensten Fällen zum besseren Leben. Eine Verbesserung der Lebensverhältnisse sollte durch ökologisch bessere Anbau- und Bewirtschaftungsmethoden bewirkt werden.

"Tembo, Elefanten sind im Busch, sagten mir gerade Dechon und Katunga", unterbrach der White Hunter das Zuprosten mit dem Doktor. "Tracker haben sie beim Holzholen gerochen und gehört, wie sie Äste brechen und Laub von den Bäumen reißen."

"Hören Sie bitte, Mr. Kröger, wir wollen besprechen, was zu tun ist."

"Die Elefanten moven aus dem Amboseli-Park", meinte Bud. "Es wird Regen geben, dann verlassen sie ihn!"

"So könnte es sein. Nachts ist es kühler, und da kommen sie heraus, kehren entweder morgen früh zurück zum Wasser im Park, oder sie wandern über die Berge nach Tansania."

"Sie wandern ab!"

"Wir werden abwarten müssen. In der Dunkelheit ruht ohnehin die Jagd. Der Weg zum Amboseli ist weit. Ich glaube auch nicht, daß sie dahin zurück wollen."

"Bleiben wir hier", erwiderte Herr Kröger, "und versuchen wir, sie morgen früh in unseren Jagdblöcken abzufangen, zu passen, wenn sie moven. Wir haben gute Gesellschaft, noch etwas zu trinken, und unser letzter Proviant wird brüderlich geteilt. Bleibt nur zu hoffen, daß ihr Fahrer noch nicht so bald erscheint Mr. Bud. Einverstanden?"

"Was bleibt uns übrig? O.K. Wenn unser Wagen kommt, werden wir uns revanchieren", sagte ich.

Auch ich war müde. Der Tag war anstrengend gewesen. Elefanten jagen, so wird oft erzählt, sei leicht, zwar mit gewissen Gefahren verbunden, aber beinahe ein Kinderspiel. Das ist Unsinn. Waidgerecht einen Elefanten zu schießen, erfordert den ganzen Mann, Nerven und ein gutes Auge für den sicheren Schuß. Ist der Elefant in Aktion und wird womöglich durch eine schlecht sitzende Kugel verletzt, wird es äußerst gefährlich für den Jäger.

Coke's Hartebeest-Kuhantilopen sind relativ hartes Wild.

Termitenhügel und bizarre Termitenhaufen sind aus Erde und Speichel gebaut
und sehr widerstandsfähig gegen die Unbilden der Natur.

"Hallo, Sir", spricht mich der White Hunter an. "Sind Sie müde oder grübeln Sie?"

"Ja, ein wenig angeschlagen vom vielen Tracken, aber ich habe mir gerade über die Elefanten so meine Gedanken gemacht."

"Das müssen Sie auch. Elefanten werden immer mehr zum Problem. Alte sind schwer zu finden, obwohl es noch genügend gibt, aber die Trockenheit und die Einengung der Lebensräume machen ihnen zu schaffen."

"Ob die Bäume deshalb so stark geschädigt werden?"

"Das hängt damit zusammen, ganz sicher."

"Sind sie Engländer?"

"Ja."

"Wie lange sind Sie schon hier als Professional White Hunter?"

"Seit sechzehn Jahren. Ich fing früh mit der Ausbildung an. Langer Weg, heutzutage drei Jahre Lehrzeit, viel Safarileben, Schulbesuch, Prüfungen und dann Geldverdienen!"

"Macht ihnen das Jagen Spaß, ist das nicht Töten auf Kommando, das einem die Freude am Beruf nehmen könnte?"

"Manchmal hängt mir das zum Hals heraus. Wenn so ein eitler Mensch kommt, nicht einmal Jäger, ach was, kann auch keiner sein, will nur Trophäen und meint, für sein gutes Geld könnte er alles, was ihm vor die Büchse kommt, totschießen, möglichst ohne Schweiß zu vergießen, so vom Landrover herunter, ohne innere Anteilnahme. Dann werde ich trotz meiner Ruhe innerlich so erregt, daß auch bei aller Freundlichkeit ein solch vernagelter Schießer kapiert - denn das sind keine Jäger -, wie meine jagdliche Auffassung ist, die er zu respektieren hat. Ist er so störrisch und will das nicht begreifen, fahre ich mit ihm so lange vergeblich auf Wildsuche, bis ihm alles anfängt leid zu tun, seine ach so kostbare Zeit, sein durchgeschwitzter Hintern auf dem warmen Plastiksitz, seine vielen Patronen, die er mitgebracht hat, und die er nicht zum Knallen bringen kann, und das viele Geld, das er ausgegeben hat und noch ausgeben wird für die 'erfolgreiche Jagdsafari'. Diese Kerle mag ich nicht. Ich hasse sie!" sagte der White Hunter.

"Wie im Kino. So etwas gibt es?"

"Ja, das ist wirklich so! Aber es sind nur ganz, ganz wenige Ausnahmen der Jagdklienten, die mit dieser Einstellung nach Afrika kommen. Das ist beruhigend. Ich habe überwiegend sehr schöne erlebnisreiche Jagden durchgeführt mit Jägern, die jederzeit wieder gern bei mir sind." sagte er.

<Der Springbock zeigt noch für einen Augenblick seinen hochstehenden Spiegel.

Mr. Bud fiel vom Kolben seiner 375er Holland & Holland und schlief schnarchend auf dem Boden weiter. Dem Gespräch konnte er nicht mehr folgen.

Jetzt sahen wir in der Ferne zwei Scheinwerfer aufleuchten. Je näher das Fahrzeug kam, desto deutlicher erkannte ich, wie unsicher der Fahrer am Lenkrad war. Eine halbe Stunde später war Jolly völlig betrunken mit den zwei Freunden von Bud da.

In welche Gesellschaft war ich nur geraten. Mir war das peinlich. Bud wurde wach. Ein Donnerwetter ging über den unzuverlässigen Fahrer los. Mit Recht! Betrunken hatte sich der Bursche in Sultan Hamud. Buds Freunde fanden ihn dort und begleiteten ihn vorsichtshalber. Meine erste Frage galt gleich der 308er Winchester. Verständlich. Zum Jagen war ich hier.

Die Waffe war noch nicht angekommen. In der Lunchbox war kaum noch Proviant enthalten. Mit dem Inhalt hatte der Fahrer seine 'Damen' bezahlt ... Mit den anderen Schwarzen führte er oft politische Gespräche. Bud hatte ihm das schon einige Male untersagt.

Jolly, der ein echter Mischling mit viel Inderblut war, hatte längere Zeit in Tansania gelebt. Dort gefiel es ihm nicht. Deshalb war er hier. Aber er lobte das, was ihm so mißfiel. Komische Leute!

"Sie haben prächtige Jagdgefährten", sagte der White Hunter zu mir.

"Ich bin überaus glücklich, schon weit über eine Woche lang."

"Das merke ich Ihnen an."

"Meine Entscheidung treffe ich beim nächsten 'Jagderfolg', wenn das neue Gewehr, eine 308er Winchester, seines Chefs kommen sollte. Oder auch früher."

"Die Zeit im Massailand nutze ich anders, glauben Sie mir, dennoch sind die Tage und Nächte eines der schönsten und aufregendsten Erlebnisse meiner 'völkerkundlichen' Reise."

Eine silberne Sternschnuppe fiel vom dunklen Nachthimmel. Hatte sich jeder etwas gewünscht?

"Doktor, lassen Sie uns aufbrechen, ich will zum Camp zurück und schlafen!"

"Auch wir wollen weiter. Morgen in der Frühe werden wir versuchen, in unserem Block Elefanten zu jagen ..."

Wir bedankten uns für die Gastfreundschaft, die schönen Stunden am Lagerfeuer und wünschten uns gegenseitig Waidmannsheil. Wir schüttelten uns die Hände, und dann ratterte jedes Fahrzeug in eine andere Richtung davon.

96

Mit Moran auf Pirsch

Fünf Dreifarbenglanzstare hatten sich eingefunden und pickten die ihnen vorgeworfenen Brotkrumen auf, Kulturfolger im afrikanischen Busch.

Wir kletterten in den Wagen und fuhren in Richtung Chyuli-Kette, einer bergig-hügeligen Gegend. Kaum waren wir 20 Minuten unterwegs, fing der Tag an zu grauen, und Bud zeigte auf einige Haubenperlhühner. Ein amüsantes Völkchen von siebzehn Stück, das, pickend und nach Nahrung suchend sowie alles um sich herum und über sich beobachtend, auf dem ausgedörrten Savannenboden lief. Ständig mühten sie sich hinter Büschen, spärlichem Strauchwerk und Gräserresten Deckung vor uns zu finden. Es gelang ihnen oft; dann verweilten sie für kurze Augenblicke, aber schon unsere kleinste Bewegung oder die unseres Fahrzeuges veranlaßte sie, sich zu ducken oder auch davonzustürmen, um besseren Deckungsschutz zu erreichen. Ihr blauschimmerndes Gefieder war mit Hunderten weißer runder Pünktchen übersät. Wenn die Samenkörner so zahlreich auf dem Boden lägen wie die Pünktchen auf ihrem Gefieder, dann hätten sie genug zu fressen. Das Land jedoch war vor der großen Regenzeit lebensfeindlich, das Wasser knapp. Nur der morgendliche Tau konnte ihnen Flüssigkeit geben, denn Wasserstellen, an denen sie sich sonst zu Hunderten versammelten, existierten zur Zeit nicht. Sie waren schon lange ausgetrocknet.

Der Tisch war dem Wild nicht reichlich gedeckt. Schmalhans war Küchenmeister. Auch die Greifvögel wußten das, spürten es. Hoch in den Lüften kreiste ein Habichtsadler. Bud zeigte auf ihn und meinte: "Der hat es auf die Perlhühner abgesehen."

"Ja, ich beobachtete ihn schon. Die Perlhühner machten mich auf ihn aufmerksam."

"Sie sollten uns ein paar für die Küche schießen", sagte Bud.

"Wie, jetzt?"

"Ja, mit der TWO-TWO, geht prima!"

Ich hatte keine Lust dazu, nicht, so lange der Habichtsadler dort oben kreiste.

Ein paar Meilen weiter trafen wir in sehr flachem Gelände, das Ähnlichkeit mit einer ausgetrockneten Niederungsmoorlandschaft hatte, sehr viele Gelbfrankolin-Völker an. Sie riefen sich ständig etwas zu, es klang wie

Lockrufe unserer Wachteln. Sie lockten laut und reckten dabei ihre Hälse in die Höhe, so daß ihre gelben Kehlflecken leuchteten. Sie waren weder zu überhören noch zu übersehen.

"Na, die wären auch was, sie schmecken gut!" sagte Bud.

Der Tracker reichte mir den 22er-lang-Pumper, ein "Zirkusgewehr", wie ich es nannte. Ich schoß mit drei Schuß drei Frankolinen zwischen die Schwingen. Sie waren sofort verendet.

"Das ist doch nichts, Bud. Oder was meinen Sie?" fragte ich Bud und den "Japaner".

"Ist doch gut."

"Gebt mir die 410er-Doppelflinte", sagte ich zu den Schwarzen.

Umständlich und erst die Einwilligung Buds abwartend, brachte mir Bogua dieses Gewehr aus dem grün gestrichenen und verschließbaren Eisenblech-Waffenkoffer. Ich betrachtete das Gewehr und war entsetzt. Der Kolben war der Länge nach zweimal aufgesplittert und mittels rostiger Nägel so zusammengenagelt, daß er vielleicht für Linksschützen "gereicht" hätte. Von außen waren die Läufe rostrot bis braun von altem Rost voll bedeckt, innen die Läufe schwarz wie Ofenrohre. Ich "backte" die Flinte an. Zu kurz im Schaft. Aber egal, versuchen mußte ich es. Die Frankoline waren nicht schnell, es würde schon klappen. Zwei Nägel waren so durch das Schaftholz geschlagen, daß sie meine rechte Wange kitzelten. Schnell steckte ich mir einige Patronen ein und ging mit den beiden Trackern den Frankolinen nach. Die Frankoline kamen mir vor wie Volierenfasanen, denen erst vor zwei Tagen die Freiheit geschenkt wurde. Dechon mußte laufen und die Vögel aufscheuchen. Sie mochten nicht fliegen. Sie sind mit ihren flinken Ständern mehr Laufvögel als Flieger.

Erst als Bogua von der anderen Seite herangestürmt kam, bequemten sich die Frankoline, doch ihre Schwingen zu benutzen. Nur ein kurzes Stück schwirrten sie in höchstens drei bis vier Meter Höhe davon, um schon bald wieder einzufallen. Ich schoß nur noch auf fliegende Frankoline. Beim ersten Schuß fiel ein Frankolin wie ein Stein auf den Boden. Donnerwetter, machte die Flinte einen Krach, und welch ein Rückstoß von der 410er Winchester! So hart?

Ich öffnete die Waffe. Beide Patronen waren leer, die Flinte "doppelte". Fortan begnügte ich mich mit einer Patrone. Nach dem dritten Frankolin "schweißte" ich fürchterlich an der rechten Wange. Die rostigen Nägel hatten sich bei jedem Schuß durch meine Haut gebohrt. Schnell schoß ich noch ein paar Frankoline, damit jeder im Camp eines verspeisen konnte. Abwechselung in der Speisenfolge war angenehm.

Nach dem Streifzug auf Frankoline, die in vielen Arten in Ostafrika vorkommen, wusch ich mir meine lädierte Wange sauber. Die aufgehende Morgensonne würde, vereint mit dem Fahrtwind, das Blut schnell stillen und trocknen. In wenigen Minuten würde sich eine verschließende Schorfschicht über den Kratzern befinden. Beute gemacht hatten wir. Ein unbekannter Gaumenschmaus erwartete mich.

Die Zeit der Abendpirsch rückte näher.

"Heute wollen wir zu den Massai, wo wir vor drei Tagen waren", sagte Bud.

Von den Massaimännern wurden wir bei unserer Ankunft sofort und recht aufgeregt empfangen. Wir müßten uns beeilen. Es sei schon spät, gaben sie uns zu verstehen. Dann kletterten zwei Massai auf den Geländewagen und drei andere liefen so ungefähr fünf Kilometer leichtfüßig und bewaffnet neben dem Fahrzeug her. Vorher hatten sie mit ein paar Fehlversuchen ihre langen ausgedehnten Ohrlappen kreuzweise über die Ohrmuschel gestülpt, damit sie in dem Wirrwarr der Zweige und Äste nicht hängen blieben. Das wäre zu gräßlich. Ich sah solche Massai. Sie sahen aus, als hingen ihnen "Frankfurter Würstchen" am Hals herunter. Es war erstaunlich, die Burschen atmeten nach dem langen Lauf kaum schneller. Dann gingen wir alle ziemlich flott bergauf in den Wald auf die Pirsch. Ich hatte, so stellte ich erst nach einigen hundert Metern fest, noch meine Sonnenbrille auf. Bogua lief zum Toyota, um sie gegen eine ungetönte Brille umzutauschen, denn es würde bald dunkeln. Das Licht im Wald war sehr diffus. Zum Fahrzeug hatte Bogua nur fünf Minuten Weg, aber er kam und kam nicht zurück. Wir wurden schon kribbelig, denn in den Tropen kommt die Dunkelheit schnell. Wir mußten uns beeilen. Im Wald schwand das Büchsenlicht noch schneller. Büffel sollten heute morgen gesehen worden sein. Büffel könnten wir abends noch besser ausmachen als graue Elefanten, meinte Bud. Der Wald war grau und grün belaubt, Hügel und Täler wechselten. Unser Weg würde immer langsam bergan führen. Das kostete Zeit.

Endlich kam Bogua graubleich zurück. Er war naß von Schweiß und richtig "ausgepumpt". Einen mordsmäßigen Schreck mußte er bekommen haben. Er kam ohne Brille. Was war geschehen? Auf dem Ast eines Baumes, an dem wir ein paar Minuten zuvor auch vorbei gekommen waren, hatte sprungbereit ein Leopard auf der Lauer gelegen und den guten Bogua bedrohlich fixiert. Langsam mußte er sich unbewaffnet, wie er war, zurückbewegen, um aus der Gefahrenzone zu gelangen.

Wir pirschten noch weiter in den Wald, aber es hatte bald keinen Sinn mehr. Die Dunkelheit kam zu schnell.

Am Massai-Kral wieder angekommen, unterhielt sich Bud noch ein wenig mit den Männern. Ich beobachtete, wie sie oft zum Himmel aufblickten und die dicken Kumuluswolken betrachteten, die dem Regen bringenden Passat am Himmel vorauseilten.

"In spätestens zwei Tagen wird es nachts regnen, erzählen die Massai", sagte Bud.

"Gut, dann wird unsere Chance besser."

"Wenn wir dann hier sind, haben wir Glück, das weiß ich", meinte Bud.

"Sind die Massai auch der Ansicht?"

"Ganz bestimmt, das sagten sie gerade."

"Wir hätten heute vormittag hier sein sollen, da sind Büffel gesehen worden, aber ihr mußtet euch ja so lange über die Massai unterhalten!"

"Okay, Bud, Sie haben nicht unrecht, aber sicher wäre es mit den Büffeln auch nicht gewesen. Immerhin war die Unterhaltung spannend", antwortete ich.

"Heute abend sprechen wir im Camp weiter", sagte der "Japaner".

"Auch das noch", stöhnte Bud.

"Es gibt auch Whisky!" witzelte Ayub.

"Dann meinetwegen."

Inzwischen war es dunkel. Der Wagen holperte mit uns durch die Savanne. Im Licht der Scheinwerferkegel sahen wir plötzlich zwei grüne Lichter funkeln - die Augen von Raubwild reflektierten.

Wir steuerten auf sie zu. Lange hielt das Stück Wild aus, und als der Fahrer auf ungefähr vierzig Meter heran war, erkannten wir, wie ein starker Mähnenlöwe, ein Massailöwe, absprang. Nach wenigen hundert Metern zogen Giraffen durch den Busch, an anderer Stelle Antilopen und Gazellen. Dann erblickten wir zwei Schakale und ein Stück weiter wieder Giraffen mit fünf nicht jagdbaren Elefanten! Die Savanne lebte.

Im Camp erwartete uns unser Koch Kitweo mit einem gedeckten Tisch - man sollte es kaum glauben -, er hatte Kaffee und Kekse statt Whisky bereitgestellt. Es dauerte nicht allzu lange, dann sahen wir die bereits auf der Rückfahrt von den Afrikanern gerupften Frankoline auf einem langen Metallspieß über der Holzkohlenglut brutzeln. Kitweo hatte die Vögel mit dermaßen viel Curry und Cayennepfeffer gewürzt, daß wir bis zum Ende unserer Gedärme dieses enorme "Gewürzfeuer" spürten!

Das Wildbret war wunderbar weiß, und da, wo die Gewürze nicht so stark in das Fleisch gedrungen waren, merkte ich von dem reinen Frankolingeschmack ein wenig. Den Pakistani gefiel die starke Würzung sehr gut. Dazu aßen sie noch Pfefferschoten, so wie wir grünen Salat verzehren. Ich fand die Pfefferschoten im Verhältnis zu den Frankolinen allerdings harmlos. Das Bedürfnis, jenes teuflische Brennen im Inneren unserer Gedärme zu löschen, war groß und wurde immer größer! Wir tranken alle entsetzlich viel. Das sollte zugleich die Abschiedsfeier von unseren beiden massaikundigen Pakistani, von dem "Japaner" und seinem Freund, sein. Der alte Herr blieb noch. Mit ihm verabredeten wir für den nächsten Tag einen Ausflug in das Amboseli-Reservat.

Kurz nach Mitternacht beendeten wir unsere Massai-Gespräche. Die beiden Freunde verabschiedeten sich und ließen sich zur Bahnhofsstation bringen. Von dort fuhren sie mit dem Zug nach Nairobi.

Nachts um 2.00 Uhr begann ein wolkenbruchartiger Regen. Schon tagsüber hatten sich riesige Berge von Kumuluswolken am Himmel aufgetürmt und jagten von Nord nach Südost. Die Massai hatten recht behalten! Regen ist eigentlich ein harmloses Wort für diese Flut von Wasser, die sich auf das knochentrockene Land ergoß. Gewaltig flatterten die Zeltwände. Durch Sonnen- und Zeltdach sprühte das Wasser des Regens auf mein Feldbett. Gegen Morgen hatte sich das infernalische Unwetter ausgetobt. Pünktlich stand die Sonne am Himmel und ließ braune Gräser und trockene Zweige golden glitzern. Über dem weiten Land lag Feuchtigkeit und Dunst, und es duftete nach Leben. Die Vögel jubilierten, das Wild atmete auf. Man spürte, es fiel ein Druck, eine Last von allen Lebewesen. Schon im Zelt hörte ich das Blöken von Schafherden. Ich glaubte an Massai-Besuch in unserer Zeltabgeschiedenheit ...

Kaum war ich angezogen, versuchte ich, den Massai-Hirten mit seiner Fettschwanzschafherde zu finden. Ich nahm das Fernglas zur Hilfe, konnte ihn aber nicht erblicken. Ich ging dem Blöken entgegen, leicht abwärts einer Senke nach in dem aufgeweichten, schmierigen gelbbraunen Boden bis an eine ausgetrocknete Blänke, die ich als solche von den Vortagen her kannte. An diesem Morgen stand Wasser in der flachen Vertiefung. Je näher ich kam, desto mehr verstummte das schafähnliche Blöken, und als ich am Rande dieses neugeborenen Weihers stand, war es still, mäuschenstill. Nur zwei dieser vierbeinigen Schreihälse sah ich kurz zuvor durch das Fernglas mit ihren aufgeblasenen Kehlsäcken und wie sie sich anstrengten, vor Freude über den langersehnten Regen mit einem ungwöhnlich lautstarken Konzert den neuen Tag jubelnd zu begrüßen. Die vermeintlichen

Schafe waren Frösche, die vom Regen aus ihrem latenten Trockenschlaf geweckt wurden. Es müssen Hunderte von Fröschen gewesen sein!

Die Pflanzensamen, die in dem heißen Savannenboden schlummern und ihre Keimfähigkeit behalten, quellen von der ersten Regenfeuchtigkeit und beginnen zu keimen und zu wachsen. Gräser sprießen, Baum und Strauch ergrünen. Nicht mehr lange, dann sind die ausgedorrten Landstriche wieder grün, das Wild findet reiche Äsung und das Vieh frische Nahrung.

Schon bei meinem Gang zum Froschkonzert, merkte ich, wie dünn die humustragende Schicht ist, wie zart und leicht verwundbar.

Der in der letzten Nacht so gewaltige Regen war geradezu eine Veralberung der Natur. Die Regenzeit blieb praktisch aus; dafür setzte die Dürreperiode erneut ein. In einer Aufeinanderfolge von 10 bis 12 Jahren wiederholen sich in Ostafrika harte und lange Trockenzeiten, die besonders, wie in diesen Jahren, die Vegetation und damit Mensch und Tier teilweise vernichtend strapazieren.

Nach dem Frühstück rüsteten wir uns schnell zur Fahrt in das Amboseli-Reservat. Meine Bedenken, das Wild könnte sich durch den nächtlichen Regen zur Wanderung veranlaßt fühlen, zerschlug Bud.

"Ach was, das Wild bleibt im Reservat, im Park, da spielt der Regen keine Rolle."

Schon auf dem Wege zum Park begegneten wir Massai mit klapperdürren Zebu-Rinderherden; an anderen Stellen hüteten sie ihre Schafe und Ziegen. Das Land wurde stark frequentiert und ruiniert. Den Eindruck hatte ich in vielen Teilen des Amboseli-Reservates. Wasserstellen und mit spärlichem Bewuchs bestandene Flächen waren dennoch vorhanden, so daß viel Wild zu sehen war. Der nächtliche Regen hatte die Oberfläche weich gemacht. Vulkanische Asche als tragende Oberschicht ist dünn.

Der alte Herr fuhr gut, so, als hätte er auf Glatteis fahren gelernt. Bald hatten wir eine kärgliche Piste unter den Rädern unseres Wagens. Aber was sind schon ein paar Radspuren auf dem langen Weg zum Park gegenüber Tausenden von harten Hufen!

Die Massai müssen mit ihren Viehherden täglich durch den Amboseli-Park, um an die im Zentrum des Parks liegenden Wasserstellen zu gelangen. Seit Generationen sind sie es gewohnt, in ausgeprägten Trockenzeiten diese Wasserstellen aufzusuchen, denn rings um den Amboseli und in den weiten Jagdgebieten befinden sich keine Wasserlöcher. Heute sind schon Pipelines und Brunnen gebaut worden, die außerhalb des Parks liegen, die aber nur zögernd und der Not gehorchend von den Massai und ihrem Vieh angenommen werden. Massai gewöhnen sich eben schwer an neue Errungenschaften; sie sind konservativ bis ins Mark.

Aber die übergroßen Herden der Massai sind nicht die einzigen Sorgen der Amboseli-Parkverwaltung. Schon vom Flugzeug aus sah ich, wie zerfurcht und zerschunden der Boden ist. Wie Häkelmuster von Dilettanten zeichneten die Reifenspuren der Fahrzeuge wilde Schlangenlinien. Geordnete Pisten, feste Wegenetze braucht ein solcher Park! Der feine Ascheboden vulkanischen Ursprungs weht, wenn er erst einmal angerührt ist, ob durch Hufe oder Räder, schon bei geringster Windstärke fort, Regenwasser nimmt ihn mit sich. Es ist ein Boden, der sich, einmal 'aufgeweckt', zügig auf Wanderschaft begibt. Keiner Pflanze gelingt es, ihn schnell wieder fest zu bekommen, schon gar nicht in Trockenzeiten. Amboseli ist hier wirklich eine Ausnahme. Sonst überwiegen in Afrika rote Laterit- oder Ton- und Lehmböden. Sie sind nicht so leicht verwundbar, auf ihnen kann man fast bedenkenlos fahren.

In diesem Amboseli-Oberboden versickert das Regenwasser nicht so schnell in tiefere Schichten. Nach einem Regen ist der Ascheboden glitschig wie Schmierseife. Kraftfahrer erleben Schlitterpartien und womöglich ein aussichtsloses Steckenbleiben im schlüpfrigen Gelände. Länger dauernde Regenfälle verwandeln oft weite ebene Flächen regelrecht in flache Seen.

Hartebeest und Wildebeest mit ihrem Nachwuchs begegneten uns. Possierliche junge Gnus versuchten mit ungelenken Bocksprüngen den alten Tieren zu folgen. Während ausgewachsene Gnus aschgraufarbene Decken haben, ähneln die Kälber in ihrer gelblichbraunen Färbung kleinen Fohlen mit dunkler Mähne.

Ein Ranger in grüner Uniform fuhr mit uns in den Park, erklärte und zeigte uns, wo sich Wild aufhielt. Die sonst grüne Landschaft dieses Parks mit großen Grasbeständen westlich und nördlich der Verwaltungs- und Wohnbauten war zertreten, abgeweidet, entblößt und nackt. Überall trat der offene Boden zu Tage. Nur in den Longinga-Sümpfen zeigten sich Wasserflächen und grüne Vegetation aus Schilfarten, Riedgräsern und Sumpfpflanzen. Amboseli hatte sich verändert.

Im Süden des Parks, wo sonst frisch-grüner Baumwuchs aus Akazienarten, gelbrindigen Fieberbäumen und Sträuchern bestand, quälten sich diese Gehölze "über die Runden". Ihr Blätterkleid hatte die graugrüne Färbung angelegt, sich weitgehend der in diesen Trockenjahren öden und farblosen Landschaft angepaßt und nicht mehr vermocht, sie farblich würzig und frisch zu stimmen.

In einem Morastloch suhlten sich kapitale Büffel. Die Auslagen der Bullengehörne waren beachtlich. Madenhackervögel tanzten um und auf den Häuptern der düster dreinblickenden Kolosse oder sie pickten auf dem massigen Rücken oder an den Flanken nach Ungeziefer.

Ein Stück weiter stolzierten zwei Kronenkraniche. Herrliche Vögel, stolz, grazil und elegant in ihren Bewegungen, das Gefieder wunderschön gezeichnet, auf dem Kopf die strahlenförmig angeordnete Krone aus gelben und blauen Federn.

Enten und Nilgänse schwammen bzw. badeten in einem Tümpel. Sie waren damit beschäftigt, ihre Liebesspiele zu vervollkommnen. Zwei Reiher schritten erhaben durch das flache Wasser und äugten nach Nahrung. Majestätisch dösten in ungefähr 150 Meter Abstand zwei Mähnenlöwen. Sie waren noch mit der Verdauung beschäftigt. Ab und zu öffneten sie ihre Augenlider. Kalt blickten sie uns mit ihren bernsteinfarbenen Augen an. Unter einer Buschgruppe lag eine Löwin mit fünf Jungen. Der Löwenvater spielte ein paar Meter daneben mit seinem Lieblingssohn. Ein anmutiges und liebevolles Familienidyll.

"Heute nacht und gegen morgen", sagte der Ranger, "haben die Löwen Wildebeest und ein Zebra geschlagen. Sie sind satt."

Die Mähnenlöwen, Massai-Löwen, mit dem starken Haarwuchs am Haupt, sind die Löwen der Savannen, der weiten Flächen ohne viel Baum- und Strauchbewuchs. Löwen, die ihren Lebensraum in bewaldeten Gegenden haben, besitzen nicht dieses volle Kopfhaar, das wäre ihnen im Gewirr der Zweige hinderlich. Daß die Löwen satt waren, erkannten wir sofort am Benehmen des anderen Wildes. Auch Thomson-Gazellen wußten es. Dieses possierliche Wild hielt sich ganz in der Nähe der Löwen auf und äste am spärlichen Pflanzenwuchs. Auch Wildebeest und Grantgazellen waren nicht allzu weit von den Löwen entfernt.

Ein paar hundert Meter weiter fanden wir ein Geheck Geparden. Es war wieder eine Familie, die friedlich und in stiller Beschaulichkeit vertraut und liebevoll mit ihrem Nachwuchs die Sonne genoß. Die Eintracht der Familie täuschte darüber hinweg, daß sie elegante und erbarmungslose Beutemacher sind. Geparden sind sehr anpassungsfähig; in Gefangenschaft werden sie zahm und sehr zutraulich. Im Massailand sahen wir einen sogenannten Spielbaum, einen schräggewachsenen vom Winde verwehten Stamm. Spielbäume haben einige stärkere Äste, auf denen sich die Geparden gut und bequem ausruhen können. Sie müssen übersichtlich im Gelände stehen, damit die Geparden stets Überblick über ihre Umgebung und mögliche Feinde haben. Nur wenn diese Bedingungen erfüllt sind, wird der Spielbaum als solcher angenommen und bleibt oft über Generationen in ihrem Besitz.

"Viele Elefanten sind heute nacht aus dem Amboseli über die Grenze nach Tansania gewandert", sagte der Ranger. "Als die ersten Regentropfen fielen, machten sich die Elefantenherden auf den Weg. Nur ein 'alter Herr' und ein paar 'Jünglinge' sind noch hier!"

Der Ranger meinte, die Elefanten mögen den frisch aufgeweichten Boden nicht. Da rutschen die Tiere leicht. Für schwere Elefanten sei das lästig. Ob ich diese Interpretation für bare Münze nehmen sollte, war mir nicht ganz gewiß, obwohl meine Begleiter gleicher Meinung waren. Elefanten lieben Wasser! In Flüssen, Teichen und Suhlen sah ich oft Elefanten, die dort badeten und sich suhlten. Dort war es aber rutschig gewesen. Mir wurde auf mein argwöhnisches Gesicht hin nochmals bestätigt, daß Elefanten dieses glitschige Ausrutschen auf dem Ascheboden nicht mögen. Sie kämen aber bald zurück.

Die Sonne schien an diesem Tag besonders stark.

"Seht, da ist ein Gelbschnabeltoko", sagte der Ranger und zeigte auf einen Baum, auf dem der Vogel im Geäst saß.

Im trockenen Gras stehende Perlhühner, entfernte Verwandte unserer heimischen Fasanen in Deutschland, sahen wir. Sie leben aber nur in Afrika und fliegen ebenso wenig wie Frankoline, sie sind eher Laufvögel, die die Geselligkeit lieben und nur bei Gefahr für kurze Strecken ihre Schwingen erheben und davonflattern. Perlhühner haben in der Regel 6 bis 15 Eier im Gelege. Das Nest wird in flachen Mulden direkt auf der Erde angelegt. Verwandtschaft zum Fasan zeigt sich hierbei deutlich. Die Eier sind gelblich, also dem Gelände angepaßt, gefärbt. Ihre Schalen sind hart und körnig. Junge Perlhühner sind eine Delikatesse, alte dagegen so zäh wie der ausgelatschte Stiefel eines Landbriefträgers.

Gurrtauben flogen zur Tränke, Witwenstelzen flatterten über gelblichen Grashalmen, Lerchen jubilierten, Pieperarten schwirrten im Grasland, Trappen liefen gemächlich, hoch am Himmel schwebten zwei Schlangenadler. Trotz der enormen Trockenheit war das Vogelvolk sehr artenreich vertreten.

Thomsongazellen, Grantgazellen, Steppenzebras und Weißbartwildebeest ästen, in Verbänden stehend, trockene Grasreste. Das Kirk-Dikdik trafen wir an, und ein Steinböckchen floh in strauchige Deckung. Da, wo der Busch stand, Schirmakazien ihre flachen Kronen zeigten und Büsche Deckung und Nahrung boten, entdeckten wir Impalas, Bohor-Riedböcke, und auf den Hinterläufen stehend ästen zwei Gerenuks. Ihnen reicht ein Leben lang die Blätternahrung, sie brauchen kein gefülltes Wasserloch; dieses Wild begnügt sich mit der Zellflüssigkeit von Pflanzen und dem Tau, der morgens auf ihnen lagert, oder dem Regen, der sie benetzt.

Auf einem Hügel legten wir eine Pause ein. Ich hatte Gelegenheit, Filme zu wechseln. Filmausbeuten in der freien Wildbahn sind nicht so ergiebig.

Hier war es bedeutend leichter, nahe an das Wild zu kommen. Die Fluchtdistanz war eingeschränkt. Immer dort, wo Wild nicht bedroht wird,
benimmt es sich anders. An Büffel und Löwen kamen wir sehr nahe heran;
das gelang in freier Wildbahn nur selten.

Einige hundert Meter weiter hüteten Massai vielköpfige Rinderherden.
Unser Ranger, der selbst Massai ist, machte ein paar negative Bemerkun-
gen über seine Landsleute mit dem vielen Vieh und der spärlichen Futtergrundlage. Hoffentlich wurde mir richtig verdolmetscht, denn Massai sind
sehr volksverbunden. Oder sollten diesem Massai-Ranger der Beruf und
das Wild mehr wert sein als die Viehherden seiner Landsleute?

Auf einem anderen Weg begegneten wir zwei Spitzmaulnashörnern,
diesem schlecht äugenden Wild, das oft wie eine 'Dampfwalze' heranbraust
und auf Geräusche und Geruch, nur auf seine Kraft vertrauend, reagiert.
Wegen dieser Überraschungsangriffe können sie äußerst gefährlich sein. Ihr
Pürzel steht dann senkrecht hoch, genau wie bei Warzenschweinen, und
zeigt einer Standarte gleich, wenn der übrige Körper durch Gras oder
Busch verdeckt ist, oft die Flucht- oder Angriffsrichtung.

Sie sehen so harmlos aus, so behäbig, langsam und stur. Doch das
täuscht. Dem Nashorn gegenüber ist immer Vorsicht geboten! Sie äugen
einfach zu schlecht und stürmen wohl aus diesem Grunde gleich auf den
vermeintlichen Gegner los.

Das weiße Nashorn, auch Breitmaulnashorn, ist das zweitgrößte Land-
säugetier auf unserer Erde. Es ist im Vergleich mit dem Spitzmaulnashorn,
dem schwarzen oder auch gewöhnlichen Nashorn, gutmütig. Dieses große
Wild ist leicht zu töten, für Wilderer eine begehrte "Trophäe", deshalb ist
es fast vernichtet worden. Die weißen Nashörner sind nicht wanderlustig;
sie passen sich nicht einfach neuen Gegebenheiten an, verbleiben in ihren
Territorien und lassen sich lieber umbringen, als ihr angestammtes Land zu
verlassen.

Das schwarze Nashorn ist kleiner von Statur, aber dafür wesentlich
gefährlicher, geradezu bösartig und angriffslustig. Sogar Angriffe auf ein
Fahrzeug habe ich selbst erlebt. Das schwarze Nashorn tat es wie die Elefanten; es suchte Schutz in unwirtlichen, trocknen, schwer passierbaren
Dornbuschsavannen oder auch in feuchteren Bergwäldern bis hinauf in
Höhen des Buschbocklandes, wo Menschen ihm nicht so nachstellen
konnten. Dennoch schaffte der Mensch es, dieses urweltliche Wild fast
auszurotten. Feste Territorien und dauerhafte, kaum veränderliche Wechsel
sind dem Nashorn wichtig. In diesen Gebieten findet der Jäger leicht riesige
Haufen von Losung und dicke Trittsiegel. Da das Nashorn schlecht äugt,
dafür allerdings besser vernimmt, ist es dem Jäger relativ leicht, dieses Wild

anzupirschen. Hilfreich für den pirschenden Jäger ist es auch, den quiekenden Ruf des Nashorns nachzuahmen, der das Nashorn glauben machen soll, ein Rivale sei im Anmarsch.

Wir waren noch im Naturschutzgebiet. Amboseli ist im Massai-Land ein Begriff, genauso wie Massai-Mara. Es ist ein Reservat für das Wild, im Unterschied zum Nationalpark. In Reservaten ist es auch gestattet, daß Hirtenvölker, wie hier die Massai, Weiderechte für ihr Vieh erhalten. In Trockenzeiten entwickeln sich für Wild und Vieh daraus große Probleme.

Der Ranger sah es nicht gern, daß ich, um die Löwen aus der Nähe zu filmen, die Fensterscheiben herunterdrehte. Wir konnten ihn davon überzeugen, daß wir als Jäger das Wild recht gut kannten und wüßten, wie wir uns zu verhalten hätten. Aus fünf Meter Entfernung Löwen mit dem Teleobjektiv filmen, müßte hervorragende Porträt-Aufnahmen ergeben. Heute bedauere ich sehr, daß ich mehr gefilmt als fotografiert habe. Fotos sind doch vielseitiger verwendbar. Der penetrante Geruch der gesättigten Löwen drang uns unangenehm scharf und stechend in die Nase.

Am späten Nachmittag und nach einer Stärkung im Amboseli-Lodge-Restaurant fuhren wir zum Camp zurück.

Wir hatten noch zweieinhalb Stunden Büchsenlicht. Wenige Minuten später waren wir startbereit. Schon ratterte der Land-Cruiser mit uns über die nun wieder trockenen Savannen und Wege in Richtung Busch. Wir suchten den Boden während der Fahrt sehr genau nach frischen Fährten ab. Wir waren an dem River, dem ausgetrockneten Flußbett, das wir seit Tagen kannten, in dem jetzt ein wenig Wasser vom nächtlichen Regen als schmales Rinnsal stromabwärts wanderte. Um den Fluß anschwellen zu lassen, hätte es länger regnen müssen.

Dechon klopfte auf das Dach des Fahrerhauses. Wir hielten an und sprangen aus dem Wagen; wir sahen die frischen Büffelfährten. Dreißig Meter weiter fanden wir weiche Büffellosung. Dechon steckte seinen großen Zeh in die Losung hinein, um deren Temperatur zu messen, während Bogua hierfür immer seinen Finger benutzte. Die Tracker stellten an der Temperatur fest, wie alt die Losung war. Sie wußten sofort, ob es lohnte, noch hinter dem Wild herzupirschen. Leises Palavern. Ich fühlte auch die Temperatur der Losung. Ich wollte mich überzeugen. Sie war wärmer als der umliegende Boden, meinte ich zu fühlen. Wir setzten uns leise in Bewegung und gingen der Fährte nach. Der Boden war weicher als an den Tagen zuvor; es ging sich etwas schwerer in dem leicht welligen Gelände. Dornenbüsche standen verstreut in der Savanne, Vogelgezwitscher begleitete ab und an unsere schon über einstündige Pirsch. Impalas und Thomson-Gazellen sprangen ab, Zebras liefen über unseren vermeintlichen Weg, in den Lüften segelte ein Marabu. Die Sonne stand schon tief über dem Horizont. Höchstens noch 45 Minuten würden wir der Fährte folgen können. Bud schnaufte wieder entsetzlich. Weit war es zu hören! Der Busch wurde dichter, und wir mußten mehr bergan gehen. Es wurde schwieriger. Bud rauchte wieder stark, naßgeschwitzt war er mehr als wir anderen, seine Lungen atmeten schwer, und seine Schritte waren auch nicht die eines Jägers in seinem Alter.

"Bwana", sagte Bogua leise zu mir und zeigte mit seinem 'Losungs-finger' vorsichtig nach halbrechts. Dechon stand wie angewurzelt. Jetzt erkannte ich: Warzenschweine, eine führende Bache mit fünf Frischlingen und einem starken Keiler. Sie hatten uns schon lange eräugt. Alle Pürzel standen senkrecht in die Höhe wie Rohrkolben am Weiher. Wie auf Kommando flohen sie, und schon hatte sie der dunkelnde Busch verschlungen.

Keine hundert Meter weiter hinter Büschen und Bäumen gedeckt stehend, für uns kaum erkennbar, polterten ungefähr fünfzehn Kaffernbüffel plötzlich los. Waren wir unvorsichtig, hatten die Warzenschweine die Büffel gewarnt? Ich wußte es nicht; ich wußte nur, daß Kaffernbüffel sehr empfindlich sind.

"Das wär es für heute", sagte ich.

"Okay", sagte Bud, "wir haben noch einen langen Weg vor uns!"

Warzenschweinen bin ich genauso verfallen wie unseren Schwarzkitteln. Diesem Wild bin ich während dieser Jagdsafari in Ostafrika nur wenig begegnet. Es sollte unbedingt erlegt werden, falls es gesehen würde. Für meine Begriffe waren keine jagdbaren Keiler dabei bis auf diesen einen, dem wir während der Büffeljagd begegneten. Auch in späteren Jahren sah ich die kapitalen Burschen fast nur in Parks, selten in der freien Wildbahn. Da hatte ich schon mehr Anblick in Tansania und Namibia, wo ich auf der Pirsch und beim Ansitz hochjagdbare Keiler mit starken Trophäen erbeutete.

Ein tolles Erlebnis hatte ich in Namibia. Wir fuhren mit dem Geländewagen und sahen plötzlich wie in rund einhundertfünfzig Metern Entfernung Warzenschweinkeiler im Gebräch standen und den Boden umwühlten. Die "Waffen" blinkten hell in der Sonne. Schnell machten wir uns fertig, nahmen die Gewehre und pirschten unter gutem Wind das Wild an. Es ging relativ flott und gut, weil wir immer wieder Büsche vorfanden, die uns Deckung boten. Als wir auf gute fünfzig Meter herangekommen waren, konnten wir diese grauen Keiler mit starken Gewehren und Haderern sehen. Wir konnten ihre langen, braunen Mähnenhaare erkennen, die vom Nacken bis weit über den Widerrist wuchsen. Ich entschloß mich sehr schnell und streckte den stärksten dieser drei Keiler. Taumelnd kam er auf uns zugelaufen, aber bereits nach wenigen Metern verließen ihn die Kräfte. Er brach zusammen und war dann sogleich verendet. Die beiden anderen Keiler nahmen reißaus. Wir gingen zum Fahrzeug zurück, holten es und luden den Keiler auf. Wie üblich wurde er erst auf dem Hof aufgebrochen.

Aber nach einer Stunde Pirschfahrt, der Keiler lag noch auf unserem Wagen, machten wir unabsichtlich einen anderen Warzenschweinkeiler "locker". Er ergriff, als er unser Fahrzeug sah, das Hasenpanier und floh in rasendem Tempo nach links durch den Koppeldrahtzaun, der das Camp umgab. Dabei verfingt sich der Keiler in voller Fahrt mit einem Gewehr neben dem Dropper an einem Einzäunungsdraht, rollierte wie ein Hase, so als sei er flüchtig beschossen worden. Er nahm sich sofort wieder auf und lief unbeeindruckt weiter. Ich beobachtete ihn durch mein Fernglas und glaubte zu erkennen, daß ihm ein großer Zahn fehlte. Wir fuhren zum Zaun, stiegen vom Wagen und fanden nach kurzen Suchen tatsächlich den starken, abgebrochenen Zahn. Heute dient mir dieser zum Korkenzieher umgearbeitete Fund als Andenken an einen "Keiler, der sich seinen Zahn am Koppeldraht zog".

Unser Umweg zur Bahnstation war vergeblich. Die 308er Winchester Magnum war nicht gekommen. Im Lokal tranken wir ein Pils. Unser Durst war mächtig. Spät kamen wir im Camp an.

"Sir", sagte der alte Herr. "Morgen früh, bevor Sie aufstehen, fahre ich noch einmal zum Bahnhof."

Ich dankte ihm für seine erneute Bereitschaft, obwohl ich instinktiv spürte, daß alle Mühen vergeblich sein würden.

Am nächsten Morgen kam er tatsächlich zum Frühstück zurück - der Weg war vergeblich. Bud enthielt sich jeden Kommentars. Ich sah ihm an, daß er mehr wußte, als er sagte ...

Mit den schweren Büchsen und Proviant beladen fuhren wir in den Busch.

Massai-Giraffen, dunkler gefärbte Bullen und einige Tiere, dabei ein führendes Stück mit einem Bullenkalb, das ab und zu am Gesäuge (Spinne) zu trinken begann. Den kleinen Kerl störte noch nichts. Erst als wir näher kamen, wandte er sich von seinem Frühstück ab. Wir fuhren in gebührendem Abstand an den Giraffen vorbei.

Für unser "Personal" und auch für uns waren keine Fleischvorräte mehr im Lager. Bud bat mich, doch zu versuchen, mit den letzten Patronen der Brünner Büchse Kal. 30-06, ein Stück für die Küche zu schießen. Ich lehnte es ab, wollte es nur mit 375 Holland & Holland versuchen, denn diesem Gewehr, auch ohne Zielfernrohr, vertraute ich. Eine Patrone opfern, das müßte ausreichen, dachte ich, und ob wir tatsächlich für Großwild dieses Gewehr noch benötigten, war fraglich. Nach weiteren Überlegungen spendierte Bud eine Patrone. Mit dieser Patrone und der alten englischen Repetierbüchse machte ich mich mit Dechon auf den Weg. Eigentlich Leichtsinn, aber Bud war mit seinen eigenen Patronen verflixt knauserig. Nach achtzig Metern kehrte ich deshalb zurück und bat nur aus Sicherheitsgründen um zwei bis drei weiterer Patronen, was ein mir unverständliches Palaver von fünf Minuten herausforderte. Für Alkohol hätte er mit Sicherheit den großzügigen "Max" gemimt.

Dann marschierten Dechon und ich los. Ich wollte nicht gefahren werden, ich wollte laufen, pirschen und nur mit einem Tracker. Nach ungefähr vierzig Minuten erspähten wir ein Rudel Wild. Es waren Hartebeest, Grants und Zebras und gerade die Zebras, dieses wachsame Wild, bereitete uns große Sorgen. Es war zwar etwas Deckung zu finden, jedoch spärlich. Das Gras war niedrig. Guter Rat war teuer.

"Bwana", sagte Dechon, "Hartebeest schießen, viel Fleisch. Dechon pirscht im Bogen und Bwana umschlägt links das Rudel. Dechon drücken Hartebeest zu Bwana."

Ich hatte verstanden, machte mich "sehr klein" und pirschte wie besprochen. Die Sonne brannte auf uns nieder, es war entsetzlich heiß und staubtrocken. Nach zwanzig Minuten hatte ich eine Stelle erreicht, an der ein entlaubter Baum stand. Ihn benutzte ich als Deckung und zum Anstreichen, denn in diese Richtung mußte Dechon das Wild mir zudrücken können. Das mußte geschickt, überlegt und vorsichtig geschehen, damit das Wild nicht hochflüchtig zu mir käme. Ich wartete über zwanzig Minuten, die Sonne "unterhielt" sich mit mir, das war so aufregend, daß mir der Schweiß in Strömen aus den Poren rann. Die relativ lange Wartezeit sagte mir jedoch, daß Dechon mit großer Vorsicht an sein Werk ging. Dann sah ich den Verband aus Hartebeest, Grant-Gazellen, Zebras und einigen Weißbartgnus. Gnus hatten wir schon zwei Stück. Obwohl sie mehr Wildbret bringen, hielt ich mich doch an Dechon's Wunsch: "Hartebeest schießen". Die Savanne flimmerte dermaßen, daß es kaum möglich war, über Kimme und Korn einen weiten Schuß zu wagen. Ich wartete stoisch. "Es muß sich lohnen", dachte ich. Das Rudel äste sich immer näher an mich heran. Es mochten vielleicht noch zweihundert Meter sein. Ich sah, wie die

Trophäen werden im Busch vorbereitet, abgekocht, damit sie nicht verderben.

Walter Schwartz mit einem Oryx aus Südwestafrika mit besonders ausgeprägter Gesichtsmaske.

Kaffernbüffel am Kilimandscharo-Grüngürtel.

Kaffernbüffel im Mt. Kenia-Gebiet. Ihnen darf man nie trauen!

Zebras öfter ihre trockenen Häupter aufwarfen und die Umgebung betrachteten. Ich kniete wie angewurzelt auf dem rotbraunen, trockenen Savannenboden, ohne jegliche Bewegung harrte ich aus. Die Zeit rann langsam, das Wild machte immer wieder Pausen, um etwas Freßbares zu finden. In einer Senke hielt es sich länger auf, vielleicht war dort mehr Gras? Aber da flimmerte die heiße Luft besonders stark; es war unmöglich zu schießen. Zwischen Senke und mir stieg das Gelände leicht an und in ungefähr siebzig Meter Entfernung wurde auch das starke, unangenehme Flimmern weniger. "Wenn sich ein Hartebeest in diesen Bereich vorgeäst hat, werde ich schießen", dachte ich. Endlich kam das Wild aus der Senke und zog wie erhofft der leichten Erhebung zu. Ich wagte nicht, das Fernglas an die Augen zu nehmen. Jede unnötige Bewegung mußte unterbleiben, denn die Zebras würden sie bestimmt erkennen. Ich wunderte mich ohnehin, daß sie nicht schon mißtrauisch wurden. Die Hartebeest waren jung, nur Tiere und ein- bis zweijährige Böcke sah ich, keinen starken Hartebeestbock, geschweige denn ein kapitales Stück. Weitere Überlegungen waren nicht mehr erforderlich; es ging um meet hunting, um reine Fleischjagd.

Nun waren sie nahe genug heran. Langsam hob ich den Repetierer und strich am Baumstamm an. Zebras warfen die Köpfe hoch, es kam Bewegung in das Rudel, und schon hatte ich einen zweijährigen Hartebeestbock im Visier. Der Schuß krachte, aber der Bock ging weiter, vierzig, fünfzig Meter, dann erst wurde er langsamer, plötzlich brach er zusammen und war verendet. Schon kam Dechon angerannt. Wie kam er so schnell her? Er mußte sehr geschickt und nahe am Wild gewesen sein. Er jubelte mir zu und lief weiter zum gestreckten Hartebeest, zückte sein Messer und stach ihm ins Herz. Die Mullahs haben ihr Schäflein gut im Griff. Ihre Glaubenslehre sagt, daß Mohammedaner kein "unreines" Fleisch verzehren dürfen. Jedes Tier muß mit der blanken Klinge eines Messers getötet werden; es muß Blut fließen, dann ist es "rein". Ein tödlicher Schuß ist nicht ausreichend. Nach einer Viertelstunde hörten und sahen wir, wie der Geländewagen zu uns kam. Dechon hatte in der Zwischenzeit bereits das Stück Wild versorgt, es aufgebrochen und fast alle Innereien zur weiteren Verwertung gesondert gelegt. Schnell wurde aufgeladen. Ich lieferte Buds Gewehr mit den Patronen ab; sichtlich erfreut nahm es Bud an sich, beglückwünschte mich und zückte aus der Hosentasche zwei kleine Flaschen Vat 68 - Whisky. "Geht's schon wieder mit dem Alkohol los?" Ich nahm (des lieben Friedens wegen) nur einen kleinen Schluck, dafür jedoch Wasser, aber Buds Flasche war mit zwei kräftigen Zügen leer ...

Am Nachmittag befanden wir uns in der Grenzgegend bei den Massai, die wir schon zweimal besucht hatten. Sie kamen uns aufgeregt entgegen. Bud beruhigte sie, und ab ging die Fahrt mit ihnen. Vier Massai begleiteten uns in voller Bewaffnung, mit Speer, Panga, Keule, jedoch ohne Schild.

"Die Massai haben Büffel und Elefanten gesehen", sagte Bud zu mir.

Die Massai hatten wohlgenährte Körper, schokoladenbraune Haut, eine Haut, die einfach in den graugrünen Busch paßte. Nicht die Hautfarbe war es allein, die diese Burschen so eigenartig erscheinen ließ. Ihre Körper, eigentlich mehr die Haut als die Muskeln vibrierten vor Jagdfieber. So war es während der ganzen Pirsch. Wenn das kein gutes Zeichen war? Die Massai würden uns bestimmt an das Wild führen.

Die Tracker liefen mit zwei Massai voraus und versuchten auf Fährten zu stoßen. Nach endlos erscheinender Zeit kamen sie zurück. Sie bestätigten die Aussagen der Massai. Vorwärts ging's, bara, bara.

"Erst den Büffeln nach", sagte ich zu Bud.

Acht Personen auf Büffeljagd, - ob das ideal für die Pirsch auf so empfindsames Wild war? Nach den ersten Metern schon merkte ich, daß die Tracker und Massai ganz hervorragende Männer waren. Sie pirschten exzellent, nutzten jeden Wind und jedes Hindernis schulmäßig aus. Ich hörte kaum etwas, keine laute Bewegung, die Wild hätte vergrämen können. Nur Bud vernahm ich schnaufen, auf Zweige treten und Zigaretten anzünden. Das war sicherlich nicht Sucht allein; diesmal verband er damit einen guten Zweck: Am Rauch erkannte er die Richtung des Windes und konnte, soweit überhaupt erforderlich, seine Anweisungen entsprechend erteilen.

"Buffalo", flüsterte Dechon.

Ich sah schon vorher, wie die Massai und Tracker wie zu Salzsäulen erstarrt stehen blieben, sich dabei ganz langsam bückend. Gut über einhundertachtzig Meter waren die Büffel entfernt.

Beratschlagung mit nur wenigen Gesten in Hockstellung und Flüsterton. Die Massai wollten nun vorsichtig in weitem Bogen über einen kleinen Höhenzug hinweg die Büffel umkreisen, zusammen mit Bogua, denn er war verantwortlich für das Gelingen dieses Schachzuges, wie Bud meinte. Wir dagegen pirschten langsam seitlich weg von den Büffeln, um mit noch besserem Wind möglichst nahe an sie heranzukommen. Vorsichtig geschah alles, unheimliche Spannung umgab uns. Wind wehte kaum, wir spürten lediglich einen Hauch.

Die Büffel hielten aus. Ich sah sie genau. Zählte achtundzwanzig Stück, konnte aber nicht erkennen, wie viele Bullen, auch nicht wie stark sie waren, und wußte nicht, wie viele Büffel sich noch hinter Büschen verborgen hielten. Auf einhundertzwanzig Meter waren wir inzwischen an die

114

Büffel herangekommen. Schon wurden sie unruhig. Von uns konnten sie keinen Wind bekommen haben, auch nicht von der anderen Gruppe, denn die Büffel bewegten sich mehr in deren Richtung. Einen Augenblick blieben wir stehen; die Büffel sollten sich beruhigen. Mir taten sich immer wieder Rätsel auf, wenn ich auf Büffel jagte. Jedesmal mußte ich mich fragen, wieso die Büffel trotz für sie ungünstigen Windes, unruhig wurden und abwanderten, uns einfach nicht an sich herankommen ließen. Im National-park waren zehn Meter Abstand keine Seltenheit. Aber hier in der Wildnis herrschten andere Gesetze.

Wir gingen weiter, schleppend, bedächtig, gebückt, Schritt für Schritt. Vor uns die Büffel, aber an einen Schuß war nicht zu denken. Die Dornbü-sche standen zu eng, wir bekamen die Büffel einfach nicht frei. Immer wieder war irgendein Gebüsch zwischen uns und dem Wild. Wieder beweg-te sich vor uns die dunkle Büffelmasse, alles schob sich durcheinander, nichts war genau zu erkennen. Jetzt waren wir auf 80 Meter heran.

"Der vierte Büffel von rechts, aber er muß frei stehen", sagte Bud.

Er zeigte mehr mit den Fingern, als daß er sprach. Ja, das war der Stärkste. Da, wo die Büffel standen, war dichter Busch, Strauch neben Strauch, Baum neben Baum. Langsam zogen sie durcheinandergehend weiter. Es war unmöglich, einen sicheren Schuß anzutragen! Eine kaum spürbare Unruhe ging durch die wogende Masse. Jetzt mußte der starke Bulle von schätzungsweise 120 cm Horn-Auslage gleich frei sein. Die Büchse, die 458er Winchester Magnum, hatte ich schußbereit. Vorsichtig ging Dechon etwas nach rechts, damit ich noch besseres Schußfeld hatte. Sehr umsichtig von Dechon. Bud herrschte ihn zischend an, gar nicht ein-mal so laut, jedoch der darauffolgende leichte Hustenanfall mit dem bronchialkatarrhähnlichen Röcheln reichte aus. Explosionsartig spritzten die Büffel auseinander und wieder zusammen, und in rasender Flucht ging es ab in den dichten Busch. Es mögen vierzig Stück gewesen sein. Ich sah noch, wie sie nach links abbogen. Bogua mit den Massai lenkte sie noch einmal ab; wir hörten es am Getrampel. Enttäuscht kam Bogua mit den Massai zurück; es war nicht ihre Schuld!

"Wir müssen weiter in die Berge", sagte Bud, "da sind noch mehr Büffel und Elefanten!"

"Laßt uns gehen, die Zeit vergeht", antwortete ich.

Bud wollte verschnaufen. Ich mahnte ihn und zeigte auf meine Arm-banduhr. Immer weiter ging es in den Busch, bergauf, bergab. Wir unter-hielten uns leise und stockend. Obwohl nichts zu sehen war, hielten die Massai und auch Bogua. Sie deuteten an, daß wir alle jetzt still sein müß-ten. Noch zwei recht steile Pfade pirschten wir im dichten Busch entlang, dann befanden wir uns auf dem Rücken eines Höhenzuges und konnten in das bewachsene Tal sehen. Gleich dahinter stieg das Gelände weiter an. Wir sahen nichts. Weiter ging es auf einsamen Wildwechseln, bergab und auf den gegenüberliegenden Hügeln wieder hinauf. Bud fiel klar zurück und bremste unsere ganze Jagdgesellschaft. Er wäre besser für eine Fotosafari geeignet gewesen. Ob er Berufsjäger war? Ich hatte starke Zweifel.

Der Anstieg war hart, die Luft stickig, aber oben auf dem leichten Höhenzug würde sie wieder frischer sein. Die Schwarzen betrachteten Bud sorgenvoll. Dauernd stoppte Bud den Anstieg. Endlich waren wir angelangt, aber noch nicht ganz, denn der Höhenzug war weit und lang und zog sich immer höher. Es war ein schwieriges Pirschen. Es sah aus, als zöge eine angeschlagene, marode Truppe heimwärts, die ihren Verwundeten mit Mühe auf den Beinen hielt. Ich bedeutete Bogua, daß er mit zwei Massai vorausgehen solle. Verständnisvoll schlichen sie davon. Schon nach zehn Minuten kam er zurück und erklärte, daß vier Elefanten am Hang von den Baumzweigen Blätter naschten. Wir waren hellwach nach diesen Worten, nur Bud schwitzte entsetzlich und rang nach Luft. Keine 300 Meter Weg waren es mehr, dann standen wir auf rund 200 Meter Entfernung den vier Elefanten gegenüber. Wir sahen, wie sie ästen, mit ihren Rüsseln windeten und die Luft abtasteten. Diese feinfühligen, aber doch kräftigen Organe ermöglichen ihnen über mehrere Kilometer zu wittern, einem Kompaß gleich den richtigen gefahrlosen Weg weisend. Bisweilen knackte und brach es in den Bäumen, daß wir hörten, wenn sie größere Zweige abrissen. Die Bäume sahen in den Niederungen teilweise aus wie 'gerupfte Gänse'. Hier im Wald war nicht viel von kahlen Bäumen zu erkennen. Hier schien die Welt noch heil zu sein. "Bud, wir müssen weiter!" drängte ich. Er sah mich müde und traurig an, der typische Hundeblick. Ich unterstützte ihn. Nach einigen Metern ließ er sich wieder fallen. Er kämpfte schrecklich mit sich. Er war völlig von Schweiß durchnäßt und 'japste' wie ein Mensch, der nur einen halben Lungenflügel besitzt und 1.000 Meter gelaufen war. Nein, Angina pectoris hatte er, Herzkranzgefäßverengungen.

Der eine Elefant war jagdbar und stark. Ich betrachtete ihn sorgfältig durch mein 10 x 40-Fernglas, das so wunderbar leicht und präzise war. Die Elefanten dösten. Aber die vermeintliche Ruhe, der Schlaf eines Elefanten, läßt ihn besonders aufmerksam leben. Es ist schier unmöglich, an einen solchen Elefanten heranzukommen. Ist er wach, in Tätigkeit, äst er und veranstaltet dabei Krach, dann ist die Chance, ihn zu erlegen, für den Jäger am größten.

"Der ist nicht gut, man schießt doch keinen Jüngling!" sagte Bud beschwörend, flehend und am Boden ausgestreckt liegend. Ich war einen Au-

116

genblick wie verdattert. Die Gesichter der Eingeborenen waren wie versteinert, sie zeigten keine Anteilnahme mehr.

"Der Elefant ist stark und alt, Bud, reißen Sie sich zusammen oder geben Sie meinetwegen Dechon ihre Büchse, wenn Sie nicht können", sagte ich.

"Nein, nein, keine Jünglinge schießen. Wir blamieren uns mit den Zähnen!" keuchte Bud. Dann sackte er in sich zusammen. Ich bekam einen Schreck. Herzinfarkt? Ich nahm seinen Arm und fühlte seinen Puls. Er raste und stockte! Ich zählte über 180 Pulsschläge in der Minute. Wir legten Bud flach hin, nahmen die Pangas aus den Scheiden und kühlten mit dem kalten Stahl seine Herzgegend. Wasser und Medikamente waren nicht vorhanden, nicht einmal Whisky. Ich schickte Bogua und zwei Massai zum Wagen und ließ Getränke und Whisky holen. Sie liefen schnell. Kurz vor Sonnenuntergang kamen sie zurück. Bud hatte sich inzwischen wieder etwas erholt. Die Getränke halfen ihm bald auf die Beine. Langsam gingen wir zum Fahrzeug zurück, stumm und zielbewußt.

Ein paar Worte zum Alkohol: Auf keiner meiner ganzen Jagdreisen habe ich diesen hemmungslosen Alkoholverbrauch eines "Jagdführers mit Freunden" erlebt wie auf dieser Safari. Es war eine Zumutung. Hätte ich nicht ständig gebremst, wäre wahrscheinlich die ganze Jagdgesellschaft im Zeltcamp "total versackt". Es war eine Lehre.

Auf dem gegenüberliegenden Hang ästen die Elefanten. So sehr erpicht war ich im allgemeinen auf die Erlegung eines Elefanten nicht; Büffel sind reizvoller für mich. Der Elefant jedoch war jagdbar und hatte ein Zahngewicht von ungefähr 65 Kilogramm. Das wäre schon interessant gewesen.

Im Camp wusch ich mich gründlich und packte meine Sachen. Nach dem Essen startete ich zum letzten Versuch: "Wir fahren zum Bahnhof. Ist das Gewehr wieder nicht angekommen, steige ich gleich in den Nachtzug nach Mombasa, okay?" erklärte ich Bud.

Ich ließ mich auf keinerlei Ausflüchte mehr ein. Dem Personal, das sich vorzüglich bis auf die eine Ausnahme, den Fahrer Jolly, verhalten hatte und immer hilfsbereit und zuvorkommend war, gab ich Mitbringsel und Bakschischs. Auch bei Bud bedankte ich mich für seine Meisterleistung, mich so viele Tage mit seinen Freunden bei "Massai-Laune" gehalten zu haben. Es waren schöne Tage! Über die jagdlichen Erfolge und Gepflogenheiten verloren wir kein Wort mehr.

Wilderer-Methoden

Während meiner Reisen wurde ich oft mit Wilderei konfrontiert.

In dem wildreichen Tsavo-Nationalpark traten Schäden auf, die neben großen natürlichen Verlusten durch Verhungern, zur massenweisen Abschlachtung von Elefanten während der Trockenzeiten in den Jahren 1971 bis 1973 führten. Auch Wilderer waren und sind an dem Massaker beteiligt. Der einheimischen Bevölkerung wird durch Tourismus, durch Presse, Rundfunk und Fernsehen gezeigt, daß der Mensch auch besser leben kann. Außerdem werden diese Menschen täglich durch die Verbindung zu den Urlaubern allzu genau darüber aufgeklärt, welches gefährdete Wildarten sind und für welche Trophäenprodukte (Elfenbein, Nashörner, Dick-Dick-Gehörne) sie am meisten bezahlt bekommen. Sie wollen mit Erlösen aus Elfenbein und Fellen ihr spärliches Einkommen aufbessern. Früher wurde zum Lebensunterhalt gejagt. Es lohnte nie, mehr Wild zu erlegen, als zum alsbaldigen Verzehr verwendet werden konnte.

Während eines Picknicks sprach ich einmal mit dem immer vergnügten und Hilfstracker Nyooroge. Ich wollte seine Meinung über Wilderer wissen, nur kurze Zeit, nachdem wir einen von Wilderern getöteten Elefanten aufgedunsen liegen sahen.

"Bwana, die Jäger" sagte er, nicht Wilderer, dieses Wort gibt es wohl nicht in der Terminologie der Eingeborenen, "sind gestört worden."

"Wieso?" wollte ich wissen.

"Sonst hätten sie Fleisch mitgenommen für große Familie, Bwana."

"Wollten die Jäger kein Elfenbein?" fragte ich weiter.

"Diese wollten Fleisch."

"Nur Fleisch?"

Achselzucken.

Woher er das wissen wollte, war mir nicht klar. Vielleicht, weil der Elefant jung war? Er verachtete diese Jäger nicht, wohl nur die Störenfriede dieser "Jagd". Bei mehreren Gesprächen, die ich im Laufe meiner Reisen führte, konnte ich immer wieder feststellen, daß Wilderer in den Augen der Eingeborenen gar nicht so schlecht abschneiden. Vielmehr sind die Jäger wohl geachtete und geschätzte Mitwirkende bei der Versorgung ihrer

118

Familie. Ich kann mir schlecht vorstellen, daß ein Mitglied eines Stammes oder einer Familie verachtet wird, weil es für das leibliche Wohl, für das Sattwerden seiner Angehörigen sorgt. Das wäre schizophrenes Denken. Deshalb werden diese "Jäger" (Wilderer) nicht nur geschützt, ihnen wird sogar von Familienmitgliedern geholfen, und bei Razzien kennt sie einfach niemand, man deckt sie, wann immer nur möglich. Aus der Sicht der Eingeborenen ist es sogar verständlich, daß sie gegen geringes Entgelt an Händler aus den nördlichen Nachbarländern oder aus Mombasa Trophäen verkaufen - ehe sie im Busch vergammeln. Die reinen Trophäen-Wilderer, denen es nur ums Geld geht, sind gefährlich und meiner Meinung nach nicht gleichzusetzen mit denen, die ihren Stamm pflichtbewußt sattmachen wollen. Die Grenze zwischen diesen beiden zu ziehen, ist kaum möglich.

Bei aller Brisanz dieses Themas kann es Verständnis für den Eingeborenen geben, der schließlich nur aus alter angestammter Tradition heraus für seine Familie sorgen will, damit die Bäuche voll werden. Hunger tut weh ...

Ihnen ist es auch egal, welches Wild sie erbeuten, ob tragendes Tier oder neugeborenes Kalb. Ihr Verhältnis zum Wild ist nicht mit unserem vergleichbar. Sie sehen Wild als sofort verwertbare Nahrung an, die auf zwei oder vier Beinen herumläuft oder fliegt und für sie da ist. Nach Art der Vorväter wird gejagt, das Wild für die Familie geteilt und am Spieß über der Glutbank gebraten. Dann sind sie glücklich. Es kommt für sie nicht auf neumodische Naturschützerdogmen, auf Verniedlichung von Tieren im Fernsehprogramm und auf Vermenschlichung von Tieren wie die Bambis, Lassies, liebevollen Löwenbabys und Elefantenjungen zum Spielen und noch mehr an, sondern allein auf den Jagderfolg, und das bedeutet und ist Fleisch!

Angesichts dieser Eingeborenenauffassung über Jagd und Wilderei, die berechtigte historische Beweggründe hat, seit Generationen organisch gewachsen ist und gleichwohl Pragmatismus bedeutet, ist es hilfreich, Tatsachen festzustellen und Methoden der Wilderei zu kennen. Diese Menschen müssen verstehen lernen, welch veraltete Jagdausübung sie zum eigenen und völkischen Nachteil betreiben.

Ein knurrender Magen und Hungerschreie sind lauter als Belehrungen. Der Ansatzpunkt hierfür liegt woanders:

Ausreichende Ernährungsgrundlage für die Bevölkerung! Drastische Gefängnisstrafen sind zwar für Eingeborene - nach unserer Auffassung - härtere Maßnahmen als eine kurze, von Wildhütern oft praktizierte derbe Tracht Prügel, aber nicht so positiv "lehrreich". Nilpferdpeitschenschläge sind aber Denkzettel, die wirksam in Erinnerung bleiben.

Gefängnisse bringen Berührung mit wirklich kriminellen Mithäftlingen. Schlechter Umgang verdirbt mehr, als er nützt. Die Auswirkungen spüren wir. Moderne Wilderei mit erstklassigen Waffen, rücksichtslos und nur auf Profit ausgerichtet, das ist die neue Spezies. Von höchsten Stellen bei großer finanzieller eigener Gewinnbeteiligung werden Wilderer gefördert und zu diesem schmutzigen Geschäft gedungen. Es geht so weit, daß 375er Holland & Holland-Büchsen mit entsprechender Anzahl Patronen und Zielfernrohr für den Jäger, sprich Wilderer, gestellt werden. Damit nicht genug. Zur Seite stehen ihnen einige mit russischen Kalaschnikow-Maschinenpistolen oder auch anderen Modellen ausgerüstete Personen, die die Wilderer vor Gesetzeshütern schützen sollen. Die Wilderei hat unbeschreibliche Ausmaße angenommen. Während einer Reise habe ich allein vier gewilderte Nashörner mit abgeschlagenen Hörnern verludert gefunden. Nicht nur Kenia, auch andere afrikanische Staaten sind von diesen Wildererbanden heimgesucht. In Simbabwe, erzählte mir gerade ein von dort zurückgekommener Jagdfreund, wird mit Wilderern im Busch grundsätzlich kurzer Prozeß gemacht, sie werden erschossen. Das Jagdverbot in verschiedenen Staaten ist der Tod des Wildes.

Jedesmal, wenn ich in Malindi oder Mombasa war, wurden mir Leopardenfelle angeboten, sogar noch 1975, 1979 und 1989. Oft sah ich bei Urlaubern Felle nicht jagdbarer Jungleoparden. Es ist schwierig und zeitraubend, an Wilderer oder Mittelsmänner zu kommen, aber es wird bei 50% Vorkasse sogar angeboten, solche Felle in Trommeln getarnt eingepackt zum Versand nach Deutschland zu bringen.

Wilderei geschah schon immer geheimnisvoll und rücksichtslos. Mir erzählte ein Schwarzer einmal, daß Leoparden ganz einfach mit Gift zu töten seien. Da käme es nicht darauf an, wer aus dem Geheck qualvoll zugrunde gehe; es zähle nur, daß ein paar Leoparden, ob jung oder alt, Felle, Zähne und Krallen lieferten. Gift ist das sicherste, leiseste, heimtückischste und einfachste Mittel zum Töten. Das moderne Giftpfeiljagen vom Flugzeug aus ist lautlos, es stört nicht so wie der Büchsenknall, heißt eine Rechtfertigung. Es ist immer ein heimlicher und quälender Gifttod. Jagd mit Giftpfeilen von eingeborenen Jägern zum Lebensunterhalt ist anders zu bewerten, zumal Jagd allgemein auch der Entwicklung unterliegt. Andere Zeiten liefern andere Methoden.

Die Wakamba bedienen sich eines Pflanzengiftes zur Herstellung ihrer tödlichen Giftpfeile. Blätter und Zweige dieses bodenständigen Gehölzes werden geerntet und auf recht einfache, aber zeitraubende Art über eine Woche lang gekocht, bis der Saft zu einer zähflüssigen bis teigigen, dunklen Masse geworden ist. Das Gift ist so gefährlich, daß es binnen weniger

Minuten einen Menschen tötet. Eine Viertelstunde reicht aus, um den massigen Körper eines Elefanten zu Boden stürzen zu lassen.

Ich hatte mir bei einigen Eingeborenen Giftpfeile angesehen, die mit diesem Gift bestrichen waren. Das erste Mal im Massai-Mara, später einmal bei einigen Wakamba und auch bei N'dorobos im Mt.-Kenia-Gebiet. Die giftige Masse hatte eine dunkle, schieferartige Farbe und roch nach Lakritz. Die Spitzen der Pfeile waren unterschiedlich in Form und Kennzeichnung. Die Eingeborenen wollten wohl von vornherein klarstellen, wessen Pfeil getroffen und getötet hatte. Unsere modernen Kugelgeschosse sind in dieser Hinsicht manchmal nicht so aussagekräftig, wenn auch kriminal-technologisch vielleicht nachweisbar. Streit mögen auch die eingeborenen Jäger nicht.

Die Pfeilspitzen werden äußerst sorgfältig hergestellt und noch gewissenhafter mit Gift bestrichen. Anschließend wird das so aufgetragene Gift mit Pflanzenfasern umwickelt. Die Pfeilspitze erhält eine Hülle, die abnehmbar ist. Das hat seinen Grund: Das Gift hat die Eigenschaft, schnell in seiner Wirkung nachzulassen, sobald es eine Zeit mit Luft und Feuchtigkeit und wohl auch Kälte in Berührung kommt. Daher die Schutzschicht. Kurz vor Aufbruch zur Jagd, vielleicht auch erst kurz vor Abgabe des Pfeilschusses, wird die Schutzhülle von der Pfeilspitze entfernt. Hat der Pfeil getroffen, kann das Gift ungehindert in den Wildkörper eindringen. Die Pfeilspitze ist übrigens nicht so stark am Pfeil befestigt, daß sie unbedingt mit ihm verbunden bleibt. Das Töten kann auf zweierlei Art erfolgen: Erstens durch die Wirkung des Giftes und der vom Pfeil gelösten Spitze oder zweitens durch Spitze und Pfeil, wenn beide Teile in den Wildkörper dringen und ihn ohne Gift durchstoßen und langsam zu Tode schweißen lassen. Bei schwerem und gefährlichem Wild wird grundsätzlich das Töten mit Giftpfeilen praktiziert. Selten sind nur wenige Bogenschützen oder Einzelpersonen auf Wildererarbeit; es sind überwiegend "Jagdgesellschaften" von bis zu 30, 40 und noch mehr Wilderern daran beteiligt. Hierfür liegen Gründe vor.

Sicherheit vor dem Wild steht hoch im Kurs, aber auch Sicherheit vor den bewaffneten Wildhütern und Polizeikommandos geht ihnen über alles. Begegnungen enden oft mit Toten auf beiden Seiten. Schließlich lassen sich Trophäen und Wildbret mit vielen Händen leichter, schneller bergen. Das Wild wird meistens aus sicheren und höher gelegenen Verstecken, an Tränken oder Wegen, aus naher Entfernung beschossen. 20 bis höchstens 30 Meter sind ausreichend, aber auch erforderlich, um die dicken Decken des Wildes tief genug zu durchdringen. Verwundetes Wild gerät in Panik und stürmt mit anderem Wild davon. Vorsichtig wird es von den Wilderern verfolgt, und sobald keine Gefahr von seinen Artgenossen mehr besteht und das Wild verendet ist, wird es von ihnen verwertet, so dieses möglich ist. Oft werden Wilderer gestört. Dann retirieren sie heimlich und lassen Wild Wild sein. Ich habe viele Elefanten und Nashörner gesehen, die einfach liegen blieben, dick und aufgedunsen, angeschnitten mit und ohne Stoßzähnen, je nachdem, wann die Wilderer gestört oder gefaßt wurden. Es war immer ein widerlicher Anblick und stank bestialisch.

So heimlich wird auch heute noch gewildert. Im Tsavo-Nationalpark, wurde mir berichtet, sterben in jedem Jahr bis zu 50 Spitzmaulnashörner, 100 und mehr Leoparden, oft im 'Babyalter', rund 3.000 Elefanten, Büffel, Antilopen, Zebras; alles wird gewildert, das zu Geld zu machen ist. Und doch ist ein wesentlicher Unterschied erkennbar: Wilderer führen heutzutage sogar teilweise automatische Waffen mit Zielfernrohren und lassen sich auf Gefechte mit Wildhütern ein!

In der Nähe des Sabaki-River ist eine Wildfarm aufgebaut worden. Der verantwortliche Herr, ein Engländer, wurde (1978/79) bei einer Kontrollfahrt mit seinem Wildhüterkommando von den Wilderern per Kopfschuß ins Jenseits befördert. Es wurden zwar später zwei Wilderer erschossen und zwei weitere gefaßt, aber es ist doch bezeichnend, wie gefährlich Wildererbekämpfung ist.

Nashorn-Angriffe

Tea-time im Eden-Roc-Hotel. Das ist die Zeit zwischen 15.30 und 17.00 Uhr, wenn schwarzer Tee mit frischen Zitronen und Kuchen serviert wird, ist Zeit zur Muße oder zu Plaudereien. Diese abwechslungsreichen Stunden ließen meine Frau und ich uns nicht entgehen.

Laci schilderte mir in seiner temperamentvollen Sprechweise und seinem "gehackten Deutsch", wie es zu seinem Jagdunfall gekommen war:

"Du warst 1971 erst wenige Tage wieder zurück nach Deutschland, als ich mit meiner Nichte, meinem Neffen und zwei Freunden ein paar Jagdtage in der Nähe des Tsavo-Nationalparks im Jagdblock 21 verbringen wollte. Unser Lager hatten wir in der Nähe des Galana-Rivers aufgeschlagen an einem angenehmen Platz und bei wunderschönem Wetter. Vor Sonnenaufgang schon verließen mein Neffe, meine beiden Freunde, zwei afrikanische Tracker und ich gemeinsam unser Camp. In einer für diese Gegend typischen und reizvollen Buschlandschaft hielten wir an. Zu Fuß gingen wir weiter. Unsere Absicht war es, Büffel zu jagen. Da mußten wir ruhig sein und vorsichtig und aufmerksam pirschen. Büffel sind ganz gewitzt und schwer zu bejagen. Der Büffel kann sehr gefährlich sein. Plötzlich entdeckten wir die starke Fährte eines alten Kaffernbüffels. Der folgten wir, voran die beiden Tracker, dann wir anderen. Mein Neffe führte eine 9,3 x 64 Reptierbüchse. Uns begegneten viele Elefanten, die sich sehr nervös und aufgeregt benahmen. Sie windeten wohl die "Feuerrohre", die sie fürchteten. Ich ging unmittelbar hinter den beiden Trackern und führte meine 458er Winchester Mag. Doppelbüchse, dicht darauf folgten die beiden anderen. Aber die Büffelfährte führte durch die Elefantenherde hindurch. Guter Rat war teuer. Die Büffelfährte wollten wir nicht verlieren! Warteten wir also, bis die Elefanten Platz gaben. Das taten sie, weil sie nervös waren und wir nicht weiter gingen; sie zogen langsam ab. Wir pirschten weiter vorwärts, immer der starken Fährte nach. Die Sonne stand schon hoch, fast senkrecht über uns, und brannte heiß auf uns und das Land. Wir hatten an einen kurzen Trip geglaubt und deshalb weder Proviant noch Getränke bei uns. Es vergingen Stunden, und wir wurden durstig. Wir sahen, daß die Fährte und die Losung ganz frisch waren. So nahe am Ziel durften wir nicht aufgeben. Die Pirsch wurde langsamer, vorsichtiger, bedächtiger. Vor uns dehnte sich wild und verwuchert unübersichtlich der Busch aus. In den Zweigen der Dornenbüsche und Bäume wisperte es nach Jagderfolg. Jetzt kamen wir an eine runde, lichte Stelle im Busch, wo ich eine volle Minute wartete. Wir rochen den Büffel, aber sahen ihn nicht. Und dann stand er plötzlich da, majestätisch, finster, unberechenbar, mich anäugend. Ich umklammerte meine Doppelbüchse und fühlte den harten Stahl in meinen Händen. Ich zielte und drückte ab.

Der Schuß ging nicht los, aber das Klicken reichte dem empfindlichen Büffel. Er verschwand im Busch. Fort war er, dieser urige Bursche. Das war ein Büffel! Hatte ich in der Aufregung vergessen zu entsichern? Ich weiß es nicht mehr. Die Waffe hatte einfach nicht funktioniert. Die Tracker pirschten katzenhaft hinter dem Büffel her. Ich folgte. Und gerade, als ich das Dickicht erreichte, vernahm ich links von mir das heftige Prusten und Schnaufen eines Nashorns. Ob es mich schon vorher eräugt hatte? Wir alle hatten es nicht bemerkt. Ich war wie versteinert, so sehr fixierte mich das Nashorn, geradezu bösartig, es senkte sein massiges Haupt mit dem langen spitzen Horn. Dann raste diese "Dampfwalze" auf mich zu. Im dichten Busch konnte ich nicht mehr zur Seite springen. Ich war wie hypnotisiert, und schon wirbelte ich von der Wucht des Angriffs getroffen durch die Luft. Das Nashorn hatte sein Horn mit sehr viel Kraft auf meinen Beckenknochen gerammt, daß ich hilflos wie ein "Bündel Hoffnungslosigkeit" dalag. Ich war geistig wieder völlig da und wollte weglaufen, aber meine Beine waren wie gelähmt. Was war los mit mir? Ich begriff es nicht. Das Nashorn kam wieder! Ich sah ihm in die kleinen, funkelnden Augen und fühlte, wie es mich wutschnaubend anfauchte. Zehn Meter weit traktierte es mich auf dem Boden wie einen Gegner, den es zu vernichten galt! Plötzlich ließ es von mir und zog fort.

Mein Neffe stand in der Nähe. Er wagte nicht zu schießen, weil er fürchtete, mich zu treffen. Er glaubte schon, nun sei alles vorbei. Ich lebte ja, und das Nashorn ließ von mir ab. Der Gedanke war nicht zu Ende gedacht, da kam das Nashorn wieder angebraust. Ich wollte weg; es ging nicht, meine Beine gehorchten mir nicht. Dieser dritte Angriff ist mir nur noch als Beginn in Erinnerung geblieben: Der graue, wütende und schnaubende Klumpen Wildkörper mit den dicken Beinen, dem spitzen Horn und den blitzenden Schweinsaugen ... Ich spürte einen gewaltigen Stoß und merkte noch, wie ich auf der Erde langgedrückt wurde. Dann "riß der Film"! Aber ich kam wieder zu mir. Und schon sah ich den vierten Angriff auf mich starten. Mir war klar, das Nashorn will mich töten. Ich begriff nicht, daß mir niemand half, niemand schoß. Ich hätte verrückt werden können bei dem Gedanken, von Freunden so im Stich gelassen zu werden!

Durch mein Gehirn jagten sich diese kurzen, schnellen Gedanken im Angesicht des nahen Todes.

Schon folgte ein neuer Angriff des Nashorns. Da knallte es laut. Die letzte Attacke blieb aus. Erst nach einer Weile kamen mein Neffe und die Tracker zu mir.

"Ein Glück, du lebst!"

"Wie geht's?"

"Alles okay", sagte ich, denn ich hatte noch den festen Glauben, ich sei unverletzt. Aber dann konnte ich nicht aufstehen! Schmerzen schlichen sich in wenigen Minuten in meinen Körper. Beim ersten Angriff hatte das Nashorn mein Becken zerschmettert, stellte mein Neffe oberflächlich fest, und bei der zweiten Attacke bohrte es sein Horn über 15 Zentimeter tief in meinen rechten Oberschenkel. Erst beim letzten Angriff konnte mein Neffe schießen. Sicherlich wurde das Nashorn verwundet, denn es kam nicht zurück.

Wir schickten sofort die Tracker zum Geländewagen. Mein Neffe blieb bei mir. Ich war unfähig, mich zu bewegen, besonders nachdem der Schock vorüber war, hatte ich irrsinnige Schmerzen. Um uns waren wieder die Elefanten. Ich konnte nichts tun, auch wenn mein Gewehr funktioniert hätte. Es war aber defekt! Eine verteufelte Situation. Nur mein Neffe war bewaffnet.

Endlich kam der Landrover. Dann wurde aus einem in der Nähe liegenden Safari-Camp ein Toyota-Land-Cruiser geholt, und mein Freund brachte mich in den Tsavo-Nationalpark. Die Ranger verständigten sofort über Funkradio den Flying doctors service. Zwei Stunden vergingen, ehe ich aus dem Busch transportiert wurde, weitere eineinhalb Stunden verstrichen, bis der Arzt kam. Dann wurde ich nach Nairobi ins Krankenhaus geflogen und sofort operiert. Zweieinhalb Monate lag ich in der orthopädischen Abteilung. Dann folgte eine weitere Operation. Die Ärzte bauten mir eine Metallplatte mit Schrauben und Nägeln auf den Beckenknochen, um ihm wieder zu seiner alten Fasson zu verhelfen. Ich konnte mich eigentlich glücklich schätzen, daß das Nashorn nicht die nur wenige Millimeter entfernt liegende Arterie zerstoßen hatte. Unweigerlich wäre ich verblutet. Und hätte das Nashorn das Becken noch einmal mehr gefaßt oder womöglich das Rückgrat getroffen, könnte ich nicht mehr gehen. Mein linkes Bein ist nun etwa zwei Zentimeter kürzer als mein rechtes. Ich kann zwar noch nicht lange laufen, aber das wird immer besser werden. Früher hatte ich noch Alpträume und sah das Nashorn kommen. Das ist lange vorbei! Die Jagd ist und bleibt meine Passion, der ich gerne nachgehe. Ich warte nur darauf, daß die Jagd hier in Kenia wieder aufgeht ..."

Löwenjagd

Laci gab eine weitere spannende Geschichte über eine abenteuerliche Löwenjagd zum besten:

"Wir wollten uns mit unseren Leuten im Taita-Gebiet unweit von Voi treffen. Dort wartete schon der Berufsjäger. Ich hatte mich verspätet. Es war schon gegen 16.00 Uhr, als wir unsere Zelte aufschlagen wollten. Da kamen ein paar Afrikaner angelaufen und riefen: 'Bwana, Bwana, komm schnell mit Gewehr, Leopard ist in Nähe und hat Ziege gefressen!'

"Wo in der Nähe", fragte ich.

Wir liefen und liefen, mir hing die Zunge zum Halse heraus, das Gewehr war schwer. Ich fragte: "Wo ist der Leopard?"

Ganz in der Nähe sollte er sein, aber bei den Afrikanern ist alles in der Nähe, die kennen keine Entfernungen. Endlich waren wir da. Zehn bis fünfzehn Ziegen lagen tot im Savannengras. Das war kein Leopard gewesen, sondern ein Gepard, der Lust am Töten hatte!

Nur der Gepard tut so etwas, müßt Ihr wissen!

Ich war ganz fertig vom Laufen, das Herz tat mir weh, und ich war müde. Ich mußte zurück, denn ich konnte mit den Afrikanern nicht den ganzen Tag vertrödeln. Jagen wollte ich. Da sprang ein Lesser Kudu, ein kleiner Kudu ab. Aufpassen sollte man! Schon den ganzen Tag hatte ich kein Glück, und dann diese Rennerei für nichts und wieder nichts. Endlich sahen wir einen kapitalen Grantgazellenbock. Wir wollten gerade mit dem Toyota-Land-Cruiser hinterher. Er war noch zu weit weg. Auf einmal rief mein Fahrer Justus: "Bwana, Löwe auf Straße!"

Meiner Frau hatte ich schwören müssen, daß ich nicht mehr allein auf eine gefährliche Jagd gehen würde. 'Gehe bitte niemals mehr auf die großen Fünf, du weißt doch, auf keinen Löwen, Büffel oder ...?'

Ich hatte es geschworen. Und nun stand der Löwe auf der Straße. Einem gesunden Löwen laufe ich nicht nach, das ist mühsam und gefährlich, das überlasse ich den Massai-Moran. Ich lasse ihn kommen, den König der Tiere. Die Begegnung ist dann für uns beide eine Überraschung ...

Die Jagdleidenschaft ging mit mir durch. Ich sagte mir, du kannst deinen Schwur vergessen, du mußt ihn vergessen!

"Justus", flüsterte ich zu meinem Fahrer, "fahre ganz schön langsam, pole, pole, soweit wie möglich ran bis auf 150 Meter."

Der Löwe stand auf und zog mutterseelenallein auf den dichten, ungefähr 150 Meter entfernten Busch zu. Der Fahrer stoppte den Wagen. Ich stieg aus und legte auf der Kühlerhaube auf, schußbereit, und wartete so lange, bis der Löwe stehenblieb. Auf diesen Moment hatte ich gehofft. Ich hatte ihn im Visier, aber ich wollte ihn noch besser, tödlicher treffen können und zielte noch ein wenig. Gerade wollte ich abdrücken, da bekam ich ruckartig einen Schlag auf meinen Hintern. Mein Fahrer Justus hatte die Tür losgelassen, sie schlug mir kräftig auf meinen verlängerten Rücken. Ich kam nicht zum Schuß. "Blöder Kerl", zischte ich den Justus an, "halte die Tür fest." Der Löwe ging weiter.

Kurz vor einem dichten Busch blieb er tatsächlich noch einmal stehen und äugte zurück. Einhundertfünfzig Meter waren es. Ständig verfolgte ich ihn im Zielfernrohr, und als er stand: Peng! Mein Fahrer sprang in die Luft.

"Bwana, du hast getroffen, du hast getroffen, aber Löwe verschwunden, rein in den Busch!"

O Gott, jetzt hatte mich das Jagdfieber gepackt. Ich sprang in den Wagen und rief zum Fahrer:

"Verliere ihn nie aus den Augen, sonst drehe ich dir den Hals um!"

Wir verfolgten ihn. Auf einmal sagte der Fahrer:

"Ich sehe ihn nicht mehr!"

"Was? Du siehst ihn nicht mehr?"

Ich sprang aus dem Auto. Der Dornenbusch war so dicht, daß wir nicht mehr sicher fahren konnten. Ich nahm das Gewehr, und zu zweit gingen der Fahrer und ich der Schweißspur nach. Sie war gut zu sehen. Den Fahrer schickte ich zurück, um den Wagen nachzuholen. Es mußte sein. Vom Fahrzeug aus verfolgten wir die Spur gefahrloser.

"Hier ist der Löwe", sagte der Fahrer.

"Wo ist der Löwe, wo ist der Löwe?" fragte ich.

"Siehst du denn nicht?! Hier!"

Ich dachte, der Löwe steht irgendwo vor mir, aber er stand nicht, und er war auch nicht hier, sondern da - dort hinten im hohen Gras unter einem Baum. Die Kerle haben Augen, dachte ich. Jetzt erst sah ich ihn. Nur das Haupt des Löwen, sonst nichts. Ich stieg aus dem Wagen. Das Gewehr hielt ich fest in den Händen und pirschte mich ganz vorsichtig heran. Ich mußte den Löwen besser sehen können. Seinen Kopf wollte ich nicht zerschießen, denn als Trophäe war er mir zu wertvoll. Sieben, acht Meter war ich von ihm entfernt, und noch immer konnte ich weiter nichts als sein Haupt erkennen. Lag der Körper nun nach rechts oder nach links? Das war die Frage. Ich zielte dorthin, wo ich ihn vermutete, und schoß. Wutentbrannt biß der Löwe in einen Ast des Busches und schüttelte ihn. Schon war er wieder im Gras versteckt. Mit seinen goldgelben Augen sah er mich kalt an. 'Nur die Ruhe bewahren', dachte ich und zielte auf die andere Seite. Bums! Wieder sprang der Löwe hoch, biß in den Zweig des Busches und brüllte. Hatte ich wieder nicht getroffen auf diese kurze Entfernung. Das konnte nicht sein! Hier half alles nichts, ich mußte ihn in den Kopf schießen. Zu gefährlich war die Situation! In diesem Augenblick dachte ich: Hast du überhaupt noch eine Patrone im Gewehr? Die Schüsse hatte ich in der Aufregung nicht gezählt.

Um Gottes Willen, was würde passieren, wenn keine Patrone mehr im Lauf wäre? Für den Löwen genügten ein bis zwei Sprünge, und im Sprung könnte ich nicht sicher treffen, die Distanz war zu kurz. Ich hatte repetiert, aber ich wußte nicht, ob die Patrone im Lauf war.

"Lieber Gott, hilf mir", flehte ich.

Ich zielte, drückte ab, und das Gewehr machte einen gewaltigen Knall. So laut und wunderbar habe ich es noch nie knallen gehört, und die Kugel traf genau in den Kopf. Totenstille. Der Fahrer wollte gleich losstürmen, aber ich schrie ihn zurück.

Der Löwe war mausetot. Nun wollte ich sehen, wohin ich das erste Mal getroffen hatte. Den rechten Vorderlauf hatte ich ihm abgeschossen, er hing in Fetzen und schweißte sehr unterhalb der Schulter. Das war mein Glück, denn wären alle vier Läufe in Ordnung gewesen, wäre er von dieser Stelle, wo er lag, auf mich gesprungen. Im Jagdcamp zeigte ich meinen Jagdfreunden diesen prächtigen Löwen und erzählte, wie es gewesen war.

"Du warst wie ein Selbstmörder", meinte der Berufsjäger, "einen verwundeten Löwen im dichten Busch allein mit einem Gewehr zu verfolgen, ist Wahnsinn. Ein Todeskandidat warst du!"

Heute habe ich die Trophäe bei mir im Haus. Wer es nicht glaubt, kann sie sehen. Mir gefiel nur eins nicht bei der Jagd; daß ich den ersten Schuß über den Kühler des Wagens machte, was sonst absolut nicht meine Art ist. Aber anders konnte ich nicht schießen, und es hat auch kein anderer Löwe gesehen, und der hier kann es nicht weitererzählen ...."

Scheinangriff eines Elefanten.

Kilimandscharo und Mawenzi – Afrikas Bergriesen in Tansania.

Siedleragame, eine der auffälligsten und schönsten, größeren Echsen, auch im Bereich menschlicher Siedlungen.
Kapitaler Gerenukbock (Giraffengazelle) mit langem, schlanken Träger. Das Gehörn mit kräftigen Ringwülsten ziert nur männliches Wild.

Jagd im
Taita-Gebiet

Bei einer erneuten Jagdreise, ein Jahr später, hatte ich wiederum Pech mit den Waffen. Meine Sauer-Weatherby 8 x 68 S inclusive aller Patronen war wegen falscher, das heißt im Klartext, mir zugesandter, veralteter Formulare in Mombasa beschlagnahmt worden.

Erst mein Telefonat, nach acht Tagen Urlaub am Indischen Ozean, brachte durch Vermittlung der Deutschen Botschaft Klarheit. Mr. Din, mein neuer Professional-Hunter, kam gerade von der Jagdsafari mit drei deutschen Jägern zurück. Er selbst konnte am Telefon noch "Mißverständnisse" klären. Dreißig Minuten später hatten wir unsere Sachen gepackt und waren startbereit. Meine Frau und ich mußten tatsächlich erst mit dem Pkw nach Nairobi, um neue Formulare auszufüllen!

Die drei deutschen Jäger hatte ich schon im Flughafengebäude in Zürich kennengelernt. Es waren nette Herren, mit denen ich noch heute in Verbindung stehe. Sie kamen ein wenig enttäuscht von der Jagd zurück. Während der ganzen Jagd, die ihnen von der Organisation her zwar gefiel, hatten sie insgesamt nur vier Stück Wild gestreckt. Sie meinten, die ihnen zur Verfügung gestellten Waffen seien nicht in Ordnung gewesen. Ich sollte unbedingt mein eigenes Gewehr mitnehmen. Darum bemühte ich mich ja schon über eine Woche ... Kannte ich so etwas nicht schon?

Es begann eine schnelle und abenteuerliche Fahrt. Über Hotel Whitsand nach Mombasa, dann Voi bis Nairobi.

Der erste längere Aufenthalt unseres Fahrers fand in Mombasa statt. Erst kurvten wir die Kilindini Road entlang, kehrten kurz im Castle Hotel ein und schlürften im Terrassencafé einen heißen Tee. Ich sah das prächtige Gebäude, das einst von einem deutschen Architekten entworfen wurde. Die einzelnen Stockwerke sind von Arkaden gestützt und luftdurchflutete Gewölbe so angeordnet, daß besonders in der heißen, schwülen Jahreszeit für Luftzirkulation gesorgt ist. Feuchte Luft wird angesaugt, in den Gängen durch Zugluft in Bewegung gehalten und auf die Art heruntergekühlt. Die Besorgungen, die er zu erledigen hatte, nahmen mehr Zeit in Anspruch als unser Besuch der First National City Bank Ltd., wo wir einige Reiseschecks gegen Bargeld eintauschten. Bei seiner Rückkehr schaute ich sichtbar mißmutig nach dreieinhalb Stunden auf meine Armbanduhr und fragte, ob all seine Wünsche und Besorgungen zu seiner Zufriedenheit erledigt seien.

"Alles okay, wir können fahren", war seine kurze Antwort.

Er entwickelte während der langen Fahrt große Energie, um nicht am Steuer einzuschlafen ...

In Voi mußte unser Toyota-Kombi wieder betankt werden. Die gut ausgebaute Fernverkehrsstraße A 109, eine Straße, die unseren Landstraßen 1. Ordnung entspricht, war gut zu befahren.

Die ersten Kilometer sprachen wir nicht viel miteinander. Wir waren alle ein wenig über den Behördenunfug verärgert. Aber dann wurde es doch ganz lebhaft und lustig mit uns. Schließlich mußte das sein, die sichere Lenkung des Fahrzeuges erforderte einen wachen Kopf.

Auf der zweispurigen Straße begegneten wir in der beginnenden Dunkelheit vierzig Elefanten und ein paar Kilometer weiter zwei starken Elenantilopen, die über die Fernstraße wechselten. Alle Fahrzeuge stoppten sofort. Vorfahrt hat das Wild! Kurz vor Mitternacht trafen wir in Nairobi ein und machten im Ambassadeur-Hotel Quartier.

Am nächsten Morgen gegen acht Uhr holte uns der Fahrer ab. Drei Stunden später hatten wir die Jahreslizenz, Speziallizenzen, Waffengebrauchsgenehmigung etc. erhalten. Leihweise besorgte ich mir eine Großwildbüchse. Die Erläuterung über die 30-06 Springfield vom Jahr zuvor, die mir so wenig jagdliche Freude bereitet hatte, brachte mir doch noch einen späten Vorteil: Eine englische Doppelbüchse im Kaliber 470 erhielt ich für vierzehn Tage für nur ein paar KSh (Kenia-Shillinge) geliehen, sozusagen als Anerkennungsgebühr.

Noch einmal fuhren wir durch die Straßen Nairobis und betrachteten die Stadt, die aus einem wildwuchernden Häusermeer für viele Menschenrassen aus Afrika und aller Welt entstand. Sie hat mit ihren modernen Gebäuden und Geschäften an breiten Straßen den Anschluß an unsere moderne Zeit gefunden. Die öffentlichen Grünanlagen waren wieder von der Sonne braun gedörrt. Abschließend speisten und tranken wir im Thorntree-Hotel. Dann starteten wir zur Rückkehr nach Voi, ins Taita-Gebiet.

Diesmal sahen wir sehr viel Wild: Über einhundert Elefanten, die in Richtung Tsavo-Nationalpark zogen, darunter starke Bullen mit Zahngewichten von schätzungsweise 60-90 Kilogramm, eine Rotte Warzenschweine, die hochflüchtig über die Straße wechselten, mehrere Giraffen, Gazellen, Zebras und Antilopen. Um 18.30 Uhr kamen wir im Basis-Camp an. Ein riesiger, gut eingerichteter "Laden" mit "massiver", luftiger Messe-Laube, schrieb ich in mein Notizbüchlein.

Schon der Weg von Voi ins Jagdgebiet, wo Din sein Basis-Camp aufgeschlagen hatte, war ein froher Auftakt. Die Zelte standen nicht allzu weit von einer Taita-Siedlung entfernt. Taitas sind ein freundliches Völkchen, das wesentlich zivilisierter ist, als Massai es sind, und zur großen Völkerfamilie der Bantus zählt. Sie bewohnen Rundhütten mit kegelförmigen Dächern, tragen Kleider oder Anzüge, befinden sich also auf einer "höheren Entwicklungsstufe". Viele Taitas gehen einer festen Tätigkeit nach.

Der Ausblick von unseren Zelten, auch vom Messezelt, war bezaubernd schön. Am ersten Abend zogen dicke Wolken über die Bergkette der Taita-Hills und wurden von der untergehenden Sonne in bunte Farben getaucht. Ein betörend schöner, unvergeßlicher Abend in lauer Sommerluft.

Din erklärte mir, daß wir am nächsten Tag besser die Zelte abbrechen und in ein abseits gelegenes Jagdgebiet umziehen würden. Hier habe er mit den drei Deutschen gejagt, sie hätten viel geschossen, hier müsse erst wieder Ruhe eintreten. Das war verständlich.

Din hatte gute Laune. Das zeigte er uns schon am ersten Abend. Nach ausgezeichnetem Dinner beendeten wir den anstrengenden Tag.

Um 6.00 Uhr in der Frühe brachte unser persönlicher Boy Mihna den Early-morning-tea. Ich sagte immer "Minna" zu ihm. Dann sah er mich so an, als könne er nicht begreifen, weil ich nicht begriff ... Nach dem Tee kam warmes Wasser zum Waschen. Tolle Bedienung!

Einige Schwarze waren schon damit beschäftigt, das große Vorratszelt und das Küchenzelt abzubrechen. Um 11.00 Uhr war vom Camp nur noch die Lauben-Messe und die große Glutbank aus Holzkohlenasche zu sehen. Alles war auf Fahrzeuge verladen.

Inzwischen hatten wir einen indischen Farmer besucht, der seine Plantagen-Besitzungen in Tansania und Uganda bereits aufgegeben hatte. Er lud uns ein, seine Villa zu besichtigen und einen Drink zu nehmen. Seine liebenswürdige Frau und sein Kleinkind leisteten uns Gesellschaft.

Mittags besichtigten wir seine Sisalfabrik. Eine große Maschine wurde mit Wagenladungen von geernteten, abgeschnittenen Sisalblättern (Sanseveria) gefüttert. Die Blätter wurden zwischen schweren Zahnradwalzen gequetscht, zerdrückt, bis am Schluß nur noch die schlohweißen Fasern herausbefördert wurden. Ein Schwarzer nahm die Fasern, bündelte sie und hängte sie dann sogleich zum Abtropfen über einen gespannten Koppeldraht. Von dort wurden die Sisalfasern weiter transportiert. Qualitativ gute Fasern werden auf Trockengestelle gehängt und oft gewendet. Sobald sie trocken sind, werden sie zerfasert und für den Verkauf in Ballen gepreßt. Weniger gute Faserqualitäten finden zur Strickherstellung und als Matrat zenfüllung Verwendung, während die helle Faser der Güteklasse A für wertvollere Güter geeignet ist.

Ein Telefonanruf erreichte uns beim Farmer: Googee, ein junger, pakistanischer White-Hunter bekam das Gewehr nicht ausgehändigt . Es war gerade Feiertag, und kein Flugzeug würde landen, keine Beamten, kein Personal wäre anwesend, alles wäre verschlossen. Inschallah!

Zelte, Proviant, die ganze Ausrüstung wurden mit dem Personal bereits mittags vorausgefahren. Wir starteten erst später zu den Jagdblöcken. Viele Kilometer hatten wir zu fahren, durch Busch, über Asphalt-Chaussee, durch Savanne, durch unwegsames hügeliges Gelände. Durchgerüttelt, naßgeschwitzt und verstaubt kamen wir nach drei Stunden an.

Die Schwarzen waren gerade dabei, die gesamte abgeladene Ausrüstung auf dem Boden zu ordnen; einige bauten schon Zelte auf.

Morgens, pünktlich um 7.00 Uhr, starteten wir zur Jagd. Nach einer Dreiviertelstunde-Fahrt in unserem Landcruiser sahen wir plötzlich vom Fahrzeug aus neben dem Weg dicke frische Losungshaufen. Wir hielten sofort an und bemerkten schon beim Aussteigen eine starke Büffelfährte, die sich deutlich in dem gelbbraunen Erdreich abzeichnete. Nach genauerer Betrachtung beschlossen wir, der Fährte zu folgen.

Erfahrung lehrt. Mir war die Bud-Safari noch warnende Erinnerung; deshalb war mein ausdrücklicher Wunsch, bei dieser Safari die alte Weisheit gelten zu lassen, daß auf Büffeljagd und auch sonst (!) jeder zusätzliche Mann bereits zuviel ist. Fahrzeug und Tracker blieben zurück. Nur Din und ich pirschten durch den lockeren Schirmakazienbestand der Savanne. Staubtrocken war alles.

Nach einer Wegstunde wurde die Zunge klebrig im Mund, und der Staub knirschte zwischen den Zähnen. Die Fährte war stark ausgeprägt, und immer wieder fanden wir auf dem Boden Losung. Sie war breiig bis dünn; ein Zeichen dafür, daß der Büffel alt sein mußte. Der Schließmuskel seines Waidloches war, wie oft bei so alten "Herren", nicht mehr in Ordnung. Er ist dann schlaff und läßt an Kraft nach, und man findet die Bescherung über lange weite Strecken. Ein meist untrügliches Zeichen dafür, einen kapitalen Einzelgänger vor sich zu haben. Der Büffel zog nicht nur stur geradeaus, sondern immer in leichtem Bogen, um ständig wieder den günstigsten Wind zu bekommen. Wir mußten sehr bedachtsam pirschen, um uns nicht zu verraten. Büffel sind äußerst vorsichtig. Das sollte ich noch oft erfahren.

Es war leichter an Elefanten heranzukommen, als an Büffel. Ihnen konnte man vielleicht bei günstigem Wind schon einmal vor dem Rüssel herumlaufen. Aber bei Büffeln? Da ist dann genauso jede Störung, jede Unvorsichtigkeit zuviel!

Unermüdlich schritten wir voran, zerkratzten uns an den dichter werdenden Dornbüschen Hemd und Haut. Dann wurde der Busch wieder lichter. Hohes, trockenes Gras streifte unsere Beine und knisterte bei jedem Schritt. Die Sonne stieg unaufhörlich dem Zenit entgegen und sengte erbarmungslos auf uns nieder. Schweißnaß klebte das Hemd auf der Haut, unsere Schritte wurden schwerer und die Büffelfährte immer länger. Wieder führte sie durch einen eng bestandenen Bewuchs, durch den wir uns zwängen mußten. Endlich hatten wir uns durchgekämpft. Das Gelände weitete sich wie verwandelt vor unseren Augen in eine offene, weite Savanne mit vereinzelt stehenden, schiefgewehten Akazien. Erst am Ende dieser Fläche gab es wieder dichte Deckung. Es lohnte nicht mehr, dorthin zu pirschen, denn als wir vorsichtig auf die ausgedehnte Savanne blickten, erkannten wir kaum einhundert Meter entfernt einen Sprung Kongoni, und ein wenig weiter entfernt ästen Thomsongazellen. Nur eine kurze Pirsch hätte genügt, um dieses Wild zum Abspringen zu veranlassen. Der Büffel war nicht zu sehen. Wir entschieden uns, die zweistündige Pirsch abzubrechen, und kehrten auf direktem Wege zum Fahrzeug zurück.

"Wir benötigen Wildbret für unser Camp. Die Leute sind alle hungrig auf Fleisch. Laßt uns zuerst daran denken!"

Schon nach zwanzig Minuten Fahrt sahen wir weit entfernt Bewegung im Busch. Din stellte mit seinen scharfen Augen sofort fest: Elen, Zebra, Oryx. Die beste Chance, ein Elen zu erlegen! Er drückte mir seine 8 x 60, eine Brünner Repetierbüchse, in die Hand, sprang aus dem Wagen und sagte: "Komm! Wer weiß, ob wir sie wieder sehen!"

Lockerer Busch nahm uns auf. Wir pirschten ganz vorsichtig, aber schnell, ständig jeden Busch als Deckung nutzend, in gebückter Haltung, beinahe auf dem Boden kriechend, denn die Elen zogen weiter. Sie mußten uns, zumindest das Fahrzeug, schon lange bemerkt haben. Dann waren wir auf knapp 250 Meter heran, verschnauften hinter einem wenig beasteten Baum. Aus dieser Entfernung von zweihundertfünfzig Metern sollte ich schießen. Mit meiner 8 x 68 S und mit einem Zielfernrohr auf der Büchse würden wenig Probleme auftauchen. Ich kannte mein Gewehr und auch mich, aber den ersten Schuß aus einer fremden Büchse ohne Zielfernrohr und auf diese große Distanz? Der Busch flimmerte in der Sonnenhitze. Ich lehnte ab. Wenn der Wildkörper auch noch so groß war, nein, das war nicht meine Art, auf ziehendes Wild zu schießen. Din lächelte etwas mitleidig, jedoch brachte er für meine Weigerung Verständnis auf. Hätte ich doch bloß mein eigenes Gewehr. Mit ihm ist es in Ostafrika verboten, auf die großen Fünf zu waidwerken. Es reicht aber völlig für jeden Büffel und auch für Elefanten, wie mir Jäger, die in Togo jagten, berichteten. Mit dieser Waffe fühle ich mich sicher, und solange ich dieses Gewehr geladen in meinen Händen halte, kann sich nichts Gefährliches zwischen uns stellen. Wir gehören zusammen, zueinander, in Savanne und Busch.

Mit Einschränkungen? Ja!

Gefährliches Wild und richtige Kaliberwahl sind wohl ein nie endendes Thema, nicht nur der Auslandsjäger. Eine Glaubensangelegenheit? Bis hinauf zu den Großantilopen der Savannen ist dieses Kaliber (8 x 68 S) sehr gut und voll befriedigend. Bei nicht gut sitzenden, auf nahe Entfernung abgegebenen Schüssen, womöglich auf Elefanten, Büffel oder Leopard, sollte zuvor eine gute Lebensversicherung abgeschlossen werden. Großwild mit diesem Kaliber zu stoppen, ist eine unsichere Sache, oft ein lebensgefährliches, leichtsinniges Unterfangen. Es kann gutgehen. Jedoch wäre dieses Risiko groß. Mit dem Vollmantelgeschoß ins Gehirn zu schießen, ist dann die einzige Rettung. Bekanntlich sind viele Elefanten mit dem Kaliber 7 x 57 geschossen worden. Außergewöhnliches Können und die nötige Portion Glück standen Pate ...[1]

Mein Eindruck ist, daß das 8 x 68S-KS-Geschoß, das ich überwiegend sehr erfolgreich verwende, womöglich zu stark aufpilzt, der Querschnitt des Geschoßrestes wird zu groß, verliert also bei dickem Wildkörper an "Fahrt", gibt andererseits aber seine ganze, enorme Energie ab. Es wird auf seiner Bahn gebremst und bringt nicht den gewünschten Ausschuß, der für eventuelle Nachsuchen so wichtig ist. Im Laufe der Jahre habe ich verschiedene Laborierungen des 14,5 Gramm KS-Geschosses verwendet und festgestellt, daß es nicht immer so schnell tötet, wie das PPC Vulkan- und das Plastic Point-Geschoß von Norma des Kalibers 30/06. Obwohl das Wild die absolut tödliche Kugel erhalten hatte, dauerte es bei einigen Wildarten einfach oft zu lange, bis der Tod eintrat. Bei starkem, gefährlichem Wild bevorzuge ich auf relativ weite Entfernung zumindest für den ersten Schuß das Vollmantelgeschoß und als zweiten das 14,5 Gramm schwere KS-Geschoß. Der Abstand zwischen Wild und Jäger sollte möglichst weit sein. Das Wild darf keinesfalls auf einem Hang über dem Jäger stehen. Das wäre gefährlich. Dem Wild muß geügend Zeit (und Abstand)

---

[1] Für Big five nicht zugelassen.
Mit bestem Erfolg verwende ich heute auch das 13 g Noslergeschoß im Kaliber 8 x 68 S.

verbleiben, in der die zerstörende Wirkung des Geschosses das Wild lähmt, es verenden läßt, bevor es seinen Jäger erwischt ...

Ich bin überhaupt gegen zu leichte und schnelle Geschosse. Die 222 Remington auf Rehwild tötet zwar, aber sollte die Kugel nicht richtig sitzen, kann jeder Nachsuchespezialist ein "ekelhaftes Lied darüber singen". Aus diesem Grunde bevorzuge ich immer ein schnelles Massegeschoß, vor allem bei Großwild, denn größte Sicherheit bietet nun einmal die "dicke Pille!"

Repetierer oder Doppelbüchse? Welches Gewehr sollte bevorzugt werden? Die Frage ist eigentlich schnell und begründet beantwortet. In allen Ländern ist für mich die Repetierbüchse, der Drilling oder die Bockbüchsflinte in geeignetem Kaliber völlig ausreichend und mit Erfolg geführt worden. Wenn ich allerdings in Afrika Großwild bejage, bevorzuge ich die Doppelbüchse. Bei einem Patronenversagen, wenn also der erste Schuß aus irgendeinem Grunde nicht losgeht, kann ich noch im Anschlag kurz auf einen eventuellen Nachbrenner warten. Löst sich kein Schuß, führe ich den Finger an den hinteren Abzug, und ohne mit dem Gewehr aus dem Ziel zu gehen, kann ich das zweite Geschoß in den Wildkörper plazieren. Bei gefährlichem Wild kann diese lautlose Betätigung der Doppelbüchse lebensrettend sein. Ein Repetierer wäre nicht nur verratend laut, sondern der Zeitablauf für den zweiten Schuß einfach zu lang. Dann kann die Doppelbüchse schnell "gebrochen", also gekippt, die Hülse entfernt und das Gewehr nachgeladen werden, um für weitere Jagd oder zur Sicherheit gewappnet zu sein. Für einen wesentlichen Vorteil halte ich jedoch die elegante Führigkeit einer Doppelbüchse. Sie hat sehr große Ähnlichkeit mit einer Doppelflinte, und bei erforderlichen, schnell abzugebenden Schüssen kann besser mitgeschwungen werden - "man sitzt besser drauf" - als mit einer Repetierbüchse.

In gut einhundert Meter Entfernung sahen wir fünf Oryx-Antilopen auf uns zukommen. Sie trollten dem anderen Eland-Oryx-Zebra-Verband nach. Din stieß mich an und bedeutete mir, einen Oryx zu erlegen. Oryx, die enorme monatelange Trockenzeiten überstehen, können in ökologischer Valenz leben. Einhundert Meter waren sie noch weg von uns, als sie uns bemerkten. Flüchtig zogen sie schräg von uns fort. Ich nahm das Gewehr, schwang mit und schoß. Din klopfte mir kurz auf die Schulter und ging schnurstracks zum Wagen. Hatte ich vorbeigeschossen? Ich sah, wie die Oryx davonflüchteten. Auf einmal stoppten sie und stellten sich in einer Reihe auf. Es waren nur noch vier Oryx. Sie senkten ihre Häupter gegen mich, und gerade, als sie wohl einen vielleicht für mich tödlichen Angriff wagen wollten, hörte ich das laute Hupen des Fahrers und das schnell näherkommende Motorengebrumm unseres Geländewagens. Ich hatte wie üblich sofort nach dem Schuß repetiert, doch ich wußte nicht, ob ich die Oryx-Attacke hätte stoppen können. Von dem 8 x 60 Kaliber war ich begeistert. Der Oryxbock, nur eine mittelmäßige Trophäe von 75 cm Länge, lag im Knall. "Gut getroffen, Bwana" sagte Kidogo und reichte mir die Hand. Die rote Arbeit wurde schnell erledigt. Weiter ging unsere Fahrt.

Din war froh; er hatte etwas Wildbret, auch für die Taitas, die sicherlich bald unser Camp aufsuchen würden. Das Verhältnis zu ihnen, überhaupt zu Eingeborenen im Busch, muß gut sein. Dann erfährt man vieles und kann, wenn es sein muß, auch auf Hilfe rechnen, meinte Din zu mir. Er machte auf mich einen sehr erfahrenen Eindruck, und er verstand, seinem Klienten, also mir gegenüber, beruhigende Sicherheit zu vermitteln. Auch später hatte ich das Gefühl, als stünde er über allem, was er auch mit Worten deutlich zu machen verstand. Die Tatsache, wie er sich seiner Frau und seinem Kind verbunden fühlte - ich lernte sie in Voi kennen, später kamen sie ins Camp zum Besuch nach -, machte auf mich einen guten Eindruck. Er war großzügig, auch jagdlich, wie ich später feststellte, und wie es wohl vielen Pakistani und Indern eigen ist. Nicht allen, aber vielen ging es um die gewünschte Stückzahl der Trophäen, nicht so sehr um das Alter des Wildes. Aber das steht auf einem anderen Blatt, auf dem sicherlich auch stehen müßte, woher gewisse Niedergangsphänomene der Jagd und Trophäenerbeutung in Kenia herrühren.

Im Licht der sinkenden Sonne holperte unser Fahrzeug einer anderen Stelle des Jagdblockes zu, um von dort den Weg zum Camp zu nehmen. Mit der nachlassenden Tageshitze trat mehr Wild aus, das sich wohl die heiße, aufgespeicherte Sonnenenergie aus der Decke schüttelte und äste. Das Wild äugte der Bewegung unseres Geländewagens aufmerksam nach. Die Sicht war gut, und das behindernde Flimmern über dem Savannenbewuchs hatte nachgelassen.

Der Tracker Kidogo langte mit seiner Hand durch das offene Fenster des Wagens. Langsam stoppte das Fahrzeug, denn Kidogos Armbewegung galt dem Fahrer und auch uns.

Für einen Löwen hatte ich keine Lizenz gelöst. Nun war er da: Ein männlicher Löwe mit einer starken, zerzausten Mähne. Ich sah ihn nicht gleich. Behutsam zwängte ich mich aus dem Türfenster.

Dreißig Meter vor uns lag er, phantastisch getarnt im gelben Gras neben einem graugrünen Busch. Eiskalt war sein Blick, der aus seinen bernsteinfarbenen Augen zu uns herüberblinzelte. Wildheit, Kraft und Stolz verkörperte dieses königliche Wild. Welch vollendete Schönheit, dieser gelbe Körper mit den Muskelpartien eines "Schwerathleten und den eleganten

Bewegungen einer Lady" - las ich in irgendeinem Buch -. Er bewegte lediglich ab und zu die Augenlider und die Gehöre. Glück für uns. Unsere Nähe war ihm unsympathisch. Oder waren seine Gefährtinnen im Gelände verteilt, wo sie versuchten, ihrem Herrn für die Mahlzeit ein Tier zu schlagen? Wir konnten sie nicht sehen, soviel Mühe wir uns auch gaben.

Noch stand die Sonne über dem Horizont. Als wir weiterfuhren, glühte rot am Himmel in einem Schleier orangefarbener dünner Wolken ein zauberhaftes Leuchten. Die Baumkronen und Büsche wirkten tief dunkelgrün; fort war der graugrüne, oft metallene Glanz während der Tageshitze. Webervögel zwitscherten Abendstrophen auf einem Dornenbuschbaum voller Nester, und der rote Hornbill sprang in einem Akazienbaum von Zweig zu Zweig, sich duckend, sich unseren Blicken entziehend. Hoch am Himmel segelten zwei Geier in großen Kreisen, weit die Schwingen ausgebreitet, kaum ein Flügelschlag. Sie hatten wohl die Löwen erspäht, hofften auf Speisereste, die sie ihnen übriglassen würden.

Da, wo das Gras nur fünfzig bis sechzig Zentimeter hoch stand, äste Wild. Weit war es entfernt. Doch Kidogo hatte es schon erspäht und erkannt: Hartebeest und Thomsongazellen.

Langsam rollte der Geländewagen aus. Wir machten uns fertig. Es sollte noch ein Kongoni (Hartebeest) sein. Behutsam pirschten wir uns voran. Ich hatte erkannt, daß es noch eine Gelegenheit gab, für das Camp ein Stück Wild zu erlegen. Mein Berufsjäger hatte dieselben Gedanken. Noch reichte das Licht aus für einen sicheren und weiten Schuß. Ich ahnte fast, daß uns das Wild bald bemerken und versuchen würde, die schützenden Büsche zu erreichen. Din hätte diese weite Distanz nichts ausgemacht, aber ich wollte näher an das Wild heran.

Da sah ich, wie Bewegung in den Kongoni-Trupp kam, wie sie ihre Häupter aufwarfen und in unsere Richtung äugten. Wie erstarrt blieben wir stehen. Hatten wir auf dieser weiten, kaum Deckung bietenden Fläche noch eine Chance? Da geschah das Unfaßbare: Das Wild zog nicht fort von uns, sondern links herüber und kam uns beinahe entgegen. Wie oft hatte ich schon auf langer Pirsch gehofft, das Wild käme einmal zu mir, aber es blieben immer nur Hoffnungen. So ist die Jagd, der wir Jäger unrettbar verfallen sind: Lust am Beutemachen, jubelnd vor Glück, betrübte Erfolgslosigkeit.

Ich mußte an den nächsten Baumstamm, wollte mit dem Gewehr anstreichen, zwanzig, fünfundzwanzig Meter waren es nur. So kurz vor Beendigung der Jagd am Abend, nur keinen schlechten Schuß, nur keine Nachsuche! Alles um mich schien gegen mich zu sein: Das niedrige Gras, der lichte Baumbestand, das aufmerksame Wild. Die Kongoni zogen in Richtung auf eine leichte Anhöhe.

In dem Augenblick, als die Kongoni wieder ein paar Halme des trockenen Grases ästen, wagte ich die wenigen Meter zum Stamm des kleinen Baumes.

Das war geschafft. Ich zwang mich zur Ruhe. Noch atmete ich kräftig, meine Lungen pumpten wie ein Blasebalg. Aufregung? Körperliche Anstrengung? Das Wild wurde unruhig, sprang ab. Kurz vor dem Geländebuckel geschah das Wunder, der Wunsch eines jeden Jägers: Das Wild verhoffte auf dem Hügelchen, knapp einhundertdreißig Meter vor mir, und ganz oben stand der Hartebeestbock. Mit seinem langen, gehörnten Haupt und seiner stark abfallenden Kruppe hob er sich ab gegen den Abendhimmel wie ein Fabelwesen vergangener Zeiten.

Wie sagte Laci noch? "Einmal bleibt jedes Stück Wild stehen und äugt zurück ...!"

Breit stand er da, zeigte mir voll sein ganzes Blatt. Wieviel Sekunden wird er verhoffen? Schon hatte ich das Gewehr hoch, angestrichen am Stamm, hochblatt, das Korn tanzte hin und her. Noch einmal atmete ich tief durch, dann krümmte ich ruhig den Finger. Wie vom Blitz getroffen lag der Hartebeestbock im Knall. Bei diesem harten Wild eine Seltenheit.

Die "Bühne" war leer, als wir am Bock standen. Kammerschuß, ein wenig höher stellten wir fest, und keine weitere Flucht. "Gut getroffen, Bwana", sagte wieder Kidogo.

Müde vom langen Tag kamen wir im Camp an. Große Überraschung für mich: Mein Gewehr, meine 8 x 68 S, Sauer-Weatherby, war da!

Uns weckten Vogelstimmen, den Tag riefen sie herbei. Sieben Uhr, die Sonne war noch nicht lange aufgestanden. Wir saßen im Landcruiser, störten, übertönten mit Motorengebrumm das fröhliche Gezwitscher, das vom Vogelvolk herüberklang, ratterten in den Busch, einem neuen Jagdtag entgegen.

Mit meinem Gewehr war eine Nachricht ins Camp gekommen, die uns neugierig gemacht hatte. Die Regierung in Nairobi hatte jugoslawische Gäste für uns avisiert. Mit Googee, einem jungen pakistanischen Berufsjäger, Dins Frau und Kind sollten sie zu uns kommen. Von Löwenjagd war die Rede. Din war aufgeregt, ärgerlich. Noch wußte er nichts Genaues. Laßt uns jagen, solange noch Ruhe ist, war seine Meinung.

140

Der Kasigau-Hill lag hinter uns. Er war uns Wegweiser, sagte uns, wo wir uns befanden. Wir stoppten und stiegen aus dem Wagen. Dann pirschten wir in den dichter bestandenen Busch. Kidogo war mit von der Partie. Hier wollte Din ihn dabeihaben. Nach wenigen hundert Metern erblickten wir einen alten Impala-Einzelgänger. Es war ein starker Bock, schwer erkennbar, schlecht für einen Schuß aus ungefähr einhundert Metern in dem Zweigewirrwarr vieler Sträucher und Bäume. Lange strich ich an einem Schirmakazienstamm an. Immer wieder hatte ich den Impalabock im Fadenkreuz des Zielfernrohres meiner Büchse, aber auch Grashalme, Zweige, Äste. Es war zum Verrücktwerden! Nun hatte ich ihn nur für eine kurze Sekunde frei, und frei war auch sofort das Kegelspitzgeschoß von 14,5 Gramm Gewicht, dem ich freien Lauf gab. Kein Zurück gab es mehr! Hochblattschuß. Der Impalabock war am Platz gebannt, da, wo er vorher stand und ahnungslos grüne Blätter von den Zweigen naschte.

Ein wundervoll geschwungenes Gehörn. Einige Minuten stand ich bei ihm, gab ihm den letzten Bissen, ihm, der so elegante Sprünge und Fluchten machen konnte, der mit seiner Sippe jeden Jäger und Naturfreund erfreute.

Erneut machten wir uns mit dem Landcruiser auf den Weg. Kurz vor elf Uhr hielten wir wieder. Die kunststoffbezogenen Sitze forderten uns geradezu auf, unseren verlängerten Rücken zu lüften, die Beine zu bewegen.

Die Erde war rot, das Gelände leicht kupiert, viele Sträucher, Wildaloe mit roten Blütenständen und größere Büsche boten nicht allzuviel Sicht. Wir waren keine Dreiviertelstunde unterwegs. Plötzlich blieb Kidogo wie elektrisiert stehen, bewegungslos verharrte er wie ein Stein, hinter seinem Rücken machte er ein paar unmerkliche Bewegungen mit seiner linken Hand. Ich sah zu Din. Er nickte. Das hieß "schießen!". Jetzt erst sah ich deutlich, um welches Wild es sich handelte; Zebras, fünf, sechs, vielleicht auch zehn Stück. Ein kapitaler Hengst mit breiter Brust, starkem Kaliber, kräftigem Hals und trockenem Kopf - so würde ich ihn als Reiter charakterisieren. Ihn wollte ich nicht, er war ein zu guter Vererber in bestem Alter. Seine Decke wäre auch zu groß für unser Heim. Welche Überlegungen ich nur hatte. Sie waren aber da. Den anderen, schwächeren Hengst, den wählte ich auf siebzig bis höchstens achtzig Meter. Tiefblatt, Durchschuß, viel Schweiß, sechs bis sieben Meter Flucht, aus.

Das Zebra wurde gleich aus der Decke geschlagen. Der Körper blieb liegen. Din wollte ihn als Löwenköder, wollte feststellen, ob sie auch hier wären für die Jugoslawen.

Wir machten kurze Rast, Picknick mit Chapati (gebackene und gewürzte Linsen), Pfefferschoten, Oryx-Steak und Limonade. Während wir aßen, kamen Geier, setzten sich auf einen dreißig Meter entfernten Baum und warteten geduldig auf das Zebra. Woher wußten sie, daß wir ein Zebra erlegt hatten?

"Hier kommen wir wieder vorbei", sagte Din beim Weiterfahren.

Als wir gegen Abend dort eintrafen, war nichts mehr vom Zebra zu sehen. Die Geier hatten es sicherlich nicht aufgefressen, denn lange Schleifspuren zeigten deutlich, daß ein Löwe sich dieses Kadavers bemächtigt und ihn mit sich fortgenommen hatte. Wir unterließen es, weiter diesen Spuren in den Busch zu folgen.

Nach vierzig Minuten Fahrt wurde der Bestand lichter. Ganz in der Ferne sahen wir Bewegung im Gelände. Es war wieder ein Verband aus Elen, Oryx und Zebra. Auch ein paar Grantgazellen waren nicht weit von ihnen und einige Thomsongazellen, wie wir später feststellten. Eigentlich spielte sich alles genauso ab wie am Vortag. Die Elen hatten auf jedem Haar ein Auge. Sie hatten uns sofort eräugt. Alles Wild hatte uns dann mitbekommen, alle paßten sie auf, waren auf der Hut, ihre Decke zu retten. Unsere anstrengende Pirsch blieb wieder erfolglos. Ich hatte den Eindruck, als wären die Elen noch vorsichtiger gewesen als am Vortag. Sie hatten wohl schon begriffen, daß hier in diesem Gebiet gejagt wurde ...

Eine Büffelbegegnung endete mit gleichem negativem Ergebnis, aber mit gleicher schweißtreibender Anstrengung.

Schon schüttelte und rüttelte das Fahrzeug mit uns weiter. Die Hitze des Tages, der Staub und das Rattern des Motors hatten mich müde gemacht, die Pirsch auf den Büffel und die gebückte Hast hinter den Elands waren anstrengend gewesen. Nur Din und die Schwarzen schienen nicht erschöpft. Wenn sie auch jünger waren, sollte das für mich kein Hindernis sein. Sie waren Klima und Strapazen gewöhnt, obwohl Din ein ganz schönes speckgepolstertes Bäuchlein hatte. Schließlich kommt es im Leben darauf an, wie man sich fühlt und wie stark die eigene Energie ist. Trotzdem döste ich am späten Nachmittag ein wenig vor mich hin.

Plötzlich sprach Din ein Wort zu mir, das mich aufschreckte, mich ganz da sein ließ mit gespannten Sinnen, alle Müdigkeit aus den Knochen blies wie ein Sturm, der auf mich hereinbrach: "Büffel!" "Nimm die Doppelbüchse!"

Kidogo reichte sie mir, und von einem anderen Schwarzen bekam ich eine Handvoll Patronen. Ich hielt den harten, kalten Stahl der Waffe in meinen Händen, brach sie und füllte die beiden Patronenlager mit den schweren Geschossen. Leises Knacken und Klicken des Gewehrs, als ich die Waffe schloß und den Sicherungshebel betätigte. Mit ihr, dieser Zwillingskanone, wie ich sie bezeichnete, hatte ich noch keinen einzigen Schuß abgegeben.

142

Jetzt sollte ich die Gelegenheit wieder auf Büffel nutzen, das zweitemal an einem Tag.

Schon war Din aus dem Wagen, und Kidogo, dessen ganzes Temperament sich in seinem Gesichtsausdruck zeigte, war drauf und dran, mit uns beiden den Büffeln zu folgen, erhielt jedoch die Anweisung, mit den anderen zurückzubleiben. Wie ein gestrafter Jagdhund sank er förmlich in sich zusammen und schaute uns aus großen, verklärten Augen nach. Und doch kam ein verständiges Lächeln über seinen wulstigen Mund. "Kidogo, wenn du wüßtest, wie gern ich dich mitnehmen würde, aber du weißt doch, jedes Bein ist auf Büffeljagd zuviel. Auch du wirst bei den anderen am Fahrzeug bleiben und warten."

Schnell ging alles. Wieder die Pirsch von Baum zu Baum, von Strauch zu Strauch, ein Rennen und Stürmen hinter Büffeln, und je schneller wir wurden, desto flotter zogen die Büffel davon. Wir konnten sie nicht nah genug erreichen, sie waren schneller, flüchteten ...

Der Geländewagen kam uns entgegen, als wir die Pirsch aufgaben. Din wechselte mit dem Fahrer und begann eine halsbrecherische Fahrt. Mit Vollgas ging es in den Busch. Arm- bis beinstarke Büsche wurden umgewalzt. Wir wurden von der Wucht des jeweiligen Aufpralls im Fahrzeug hin und her gerüttelt, gestoßen, geboxt. Wir hielten uns krampfhaft fest, der eigene Kopf sollte heil bleiben. Der Fahrer reichte mir die Doppelbüchse, geladen. Ich dachte, wenn wir in der Nähe der Büffel sind, sollten wir uns aus dem Wagen stehlen und uns heranpirschen.

Dann sahen wir die Büffel, eine wild aufgebrachte Herde von vielleicht zehn bis zwölf Stück, darunter drei bis vier kapitale. Von den Schalen aufgewirbelter Staub und Erdbrocken flogen an die Windschutzscheibe. Dunkle Körpermassen jagten durch den Busch, wir hinterher.

"Shoot, shoot!"

Kidogo und ich standen während der Fahrt und schauten aus der Dachluke. Wenn ich es auch dreist gewollt hätte, ich hätte es nicht vermocht. Ich hatte damit zu tun, mich und das Gewehr in dem heftig tanzenden, springenden Fahrzeug festzuhalten, um mir nicht noch die Rippen zu brechen. Meine Frau schimpfte; sie wollte lebend und heil nach Deutschland zurückkommen ...!

Warum ich nicht geschossen hätte, die Büffel waren doch so nah? Sollte ich das wirklich? Stellte mich Din nur auf die Probe? Ich wußte es nicht hundertprozentig, wollte es nicht wahrhaben. Din war ein Vollblutjäger! Abgekämpft von der Verfolgungshetze schüttelte er seinen schweißbeperlten Kopf mit einem Lächeln, als ich ihm erklärte, daß ich solche Jagd nicht mag. Er hob die rechte Hand, winkte ab mit einem "okay".

Die Schwarzen waren derweilen damit beschäftigt, das Fahrgestell von festgeklemmten Zweigen und Ästen zu befreien und einen Kotflügel geradezubiegen. Die Jagd war vorbei für diesen Tag.

Kidogo stand angelehnt am Pirschwagen. Der Fahrer saß schon am Lenkrad. Sie warteten auf uns. Die Gewehre waren aufgeladen, Proviant in der Kühlbox, und der Wassersack hing über dem rechten Rückspiegel, vorne auf dem Kotflügel. Alles war fertig, nur Din hatte noch Anweisungen zu geben. Er meinte nachher: "Ehe die Burschen immer alles kapieren ...!" und schüttelte dabei seinen Kopf, der von dichtem, angegrautem und lockigem Haar bedeckt war. Dann warf er sich mit einem Schwung auf den Beifahrersitz. Wir fuhren in den Busch.

Nach ein paar Stunden sahen wir einen grauhaarigen, schlanken Mann, den Din sicherlich kannte. Dieser hagere Mann trieb eine kleine Ziegenherde vor sich her einer kleinen Lichtung entgegen und ging zu einem Plätzchen, das so aussah, als sei es schon oft benutzt worden. Ein dicker Baumstamm lag dort. Er setzte sich auf ihn. Er tat so, als habe er uns überhaupt nicht bemerkt. Mit seinem Hirtenstab stocherte er in einem neben dem Baumstamm liegenden Aschenhaufen herum und freute sich an den kleinen hellgrauen Staubwölkchen, die aus dem verbrannten Holzhaufen stiegen. Din ließ halten und wechselte ein paar Worte mit ihm. Der Hirte grinste und lallte Worte, die ich weder verstand, noch deuten konnte. Seine Augen glänzten trübe, wässerig und verzückt; kurz, er war betrunken von Maisbier, das er aus den nahegelegenen Hütten von seinen Frauen zu reichlich bekam. Vielleicht soff er auch Chang'aa, "Träne des Löwen", wie die Eingeborenen dieses Gesöff nennen und dem die Engländer die passende Bezeichnung "Kill me quick" verliehen; ein scharf gebranntes Feuerwasser aus Zucker, Honig, Wasser und "gepfefferten" Zutaten.

Ob die Frauen ihn auf diese Art besser in ihrer Nähe behalten wollten? Elefanten hätte er gesehen und auch Büffel in der und der Richtung ... Wenn er Alkohol bekäme, würde er uns einen totsicheren Tip sagen können, wohin das Wild gezogen sei. Erst müßte er aber einen kräftigen Schluck trinken, sein Erinnerungsvermögen sei dann besser, erläuterte mir Din. Er gab ihm nichts, außer ein paar freundlichen Worten. Der Abschied war entsprechend kurz.

An einigen recht einfachen Rundhütten fuhren wir vorbei. In der Nähe arbeiteten Frauen, Kinder spielten, Männer waren zur Arbeit. Von den Eingängen der Hütten baumelten Fetische herab. Ziegen belebten dieses afrikanische Idyll. Kokospalmen und Mangobäume spendeten Schatten und lieferten Früchte.

Din war mit sehr viel Energie geladen. Er besaß auch die Begabung, immer das Richtige zu tun, die Situation so auszunutzen, um seinen Klienten an Wild zu bringen oder intuitiv Vorbereitungen zu treffen, um Gefahren aus dem Wege zu gehen. Din fühlte wohl wie ein Wildtier, denn er folgte Fährten oder Spuren und ließ nie von ihnen ab, wenn er an Erfolg glaubte. Aber war eine Sache aussichtslos, brach er die Pirsch zeitig ab. Später, als wir wieder mal bei Elefanten waren, verstand er es, uns so geschickt aus der beklemmenden Gefährlichkeit zu führen, daß diese grauen Riesen ihre Angriffswut schnell abebben ließen. Das war schon ein Gefühl, wie sie mit erhobenem Rüssel und wedelnden Ohren auf uns zukamen und mit ihren dicken Beinen den trockenen Boden stampften, daß er zitterte und bebte.

Nach einer Weile ließ Din halten. Er stieg aus dem Wagen, sah auf den Boden. Keine frischen Fährten. Dann ging er ein paar Schritte hin und her, strich mit seiner Hand über sein straffes Haar, hielt seine Nase in den Wind, schnupperte, windete wie ein Schakal in eine bestimmte Richtung, aus der ein kaum merklicher Luftzug kam. Kidogo und der Hilfstracker waren aus dem Wagen gestiegen und sicherten auch in die vermeintliche Richtung.

Din machte eine Armbewegung, deutete wie ein Seemann einen Kurs an, dem er folgen würde. Es mußte weit sein, schloß ich aus der Haltung seiner Finger. Dorthin fuhren wir, eine Stunde schon, bald würde es Mittag sein.

Der Elefant zieht ungern über deckungslose Lichtungen. Wer das Glück hat, eine Herde Elefanten zu beobachten, die im Paßgang durch die Savanne zieht, wird unvergeßliche Eindrücke gewinnen. Die massigen Körper haben eine fast gerade Rückenlinie, die sich beim Laufen nicht zu bewegen scheint. Die Tiere ziehen wie von einem Uhrwerk getrieben durch die Savanne. Der Rüssel hängt lang herab, ab und zu wird er nach oben gestreckt, wird Witterung genommen, ob "die Luft rein ist", jedoch die Wanderung geht im Gleichtakt weiter. Ein imposantes Bild, vor allem, wenn sich die Elefanten gegen den abendlichen Himmel silouettenhaft abzeichnen. Oft habe ich Elefanten gefilmt und fotografiert. Ich weiß, wie schwierig es ist, sie bei gutem Licht ganz frei vor die Linse zu bekommen. Die ebenen, offenen Flächen bieten für Fotografen und Jäger wenig Gelegenheit, an Elefanten zu gelangen. Großes Wild, das sich über Tausende von Jahren bis in die Gegenwart hinübergerettet hat, mußte und muß vorsichtig sein. Der Elefant zieht unbedingt in Savannen- und Steppenlandschaften hohen Graswuchs und den dichten, graugrünen Busch der freien Fläche vor. Das Graugrün der Dornenbüsche bietet ihm farblich fantastische Deckung. Zugleich bringt diese schwer durchdringbare Deckung dem Elefantenjäger in der Unübersichtlichkeit dieses Bewuchses unerwartete Schwierigkeiten und Gefahren mit sich, die nicht unterschätzt werden dürfen. Din hatte wohlweislich beide Tracker für unseren Trip mitgenommen. Elefanten sind die mächtigsten Vierbeiner unserer Erde. Das sagenhafte Alter von zweihundert und mehr Jahren, das sie erreichen sollen, ist genauso ein Märchen wie das des Elefantenfriedhofes, wo angeblich die Elefanten zum Sterben hinziehen. Das Alter eines Elefanten kann 60 bis 70 Jahre betragen. Wenn der Elefant alt geworden ist und ihm Zähne ausgefallen sind, kann er nicht mehr fressen. Das bedeutet für den Elefanten das Todesurteil. Alte und todgeweihte Elefanten werden aus der Herde ausgestoßen. Aber zwei Askaris (junge männliche Elefanten) begleiten ihn auf seinem letzten Weg. Sie helfen dem Alten und stehen ihm bei, bis er tot ist. Auch dann verweilen die beiden Askaris noch ein paar Tage bei ihm.

Je älter ein Elefant wird, desto weniger Haare behält er auf Haupt und Körper, genau wie bei den Menschen.

Die großen Ohren sind von vielen Adern durchzogen und befinden sich dauernd in Bewegung. Sie dienen dem Tier gewissermaßen als riesige Kühlanlage, denn er wedelt sich mit ihnen frische Luft zu.

Elefantenkühe führen ihre Jungen fünf Jahre. Solange werden sie liebevoll betreut und beschützt. Zwölf Jahre verbleiben die Elefantenkälber im Herdenverband, dann werden sie aus der Herde verjagt. Führende Mütter können sehr empfindlich auf Störungen reagieren. Zweimal erlebte ich es beim Filmen, daß sie Scheinangriffe starteten, den Rüssel auf und ab schwenkten und sich wie Furien gebärdeten, mit ihren gepolsterten Fußsohlen der dicken Beine auf den Boden stampften, die Gehöre breit wie Segel stellten. Langsamer Rückzug, Vergrößerung der Fluchtdistanz, war angebracht, aber nie kopflose Flucht, denn sie animiert Großwild, nachzusetzen, um den vermeintlichen Störenfried, den Feind, zu verfolgen und zu vernichten. Geht der aufgeregte Elefant immer wieder im Rückwärtsgang in die Herde zurück, bedeutet sein Scheinangriff nichts Böses.

Ein angreifender Elefant "führt" sich anders auf! Dann ist es kein Einschüchterungsmanöver mehr mit dem typischen Pendelbewegungen des Hauptes, dem Vor- und Rückwärtsschreiten und dem Wedeln mit dem langen Rüssel. Beim Angriff stellen sich die riesigen Ohren auf, genauso wie beim Scheinangriff, nur noch straffer, aufregender. Entscheidend ist jedoch die Stellung der Stoßzähne. Der angreifende Elefant trägt seine nach vorne gerichteten Stoßzähne waagerecht, und der Rüssel bleibt entweder zwischen den Stoßzähnen eingerollt, oder er hängt fast senkrecht herab, wird

146

Schöpfende Giraffe.

Erdferkel auf Nahrungssuche.

Marabus und Pavian warten auf Abfälle.

Eine Warzenschwein-Doublette.

aber kaum anders bewegt oder ausgestreckt, während beim Einschüchterungsmanöver, beim Scheinangriff, die Stoßzähne mehr nach unten zeigen.

Diese grauen Kolosse sind intelligent und mit feinen Sinnen ausgestattet. Nur äugen können sie nicht allzu gut mit ihren kleinen "Sehern", die so gar nicht zu dem massigen Schädel passen. Dafür ist ihr Rüssel mit so feinen Tast- und Geruchsorganen ausgestattet, daß sie bei günstigem Wind auf Kilometer Jäger winden. Mit ihren riesigen Ohren können sie enorm gut hören.

Vor Jahrhunderten wird es gewesen sein, in Mombasa, Dar es Salam oder irgendeiner ostafrikanischen Hafenstadt, als Seeleute, die mit Dauschiffen von Arabien, dem Orient oder Indien kamen, um Waren zu tauschen. Da entdeckten sie das Elfenbein afrikanischer Elefanten, das viel weißer, härter und größer war als das der indischen Elefanten.

Die Erkenntnis des Menschen, daß Elfenbein für Schmuckstücke, Armreifen, Amulette, Schachfiguren, Klaviertasten und dergleichen mehr verwendbar und beliebt ist, wurde das weiße Elfenbein immer begehrter. So begann der Mensch den Elefanten zu umwerben, aber dieses Liebeswerben bedeutete für Elefanten den Tod.

Vor vielen Jahrzehnten soll der Elefant, ehe die modernen Feuerwaffen zum wahllosen Abschuß und Abschlachten der Elefantenherden benutzt wurden, zutraulicher gewesen sein, wenngleich die Jagdmethoden der Eingeborenen barbarisch waren. Sie legten Feuerringe um die Herden, aus denen angebrannte Elefanten vor Schmerz brüllend flohen, denn ihres Augenlichtes und ihrer Geruchsorgane beraubt, waren sie nicht mehr so wehrhaft und konnten niedergemetzelt werden. Fallgrubenbau und bestialisches Abschlachten bewegungsunfähiger Tiere, die Verwendung von Giftpfeilen, katapultartige Vorrichtungen, die an Bäumen zum Schleudern von Eisenspeeren befestigt wurden, stellten eine Methode dar, die von den Wakambas in Ostafrika angewendet wurde und den Elefanten von oben das Rückgrat zerschmettern sollte, wenn diese auf ihren Wechseln zur Tränke zogen. Auf allen Reisen haben wir gewilderte, grausam hingemordete Elefanten, Nashörner und auch Leoparden gesehen, ein lukrativer Nebenerwerbszweig für letztlich überseeischen Verbrauch.

Alle diese Methoden waren grausam, der Elefantenbestand wurde jedoch in keiner Weise gefährdet.

Dann kreuzten die Araber mit ihren alten silberverzierten und mit Elfenbeinintarsien geschmückten Steinschloßgewehren und großkalibrigen Vorderladern auf. Der Elefanten-Todeszug setzte sich langsam in Bewegung ...

Aber nun, als die Elfenbeinjäger aus Übersee kamen, die Inder, Pakistani, Europäer, Amerikaner, die mit modernen schweren Elefantenbüchsen in den Busch zogen, wurde die Jagd auf Elfenbein immer kommerzieller und habgieriger.

Die Zeit ist vorbei, aber nicht vergessen, als um die Jahrhundertwende Capitain W.D.H. Bell, auch Kara moocha-Bell genannt, ein Engländer, an einem Nachmittag neunzehn Elefantenbullen, die ihm 650 kg Elfenbein lieferten, schoß. Das Ergebnis allein seiner vierten halbjährigen Jagdreise ins Karamojoland brachte ihm 180 Elefanten mit 354 Stoßzähnen ein, die ein Gesamtgewicht von 8.518 kg hatten und umgerechnet einen Profit von 6.000 Pfund Sterling ergaben. Er war der eigentliche Anstifter einer neuen Todeszeit für die Elefantenherden. Ihm wetteiferten viele andere asiatische und weiße Geschäftemacher nach und dezimierten Herde um Herde, machten das Wild furchtsamer und damit gefährlicher. Nichts ist natürlicher als die Natur. Der zivilisierte Mensch begreift es leider immer noch zu wenig, daß die Natur ihre eigenen Gesetze hat, die nur schwer mit der Zivilisation in Einklang zu bringen sind. Darin sind die Menschen leider dem Wild überlegen!

Bleiben wir noch ein wenig bei der Elefantenjagd: Berühmte Jäger, die als sichere, unfehlbare Schützen in die Geschichte eingingen, weil sie relativ schwache Kaliber für die Elefantenjagd benutzten, waren Capt. Bell und Major Philipp Jacobus Pretorius, die beide darauf spezialisiert waren, mit ihren "schwachen Büchsenkalibern" Elefanten nur durch Kopfschuß zu erlegen. Major Pretorius starb 1945 eines normalen Todes in Südafrika. Er hatte 555 Elefanten erlegt. Wer weiß, wie gefährlich gerade Elefanten sind, kann sich vorstellen, mit welchem Nervenkostüm diese Männer ausgestattet gewesen sein mußten. Eine englische Statistik, die ich einst las, besagt, daß den Elefantenjägern kein langes Leben beschieden sei. Wenn sie nicht an Strapazen oder Tropenkrankheiten starben, von Eingeborenen ermordet oder von Giftschlangen gebissen wurden, waren es die angreifenden Elefanten, die ihre Widersacher irgendwo - meist unauffindbar im Busch hinterließen. Elefanten halte ich für weitaus gefährlicher als Büffel. Obwohl viele Jäger und auch Nichtjäger durch verwundete Büffel getötet wurden, bleibt der Elefant der unangenehmste Gegner des Jägers.

Wie nennen es heute die Parkverwaltungen, wenn hunderte, vielleicht tausende Elefanten von Flugzeugen aus wahllos getötet werden? Lautlose Reduktionsjagd! Culling! Wenn es nicht zum Heulen wäre, könnte man lachen. Und wenn aus Wilderei gesammeltes Elfenbein öffentlich verbrannt wird, statt die ohnehin nicht allzu vollen Staatskassen aufzufüllen für Na-

150

turparks usw., dann fehlt mir hierfür genauso die "Antenne" wie für das Washingtoner Artenschutzabkommen für verschiedene Wildarten, die offiziell gejagt werden dürfen, für die es aber keine Aus- und Einfuhrerlaubnis gibt. Statt Trophäen ökonomisch zu verwerten, läßt man sie vergammeln oder vernichtet sie.

Tiere zu vermenschlichen, ist ein falscher Versuch. Tier bleibt Tier. Der Beutetrieb, ein atavistischer Urinstinkt des noch heute lebenden Menschen, ist, soweit er sich im Rahmen des Bedarfs bewegt, in Ordnung. Das Jagen und Beutemachen ist natürlich und legitim. Das Begehren einer Trophäe, bewußt erlangt unter Berücksichtigung der gesetzlich festgelegten Abschußnormen, ist ein normaler Vorgang, der zu keiner Ausrottung einer Wildart führt. Im Gegenteil, denn solche Jagd ist dem Erhaltungtrieb der Art förderlich. Es ist eine Selektion im überwiegend positiven Sinn. Sie ist unschädlich für das Fortbestehen einer Wildart und ohne negativen Einfluß auf die Populationsdynamik und Erhaltung gesunden Erbgutes. Das alte männliche Stück Wild hat schon x-mal seine gute Erbmasse weitergegeben. Nur wenige Menschen glauben, daß Jäger der Trophäen wegen die Zukunft des Wildes vernichten. Das ist nicht denkbar. Im Lizenzjagdsystem mag das Interesse an der Erhaltung des Wildes vielleicht nicht so groß und auch nicht so sicher kontrollierbar sein. Daß hier andere Möglichkeiten geschaffen werden könnten, darüber sind sich sowohl Jäger als auch Naturschützer im klaren. Waidgerecht jagen, alle Fähigkeiten ausnutzen, das gewünschte und freigegebene Wild überlisten und dann die Kugel richtig antragen, mitten ins Leben hinein, das sollte das Bestreben sein, das ist echte Jagd. Sie ist nicht zu verwechseln mit Schießen und Profitmorden von Wild.

Elefant und Nashorn sind die Großwildarten, die seit vielen Jahrzehnten aus einer Sucht nach Geldvermehrung von Menschen getötet werden. Dieses Verfolgt- und Getötetwerden hat sich besonders bei den verbliebenen Elefanten von Generation zu Generation eingeprägt. Sie sind gegenüber dem Menschen voller berechtigtem Mißtrauen, äußerst vorsichtig und gefährlich. Wie oft habe ich selbst beim Anpirschen erlebt, obwohl ich nur fotografieren wollte, daß der Elefant, sobald er Menschen wahrnimmt, sogleich etwas Böses vermutet. Das Nashorn hingegen überlegt wegen seines schlechten Gesichtssinnes (Sehkraft) gar nicht erst, sondern rast ohne irgendeine Herausforderung spontan auf den vermeintlichen Gegner zu und versucht ihn umzubringen. Der Elefant geht zielbewußter vor, denn jede Annäherung eines Menschen wird er mit Aufmerksamkeit begegnen. Bei Überschreitung einer bestimmten Fluchtdistanz (Sicherheitsabstand) geht er ohne weitere Ankündigung aufrecht und wie eine prustende Lokomotive, ungestüm und voller urweltlicher Körperkraft und mit seinen dicken Beinen behende wie ein Trakehnerpferd auf seinen Feind los. Seine Ohren sind weit wie Segel gestellt, sein Rüssel hängt zwischen den gewaltigen Stoßzähnen und seine dicken grauen Hautfalten bewegen sich im Rhythmus seiner Schritte. Er walzt alles nieder, und wenn sich der Jäger hinter einem großen Baum versteckt, wie er es vor einem angreifenden Büffel oder Nashorn machen könnte, langt der Elefant mit seinem kräftigen Rüssel um den Baum herum, greift sich den Jäger, schleudert ihn durch die Luft, zerschlägt ihn am Baum, spießt ihn mit den Stoßzähnen auf, zerreißt und zertrampelt ihn mit seinen klobigen Stempeln (Füßen).

Jedes ernsthafte Näherkommen beider Gegner enthält heiße Erregung und Schwung. Für den Menschen bedeutet es Wildbret und Elfenbein = Geld, für den Elefanten Tod. Das ahnt der Elefant, daher die alte Feindschaft, die ich ihm nicht verdenken kann, wenn er voller gerechter Wut in diesem ungleichen Kampf seinen Erzfeind zertrampeln möchte. Die Gegenwehr erfolgt mit seinen Mitteln: Mit Stoßzähnen, Rüssel und Beinen. Er wird, genau wie Büffel, Leopard oder auch Nilpferd, mit tödlicher Sicherheit immer den Jäger annehmen, der ihn verwundet hat. Eingeborene ziehen aus diesem Grunde sofort den Unglücksschützen zu seiner eigenen Sicherheit aus dem weiteren Jagdgeschehen ab.

Welchen enormen Mut und welches jägerische Können müssen Eingeborene besitzen, wenn sie Elefanten, die ihnen nachts die Ernten auf ihren kärglichen Feldern zerstören, nur mit dem Speer erlegen! Beinahe unvorstellbar!

Die meisten Elefantenjäger - und das nach Waffengesetzen für die Big five - benutzen großkalibrige Doppel- oder Repetierbüchsen. Erfolgreiche Jagdgefährten und Rivalen von Capitän Bell waren Charles Ross und Jimmy Sutherland. Charles Ross wurde sein 516ter Elefant zum Verhängnis. Nur mit einem Rüsselschlag wurde Ross von einem angreifenden Elefanten getötet. Ob der Elefant angeschossen war oder einfach so angriff, ist mir nicht bekannt. In den sechziger Jahren wurde der deutsche Großwildjäger Werner v. Blumenthal in Tansania, wenn ich recht erinnere, von Elefanten überrascht und zertrampelt. Die hohen Abschußzahlen sagen keineswegs aus, daß es sich nur um Elfenbein und womöglich um Aasjägerei handelte. Es lag einfach ein anderer Grund vor. Elefanten lieben Bananen und Mangofrüchte. Wittert der Elefant seine Lieblingsfrüchte, natürlich auch anderes Obst und Süßkartoffeln, Sorghum, Erdnüsse, Mais, hält ihn nichts davon ab, sich nachts in dieser Plantage gütlich zu tun. In einer einzigen Nacht können Elefanten die Arbeit einer ganzen Saison vertilgen und verwüsten. Der Elefant ist von allen Wildtieren dasjenige, das die größten Zerstörungen, oft mutwillig betreibt. Elefanten werden oft so dreist, ja bösartig und haben so wenig Scheu vor den Menschen, daß sie menschliche Behausungen abtakeln, niedertrampeln und zerstören und Menschen töten. Allzu verständlich ist es daher, daß Großwildjäger von der Bevölkerung gebeten oder von den Behörden (Regierungsaufträge) bestellt wurden, mit der Büchse einzugreifen. Wo sich die Zivilisation in Afrika so ausbreitet und moderne Technik revolutionierend wirkt, wie es im letzten Jahrhundert geschah, ist Großwild, vor allem Elefanten, unerwünscht und muß in gleicher Relation, wie der Lebensraum eingeengt wird, verschwinden. Ohne Reduktion der Elefantenbestände gibt es kaum friedliches Nebeneinanderleben mit Großwild.

Ich habe an mehreren Elefantenjagden teilgenommen und habe erlebt, wie diese Riesen, von den schweren Geschossen getroffen, zusammenbrachen. Obwohl ich Lizenzen besaß, war ich nicht sonderlich erpicht darauf, mich in die Gruppe der Jäger einzureihen, die um jeden Preis Elefanten schießen wollten, nur um einen solchen Koloss auf ihrer Liste führen zu können. Für mich kam deshalb nur ein wirklich reifer, alter Bulle mit starken Stoßzähnen infrage. Großwild, das seit Jahrtausenden überlebte, darf nicht wahllos zugrunde gerichtet werden. Mit Sicherheit sind diese Jäger nicht diejenigen, die das Großwild zu stark dezimierten; sie halfen aber ahnungslos, den Wert der Trophäen publik zu machen und öffneten damit der Wilderei Tür und Tor. Die wirklichen Elefantenjäger waren keine unüberlegten Vernichter der Dickhäuter; sie jagten überlegt die ältesten Bullen mit stärksten Stoßzähnen. Großwild und Zivilisation passen genau so wenig zusammen wie Feuer und Wasser. Die Dickhäuter, Riesen der Tierwelt, standen von jeher im Kampf mit den Menschen, denn der Mensch brauchte zu seiner Ernährung Fleisch. Er tötete für das Überleben mit viel List und Mut starkes Großwild, das weitaus kräftiger war als er selbst. Seine Familie konnte vom Wildbret des Großwildes wochenlang leben, denn nur der Hunger war die Antriebsfeder zur lebensgefährlichen Jagd mit noch primitiven Waffen. Elfenbein, Hörner vom Nashorn und andere, heute hoch im Kurs stehenden Trophäen, galten ihm wenig oder nichts. Aber mit der Erkenntnis, welchen Wert diese Trophäen haben, begann eine Zeit der Vernichtung von Großwild durch Wilderer, die in unser Jahrhundert nicht mehr hineingehört. Gesetze, Jagdregelungen und vor allem Wildereibekämpfung, weltweit angewandt und befolgt, werden auch späteren Jägergenerationen wirkliche Jagd ermöglichen.

Die Jagd auf Elefanten, auf "Tembo", muß vorsichtig und überlegt sein. Kidogo hatte aus Sacktuch einen kleinen Beutel gebastelt, in dem er feine Holzkohlenasche aufbewahrte. Mit diesem Beutel puderte er und folgte mit seinen Augen den weißen Staubwölkchen. So erkannte er den leisesten Windzug und wußte, wie die Pirsch sein mußte.

Wieder stoppte der Wagen. Wir stiegen aus und sahen ganz schwach in den Boden gezeichnete große Spuren mit kleinen Abdrücken um einen dicken Ballen herum. "Tembo", sagte Kidogo. Lange betrachteten wir diese Fährten, um Schlüsse daraus ziehen zu können. Es mußten wenigstens zehn der grauen Dickhäuter gewesen sein, die hier entlanggezogen waren. Bullen und führende Elefantenkühe befanden sich darunter. Das erkannten die Afrikaner sicher. Immer wieder war ich erstaunt, wie genau diese Burschen Fährten und Spuren lesen konnten, wie deutlich sie ihre sicheren Schlüsse zogen aus abgeknickten Halmen, Zweigen, Ästen, der Rindenbeschädigung von Bäumen, der Art des Fährtenabdruckes, der Stellung der Trittsiegel. Unsere beiden Tracker waren große Naturtalente.

Das Fährtenbild eines Elefantenbullen ist leicht von dem der weiblichen Stücke, zu unterscheiden. Während die Elefantenkühe fast gleichmäßig rundliche Fußsohlenabdrücke, also vier Stempel (Beine), erkennbar hinterlassen, sind die des Elefantenbullen anders geformt. Nur die beiden vorderen Fußabdrücke ähneln denen der weiblichen Stücke; die hinteren Sohlen sind dagegen oval geformt, und je größer diese Fußabdrücke sind, desto größer ist der Elefant, desto größere, längere und dickere Stoßzähne sind zu erwarten. Ein kapitaler Elefant hinterläßt auf dem Savannenboden Abdrücke von 50 cm Länge und mehr! Ganz schöne Schuhgrößen, nicht wahr?

Viele Spuren sahen wir, heruntergetretenes Gras und umgeworfene Bäume, einige direkt über unseren Weg geschubst, so daß wir durch wildes Gelände fahren mußten. Din hielt wieder seine Nase in den Wind, seine Nasenflügel strafften sich, zuckten manchmal leicht, und hin und wieder verdrehte er seinen Kopf, um noch besser wittern und lauschen zu können.

"Die Gewehre, die schweren Kaliber", beschloß er.

Wir nahmen Kidogo und den Hilfstracker mit.

Erst noch einen Schluck Wasser! Wir tranken alle vier, wuschen mit den benetzten Händen über unsere Gesichter, dann marschierten wir los. Ich zählte 28 Bäume, Stammdurchmesser 25 bis 40 Zentimeter, die umgeworfen verstreut im Gelände lagen. Zwanzig Minuten pirschten wir wie Indianer auf dem Kriegspfad. Wir hörten es brechen und knacken. Am Rande eines dichten Waldbestandes sahen wir zwölf Elefanten. Wenn wir zu ihnen wollten, mußten wir über eine Lichtung von 60 Metern Breite. Das Savannengras war nicht allzu hoch. Kurze flüsternde Besprechung, taktisches Vorgehen, Anweisung. Wir schwenkten soweit nach links herum, wie uns der Busch noch Deckung bot, krochen im Gras die letzten Meter, bis wir die Elefanten deutlich sahen, ansprechen konnten. Für den sicheren Schuß auf einen Elefanten mußten wir ran an das Wild. Die erste Kugel muß tödlich sicher treffen. Zwanzig bis dreißig Meter sind eine gute Distanz. So nahe waren wir jetzt vor ihnen. Wir hörten das Kullern in ihren Bäuchen, wie fernen Donner. Aber da hatten sie uns schon wahrgenommen. Wie auf Kommando drehten sie ihre klotzigen Körper in Marschrichtung zu uns, wedelten aufgeregt mit den Rüsseln und Ohren, stampften mit den Füßen den Boden. Sie trompeteten zum Sammeln, zum Angriff? Sie hatten uns wegen des für sie ungünstigen Windes nicht hundertprozentig erkannt. Aber wir sie! Wir taxierten die Bullen. Din deutete auf den stärksten dieser Jünglinge. Ich schüttelte verneinend den Kopf. Diese Elefanten waren alle zu jung, die weiblichen Stücke führten zwei Junge, und die ledigen Damen wollte ich nicht. Noch hielten wir aus. Wir wollten sehen, ob vielleicht doch noch ein jagdbarer Elefant aus dem Dickicht hervorbrach. Drei führende Elefantenkühe mit je einem Jungen, zwei weibliche Stücke und vier jüngere Bullen bildeten diese kleine Herde. Kein alter Elefant. Die Kugel blieb im Lauf doch die Aufregung der Elefanten wurde bedrohlich. Nur noch Sekunden würde es dauern, bis sie uns zertrampelten! Wir mußten handeln. Zwei Bullen übten schon Scheinangriffe auf uns, liefen ein paar Meter vor, trompeteten schrill, wedelten mit ihren Ohren, stellten sie steif, als wollten sie vor dem Wind segeln. Dann stoppten sie unvermittelt fünfzehn Meter vor uns. Din sprang auf und machte eine Handbewegung, die uns galt. Unmißverständlich signalisierte er uns den Rückzug. Wir retirierten ganz langsam und sichtbar für die Elefanten, sie nie aus den Augen lassend, die Gewehre schußbereit, um im Notfall vor die "Füße" zu schießen - oder bei Lebensgefahr auf die Elefanten. Sie laufen nicht so leicht fort, so wie Büffel oder anderes wehrhaftes Wild es tun, solange sie nicht verwundet sind. Sie sind sich wohl ihrer Kraft und Überlegenheit bewußt.

Plötzlich drehten sich die Elefanten um und verschwanden im Busch.

Verschwitzt, verstaubt und ausgetrocknet kamen wir ins Camp zurück. Die Schwarzen empfingen uns mit strahlenden Gesichtern, als sie das Hartebeest, das ich noch für die Küche erlegt hatte, sahen und vom Geländewagen zerrten. Der Koch lief bei unserer Ankunft zur Glutbank und legte Metallspieße mit Wildbret über sie, damit er nach unserem "Frischmachen" eine kleine Gaumenfreude für uns hatte.

Morgens versäumten wir, unsere Tablette gegen Malaria zu nehmen. Wir holten es abends nach. Damals mußten wir jeden zweiten Tag eine Tablette schlucken. Heute ist es einfacher, denn eine Tablette wöchentlich genügt. Wir hatten keine Angst vor den Moskitostichen, aber wir wollten zur eigenen Sicherheit auf diese Vorbeugungsmaßnahmen nicht verzichten.

Malaria sollte sich niemand wegen eines Versäumnisses einhandeln! Din sah mit etwas mitleidiger Miene zu, wie die kleinen Tabletten in unserem Mund verschwanden.

"Auch eine?" fragte ich.

"Wenn ich Resochin essen müßte, würde ich mich vergiften und arm werden," antwortete er. Er meinte, er mache es als ein in Kenia Geborener anders und zweckmäßiger.

"So? Wie bitte, zweckmäßiger?" fragte ich weiter.

"Ich lasse mich von den Moskitos stechen! Wenn sie mein Blut saufen, krepieren sie daran - und können keinen anderen mehr belästigen."

Immun müßte man gegen die Biester sein!

Der folgende Tag brachte uns bei gleicher Anstrengung und staubiger, heißer Luft keinen Jagderfolg. Wir fuhren wieder in eine andere Gegend in der Hoffnung, auf Elen zu stoßen.

Vergeblich. Die äußerst empfindlichen Elen schienen zu spüren, wie gefährlich es für sie werden würde, wenn sie sich weiter in den Jagdblöcken aufhielten, in denen gejagt wurde. Es war dennoch ein sehr schöner Tag, an dem wir viel Wild in den Savannen und eine große Anzahl gefiederter Gesellen in den Zweigen hoher Bäume sahen und hörten. Die Tage wurden uns nie langweilig. Langeweile? Die hatte ich in Afrika nie; das ist wohl eine Krankheit der Zivilisation. Es gab immer wieder neue und unbekannte Dinge zu sehen. Auch das lange Warten, das Europäern oft an den Nerven zerrt, sollte mit Gelassenheit, aber auch mit Aufmerksamkeit hingenommen werden.

Reifenpannen, die zum alltäglichen "Zeitvertreib" wurden, beschäftigten uns an diesem Tag in reichem Maße. Ich war immer wieder erstaunt, mit welcher Routine und Schnelligkeit die Schwarzen es verstanden, den Reifen zu demontieren, auf herkömmliche Weise mit Gummilösung zu flicken, aufzupumpen und wieder anzuschrauben. Schon ging die Fahrt weiter.

Als wir abends im Camp ankamen, bemerkten wir sofort eine Veränderung. Ein wenig abseits von unserem Zelt, zwischen graugrünen Büschen etwas versteckt, leuchtete ein rotes Zelt hervor. Daneben stand ein Landrover. Vor dem Zelt saßen drei Männer und eine Frau. Sie würdigten uns kaum eines Blickes, zumindest bemerkten wir es nicht. Din ging zu ihnen und begrüßte sie. Nach seiner Rückkehr, als wir schon gewaschen und mit frischen Sachen bekleidet im Messezelt saßen, erzählte er uns, daß es sich um "hohe Tiere aus Jugoslawien" handele.

"Kommunisten", sagte er und rümpfte dabei die Nase.

Die Frau sei Dolmetscherin, der ältere hagere Mann Minister, der dicke Kerl ein Direktor eines Werkes der Elektroindustrie und der Jüngere ein Straßenbauingenieur. Im Auftrage seiner Regierung baute er für Kenia Verkehrsstraßen. Der Minister sei zu Verhandlungen hierher gekommen und war in Begleitung des Direktors und der Dolmetscherin. Minister und Direktor waren Jäger und Din von seiner Regierung zugeteilt worden. Er sollte sie führen, mit ihnen jagen. Sie durften alles erlegen, was sie wünschten. Din war ärgerlich und nervös.

Zum Essen kamen sie nicht in unser Messezelt. Sie ließen sich alles vor ihrem Zelt servieren. Sie lehnten jeden Kontakt ab, wollten die Mahlzeiten allein zu sich nehmen, ohne unsere Gesellschaft. Sie kapselten sich regelrecht ab. Am nächsten Tag sollte Din mit ihnen jagen. Ihr Interesse erstreckte sich in erster Linie auf die "Großen Fünf".

Bevor es morgens zur Jagd ging, entspann sich ein kräftiger Disput. Wir wurden hellhörig, obwohl wir das gar nicht zu sein brauchten. Es war eine verteufelt gereizte Stimmung. Und der Tag begann mit so schönem Vogelgezwitscher und einem so herrlichen Sonnenaufgang.

Die Großwildbüchse im Kaliber 9,3 x 64, vom Minister geführt, lehnte Din kategorisch ab. Sie sei in Kenia und in ganz Ostafrika nicht zugelassen. Er benahm sich dermaßen korrekt, daß ich erstaunt war. Nach einer guten Stunde holte er mich zu den Jugoslawen. Ich sollte Zeuge des Gesprächs sein und ihm auch zur Seite stehen. Konnte ich das? Er ließ sich auch von mir nicht überzeugen, daß dieses bewährte Kaliber völlig ausreichend sei. Ich betonte aber zugleich, daß sich Mr. Din den bestehenden Gesetzen des Landes verpflichtet fühle und seine Korrektheit auch von Staatsgästen zu verstehen sein müßte, denn die Kaliber ab 375 Holland & Holland, 458 Winchester Magnum und noch stärkere seien nur auf Großwild zugelassen. Ich hatte fast den Eindruck, als mache er seinem Ärger so richtig diesen ihm zugewiesenen Jagdgästen gegenüber "Luft". Din wurde sachlich. Er fuhr mit der erläuternden Bemerkung fort, daß er sich erst in Nairobi bestätigen lassen müsse, ob er dieses Kaliber ausnahmsweise verwenden dürfte. Die Jugoslawen sollten in der Zwischenzeit den Busch genießen.

Inzwischen kam mein neuer Professional Hunter Googee ins Camp.

Googee war ein junger, drahtiger Mann mit einer völlig anderen Mentalität. Mit ihm erlebte ich sehr abwechslungsreiche Jagdtage. Wir machten uns gleich fertig und fuhren mit ihm los, hinein in den dichten Busch, dorthin, wo wir noch nicht gewesen waren.

Wir wußten, daß durch die Jugoslawen unsere bisherige Planung geändert werden müßte. Ich war sehr damit einverstanden.

Der Sonnenball stieg gerade über dem urwaldähnlichen Busch auf, als wir uns anschickten, das Camp zu verlassen. Googee saß selbst am Steuer des Landrovers, meine Frau und ich neben ihm. Fahrer und Tracker saßen bzw. standen auf der Pritsche und hielten ebenfalls Ausschau nach Wild. Es war ein langes Umherfahren. Ich hatte den Eindruck, als steuere er nicht direkt in den anderen Jagd-Block, sondern auf Umwegen. Auf meine Frage hin meinte Googee, daß er erst alle Wege, die dorthin führten, nach frischen Fährten und Spuren der letzten Nacht absuchen wolle. Er müsse sehen, wie die Bewegungen des Wildes waren und welches Wild sich hier aufhielt. Durch die Trockenheit würde viel Wild abwandern, sich neue Einstände suchen. Nur die Arten, die sehr viel Trockenheit vertrügen und wenig Wasser benötigten, würden sich hier weiter aufhalten.

Es wurde immer heißer. Nur den Fahrtwind spürten wir. Zwischendurch ab und zu ein Stop - stehende Hitze! Geier schwebten hoch in den Lüften. Ein Schabracken-Schakal spürte auf leichten Sohlen durch das hüfthohe Gras. Ganz still verhielten wir uns, bewegungslos standen wir am Fahrzeug. Ohne Eile spürte er, die Nase tief am Boden, weiter. Sein gelbbrauner bis rostfarbener Balg hatte einen tiefdunkelbraunen Mantel mit silbernen Grannenspitzen, und sein Gesicht sah etwas grau aus. Es war ein älterer Rüde, mit einem typischen Fuchsgesicht, dem etwas gedrungeren Kopf und einer wundervoll buschigen Rute.

Aus dem blauen Morgenhimmel hallten die durchdringenden Schreie eines Adlers, der seinen Balzflug vollführte. Als er über uns hinwegflog, sahen wir ihn, einem Segelflugzeug gleich, mit seinen langen breiten Schwingen dahinschweben. Seine Schwungfedern, mit denen er kleinste Windveränderungen für seinen Flug korrigieren kann, sind fingerartig getrennt, typisch für diesen Raubvogel-Segelflieger und fliegenden Aasfresser. Gleiche Flugeigenschaften zeigten uns ein paar Minuten später wieder

Geier, die sehr hoch ihre Kreise zogen. Morgens revieren diese Vögel einen ihnen bekannten afrikanischen Raum ab, um nach Nahrung Ausschau zu halten. Sie nutzen als geschickte Flieger dabei die Thermik aus. Durch aufsteigende Warmluft lassen sie sich hoch und höher tragen, bis auf 3.000 Meter Höhe! Von dort oben haben sie ein weites Blickfeld. Jede Veränderung wird wahrgenommen, jeder Kadaver entdeckt.

Es dauerte nie lange nach Erlegung eines Stückes Wild, bis Geier, auf ihren Anteil wartend, in gewissem Abstand auf dem Boden oder auf Bäumen hockten. Das Sehvermögen dieser Vögel interessierte mich. In ihren Augen befinden sich mehrere Sehgruben, erzählte mir später ein befreundeter Vogelkundler. Das seien äußerst lichtempfindliche Organe, die es ihnen ermöglichen, stets klar, deutlich und scharf zu äugen. Gewissermaßen drei verschiedene Blickebenen können sie zugleich erfassen. Hierzu gehören zwei seitliche, voneinander unabhängige Sehmöglichkeiten und ein zentrales Sehvermögen. Die Kombination dieser drei Ebenen gestattet den Taggreifen und Geiern, weites Gelände zu überblicken, Bodenunebenheiten zu erkennen und dabei zugleich die Entfernung genauestens abzuschätzen. Sturzflüge vieler Greife würden ohne diese Fähigkeit des Dreifachsehens zu sicheren Genickbrüchen führen.

"Laßt uns aufbrechen", sagte Googee und unterbrach unsere morgendliche Pause, die uns am hohen Himmel so herrliche Kunstflüge der großen Vögel studieren ließ.

Langsam fuhren wir auf dem braunen Weg entlang. Wir sahen viele Fährten und Spuren. Sie waren meistens zu alt. Es hätte nicht gelohnt, ihnen zu folgen.

Meine Blicke schweiften über eine mit wenigen Bäumen bestandene Lichtung.

Din fuhr meistens ins Gelände hinein. Er witterte wie ein Wildtier, überlegte wie ein Naturmensch und traf relativ schnell auf Wild. Er besaß häufig den sechsten Sinn. Ihm ging es sehr darum, seine Klienten schnell an Wild zu bringen, sicherlich auf Kosten der Trophäenqualität.

Googee hatte eine andere Art zu jagen. Er fuhr und fuhr mit uns, bis wir auf den Plastiksitzen am "Allerwertesten kochten". Erkannte er mit an Sicherheit grenzender Wahrscheinlichkeit die frische Fährte eines alten Stückes, ließ er halten, untersuchte sie exakt zusammen mit seinem Tracker Koka und fällte dann seine Entscheidung. War er sich sicher, ließ er uns die Gewehre nehmen, und es begann die Pirsch.

Ich vernahm in dem neben uns liegenden dichten Urwaldbusch Geräusche. Auch der junge Wakamba-Tracker lauschte in den tiefen Busch hinein und bewegte sein Kinn vorreckend in diese Richtung, erhob sich aus seiner noch gebückten Haltung und versuchte mit seinen Augen durch das Astgewirr zu blicken. Er sah wohl nichts, oder doch? Impalas, meinte er, seien es. Ich hatte nichts gesehen. Es war unmöglich. Nur deutlich hören konnte ich das Anstreichen von Gehörnen und das leise Brechen von Gräsern und Zweigen.

Aber dann wandte ich meinen Blick doch wieder Googee zu, denn er beratschlagte mit dem Tracker.

"Gerenuk", sagte er.

Der Fahrer gab mir meine Sauer-Weatherby-Büchse 8 x 68 S, und Googee nahm seine 458er Winchester Magnum. Zu dritt begannen wir die Pirsch, sehr vorsichtig, Schritt für Schritt, unter Vermeidung der leisesten Störung. Auf jeden Zweig wurde geachtet, jedes Hindernis behutsam umgangen.

Die Impalas zogen fort. Kein anderes Wild erblickten wir. Auch die Gerenuk-Fährte, der wir folgten, war oft so schwer zu erkennen, daß ich dem Wakamba nur höchste Achtung zollen konnte. Wie ein Schweißhund blieb er unfehlbar auf der Fährte. Dreißig Minuten schon folgten wir ihr. Da trat unvermittelt, vielleicht 200 Meter entfernt, ein Gerenuk aus dichtem Busch in eine weniger bewachsene, lichtere Zone und verhoffte. Wie angewurzelt standen wir regungslos und still. Ich fürchtete, der Gerenukbock hätte Witterung von uns bekommen, aber der Wind war nicht spürbar. Kein Luftzug wehte. Guter Wind wäre besser. Der Bock blieb völlig bewegungslos an einem Dornbusch stehen, seinen Blick zu uns gewandt, spielten seine Lauscher in alle Richtungen. Alle unsere Bewegungen führten wir im Zeitlupentempo aus. Ruhig konnten wir ihn mit dem Fernglas betrachten. Es war ein kapitaler alter Einzelgänger! Unsere Vorsicht hatte sich hoffentlich gelohnt. Googee gab mir zu verstehen, daß ich schießen sollte. In dem Augenblick setzte sich der Bock in Bewegung, zwei, drei Gänge, dann äugte er wieder in unsere Richtung. Er war sich nicht darüber im klaren, was die nicht deutlich wahrgenommene Störung besagte. Nun zupfte er an ein paar herabhängenden Zweigen, ohne sich auf die Hinterläufe stellen zu müssen. Dann nahm er, mit einzigartiger Eleganz senkrecht auf seinen Hinterläufen stehend, seine typische Haltung ein, um aus "seiner Etage" Blätter von den Gehölzen zu äsen. Nur ganz zart lehnte er sich mit seinen Vorderläufen an dünne Zweige, wohl mehr ein Balanceakt als eine wirkliche Stütze, um Blätter und Knospen in beinahe zwei Meter Höhe zu weiden, zu äsen. Gerenuks gehören wohl zu den genügsamsten Lebewesen, denn ihnen reicht die Feuchtigkeit aus den Zellen der Grünäsung. Das war also die markante Haltung des grazilen Gerenuk, auch Giraffengazelle genannt. Er nascht Laub von den Zweigen in einer Höhe an die anderes Wild

160

kaum heranreicht. Durch das Fernglas sah ich, wie der Bock mit den Lippen nach den Blättern griff. Ich war aufgeregt, hielt mein Gewehr mit einer Hand fest an den Körper gepreßt, mit der anderen das Glas, um diesen alten Kapitalen zu beobachten. Vertraut schien er mir, obwohl er so schlau und sensibel ist. Deshalb ist er so selten in freier Wildbahn zu finden. Fünf Meter wollte ich voran. Ich mußte vorwärts pirschen, um an einem Baumstamm anstreichen zu können. Nur fünf Meter! Hierfür benötigte ich eine mir endlos erscheinende Zeit.

Nicht nur mir perlte der Schweiß auf der Stirn, auch Googee und der Wakamba waren vor Aufregung naß. Würde ich es schaffen, diesen Kapitalen auf über 200 Meter Distanz zu schießen, durch Zweiggewirr, Gräser und heißflimmernde Luft? Der Körper ist nicht viel größer als der eines Rehbocks. Nur die Läufe und der Träger sind wesentlich länger. Dadurch wirkt das ganze Stück viel größer. Trugschlüsse sind allzu leicht möglich. Fehle ich den Bock, wird die Chance so schnell nicht wieder kommen. Noch einen Meter bis zum Baum! Tief durchatmen, ruhiger werden! Ich biß mir, ohne es zu bemerken, auf die Lippen, daß sie bluteten. Koka lächelte. Gewirr von Bäumen, Ästen und Zweigen. Noch raste der Puls, hochgejagt von glühender Hitze, vom Bücken bei der Pirsch, erregender Hoffnung - Jagdfieber! Warten. Dann war ich am Baum. Endlose Minuten. Um Gotteswillen, habe ich das leichtere H-Mantel oder das 14,5 Gramm Kegelspitzgeschoß im Lauf? Wußte ich es sicher? Letzte Zweifel kamen auf. Ich wußte nur, daß ich das Zielfernrohr montiert hatte, denn im Busch, wo man jederzeit auf wehrhaftes Wild stoßen kann, ist mir das Zielfernrohr auf der Büchse zu riskant. Dem schnellen und sicheren Schuß über Kimme und Korn gilt der Vorzug, zur eigenen Sicherheit. Bleibe ruhig, sagte ich mir. Du wirst doch nicht so töricht sein und das empfindliche H-Mantel-Geschoß im dichten Busch in das Gewehr geladen haben. Das war nur für die weite, ebene, baumlose Savanne gedacht, nur für den Sonderfall ...

Behutsam nahm ich die Büchse an die Wange, strich am Stamm an und sah den Giraffengazellenbock im Zielfernrohr. Nicht mehr sein Blatt zeigend, sondern halbspitz stand er. Sollte ich warten? Vielleicht springt er ab, und alles ist vorbei. Verstohlen sah ich zurück in Googees Augen. Er nickte. Nochmals faßte ich das Ziel und zog langsam durch. Der Bock fiel im Feuer zur Seite, nahm sich auf und ging schräg seitwärts in hoher "Dreibeinflucht" ab. Sofort hatte ich repetiert. Nach 95 Metern - später schritten wir die Entfernungen ab - verhoffte der Bock und stellte sich wieder spitz und äugte scharf in unsere Richtung. Wir sahen ihn, aber ich hatte keine freie Sicht. Zuviel Zweiggewirr war zwischen uns. Rasch änderte ich meinen Standort um ein paar Meter. Alles mußte so unauffällig wie irgend möglich geschehen. Der Bock durfte nicht verloren gehen. Nach dem ersten Schuß hatte ich meine Ruhe vollends wieder. Nochmals versuchte ich, den Gerenukbock ins Zielfernrohr zu bekommen: Zweige, Äste, Baumstämme, alles stand in der Visierlinie. Standortwechsel! Der Bock hielt nicht aus. Er machte ein paar Sprünge seitwärts. Das war sein Fehler! Er stand wieder spitz, aber nur wenige dünne Hindernisse befanden sich im Wege. Ich wagte den zweiten Schuß auf ca. 200 Meter Entfernung. Der Bock lag im Knall. Als wir zu ihm gingen, schlegelte er noch. Obwohl der erste Treffer das rechte Schultergelenk zertrümmert hatte, Rippen und Bauchdecke, praktisch die ganze rechte Seite aufgefräst hatte, so daß Gescheide heraushing, war der Bock noch diese weite Strecke gegangen. Der zweite Treffer saß spitz und hatte das Herz zerschlagen. Immer wieder erstaunt die Härte und Zähigkeit afrikanischen Wildes.

Übermäßige Freude über diesen ersten Jagderfolg mit Googee, beide drückten mir strahelnd die Hand. Ich hatte noch nie ein Gerenuk in freier Wildbahn so nahe gesehen, noch nie sein prächtiges Gehörn umfaßt. Stilles Verweilen am gefällten Bock. Die Hörner, herrlich geschwungen, an der Basis kräftige Ringwülste - wundervoll. Nur der Bock trägt bei dieser Wildart Hörner. Der Gesichtsausdruck und die feinen Fellzeichnungen gaben dem Haupt einen besonderen Wert. Unproportioniert lang zum Körper erschienen mir Läufe und Träger. Der Bock hatte eine Schulterhöhe von 105 Zentimetern, dennoch wirkte er schlank in seiner rehbraunen Decke, die aber auch erkennen ließ, daß starke Sehnen und Muskelpartien diesem Wild Ausdauer und Kraft gegeben hatten. Sein Lebensraum sind die lichten und trockenen Buschgebiete Nordtansanias, das Massai-Gebiet bis hinein in den Ostteil Kenias, also auch hier im Taita-Gebiet. Das Gerenuk ist geschaffen für das Leben im Dornenbusch, genauso wie der kleinste Laubfresser, das hasengroße Dik-Dik mit den winzigen Gehörnen, das ganz nahe über dem Boden sein Laub äst.

Dann ein Jagdtag ohne jagdlichen Erfolg - trotzdem schön und abwechslungsreich. Noch morgens beim alltäglichen Early-morning-tea plauderten wir im Zelt über den bevorstehenden Jagdtag. Hannelore genoß den Tee in vollen Zügen, denn der Morgen war kalt - trotz meiner zusätzlich geliehenen Socken.

Nach dem gemeinsamen Breakfast im Messezelt bei Gaslampenlicht zogen wir uns an dem Tag wärmer an, so daß wir durch Ablegen der obersten Kleidungsstücke wieder für wärmere Stunden das richtige anhatten. Wir nannten das immer die "Zwiebeltaktik", also in "Schichten" leichtere oder, wenn nötig, dickere Bekleidung tragen. Mit dem Ländrover fuhren wir in den Jagdblock. Zwischen Googee und mir saß Hannelore im Fahrerhaus,

162

das keine Scheiben mehr hatte. Der Fahrtwind zog, und der Wagen holperte stundenlang über "Naturwege". Endlich erspäten wir firsche Fährten: Elefantenfährten! Wir studierten sie genau. Die Tracker zogen ihre Schlüsse; sie sagten uns, wie viele Elefanten das seien. Wir nahmen die Gewehre, Hannelore trug die Kamera. so zogen wir los. Die Sonne kletterte immer höher. Es wurde sehr heiß. Nach Stunden waren wir völlig durchgeschwitzt, alles klebte am Körper und die Zunge am Gaumen. Vier Stunden liefen wir hinter den Elefanten her. Endlich sahen wir sie weit vor uns. Wir beschleunigten unser Tempo, aber wir holten sie nicht ein. Schließlich stoppte Googee und betrachtete das Gelände. "Oh"; sagte er "wir müssen zurück, wir sind schon im fremden Jagdblock!" Der Rückmarsch kam uns noch länger vor. Selten genossen wir erquickender das lauwarme Naß aus den Wassersäcken. Die Strapazen waren für Hannelore wohl besonders stark. Für eine Nichtjägerin sind Jagdreisen wohl interessant, aber ohne diesen inneren Antrieb den ein Jäger hat, sind gerade diese Leistungen einer Frau besonders anerkennenswert. Nur aus Liebe zum Mann und die selbstlose Duldung und das Mitmachen solcher Jagdunternehmungen können diese Leistungen vollbracht werden. Bei unseren vielen gemeinsamen Jagden war meine Frau mir stets eine verständnisvolle Partnerin. Viele Ehen würden sicherlich besser funktionieren, wenn Frauen mehr Verständnis für den jagenden Mann fänden. Erschöpft kehrten wir spät abends ins Camp zurück. Nicht jeder Jagdtag kann ein Beutetag sein.

Am Abend erlebten wir noch ein unglaublich schönes Naturspiel. Dicke Kumuluswolken, wahre Wolkengebirge segelten den ganzen Vormittag am blauen Himmelszelt dahin, bis sie sich am späten Nachmittag verzogen. Sie wurden abgelöst von hohen Cirruswolken; am Horizont bauten sich später über den hügeligen Bergen gelblichweiße Wolkenbänke auf, die, je weiter die Sonne im Westen versank, den Himmel wie ein riesiges Feuermeer röteten. Die Bergkette im Westen glühte auf ihren Kuppen und unterhalb schien sie in ein tiefdunkles Lilagrün getaucht. Der Sonnenuntergang kam schnell, aber der Himmel wechselte immer wieder seine Farben, eine Symphonie herrlicher Tönungen und Übergänge von türkisfarbenem Blau über die Skala der Regenbogenfarben zum tiefdunklen Rot, bis die Sonne sich hinter den Bergen für die lange Nacht davonmachte. Nach reichlichem Abendessen, mit Filetstückchen eines Impala, an Spießen über der Holzkohlenglutbank gegrillt, und Getränken, verschwanden wir bald in unserem Zelt. Der Körper verlangte nach dem sehr anstrengenden Tag sein Recht.

Aufbruch zur Jagd
beim Morgenrot

Der Auftakt war erfolgversprechend. Schon nach einem Kilometer Fahrt platzte uns ein Reifen ...

Inzwischen war es taghell. Auf der schmalen Piste wuchs spärlich Gras. Die Vegetation an beiden Seiten war relativ dicht, aber kaum frisches Gras. Durstig und trocken sah alles aus. Neben Gelbfieberbäumen (Acacia xanthophloea) wuchsen wilde Kastanien. An anderer Stelle fand ich einen Jasminbaum in weißer Blütenpracht, den wir sonst nur in Mombasa und Kwale gesehen hatten, ein vorzügliches Holz für Schnitzarbeiten. Wilde Holunderbüsche, auch Papierdrachenbaum genannt, mit immergrünen ledrigen Lanzettblättern und cremefarbenen Blüten prägten neben vielen Akazienarten und wenigen Affenbrotbäumen (Baobab) die Landschaft.

Leichte Hügellandschaft, kaum Steigung, kein Laut, kein Wild. Wir fuhren kilometerweit immer langsam voran. Unser Jagdführer Googee ließ halten, sprang aus dem Landrover und las eine Fährte.

"Lesser Kudu", und schaute dabei rundum in den benachbarten Bestand. Lichter Strauchbestand und etwa einen Meter hohe Gräser. Größere Lichtungen fehlten. Ein ruhiger Morgen, so daß man selbst leises Knistern vernommen hätte.

Lesser Kudu, der kleine Kudu mit seinem wunderschön geformten Gehörn und der gestreiften Decke, war in diesem trockenen Land zu finden. Jetzt bot sich die Chance ihn zu erwischen, aber wie? Pirschen wäre zu laut, denn kein Lüftchen wehte, und der Busch war unheimlich still. Alles schien gegen uns zu sein. Den Lesser Kudu wollte ich gern erlegen, denn die Lizenzen für ihn besaß ich. Ich sah ihn schon im Geiste vor mir: Diesen vorsichtigen und eleganten Kleinen Kudu, dessen hellgraue, bisweilen dunkelgraue Decke, die vom Rücken her mit schmalen weißen Streifen gezeichnet ist, die bis zur unteren Bauchseite herunterreichen. Auch die Halsvorderseite ist mit einem weißen Kehlfleck und einem weißen Band geziert, genauso ist die Unterseite des buschigen Wedels (Schwanzes) weiß. Auf der Flucht ist der Wedel in Bewegung und wird hocherhoben gehalten, damit sein unteres Weiß den Artgenossen offenbar wird. Ein Warnzeichen, das sich bei vielen Tierarten in bestimmten Situationen zeigt.

164

Dikdik-Böckchen, eine kleine Antilopenart.

Wachsame Löwin in Deckung von Gräsern und Kräutern.

Der Große Kudu, der in Kenia kaum noch zu finden ist, besitzt eine Halsmähne. Beiden Kuduarten gemein sind Rückenmähne und große Lauscher. Vorder- und Hinterläufe sind einmal braun gebändert.

Das große Ziel für den Jäger ist, einen Bock zu erlegen, dessen Gehörn drei prächtig gedrehte Spiralen aufweist, und die spitzen Enden nach außen gedreht sind.

"Let's go", flüsterte Googee zu mir, "langsam, leise und mit Gewehr und Fernglas ..."

Zu dritt schlichen wir uns davon. Zurück blieben der Landrover, meine Frau und zwei Schwarze. Nach gut einhundert Metern machten wir trotz unseres vorsichtigen Gehens einen Springhasen hoch. Ich sah ihn in Ostafrika bisher nur wenige Male. Aufgrund seiner langen Läufe und Löffel unverkennbar ein Vertreter der Mümmelmänner.

Wir blieben stehen, bis der raschelnde Lauf dieses aufgeschreckten Langbeins unhörbar wurde.

Googee zündete sich eine Zigarette an und prüfte damit den Wind. Er war schlank, geradezu schmal, aber zäh wie Leder. Eine solche Farbe hatte auch seine Haut, derb ledrig - wie eben nur ein echter Pakistani sie besitzt. Jeden Tag war er neu und adrett gekleidet mit farbigem, seidenem Halstuch, wie "aus dem Ei gepellt ...".

Nach weiteren 500 Metern lauschten wir in das dürre Strauchgewirr. Das taten wir jetzt in immer kürzeren Abständen, und der Jagdführer und der Tracker sahen oftmals mit zusammengekniffenen Augen in und durch den wilden Bewuchs, als meinten sie, den Kudu herbeigucken zu können.

Plötzlich nach einstündigem Pirschen hielt mich Googee am Arm fest. Wie elektrisiert standen wir alle drei. In 150 Meter Entfernung sahen wir ein Stück Wild, das sich mit seiner Fellzeichnung so fabelhaft in dem Gelbbraun und Graugrün der Pflanzenfarben auflöste, daß ich es kaum erkennen konnte.

Ein Kudu?

Vorsichtig nahm ich mein Fernglas an die Augen. Ich sah ihn, aber noch nicht sein Gehörn. Zweige und Blätter verdeckten es. Nur einen Meter stand ich neben dem Jagdführer. Jetzt galt es, im Zeitlupentempo seinen Standort einzunehmen. Von dort hatte ich klare Sicht, von dort konnte ich sogar am dünnen Stamm eines Baumes anstreichen.

Der Lesser Kudu stand bewegungslos und äugte unentwegt zu uns herüber. Im Fernglas sah ich sein geschwungenes starkes Gehörn. Schon hatte

< Eingeborene nehmen gern Wildbret von den Jägern.

ich die Weatherbybüchse an der Wange, hochblatt saß das Fadenkreuz - und auch die Kugel. Ich hatte keine Zeit zum Zögern. Ich mußte schnell handeln. Die Geduld war für den Kudu und uns genug auf die Probe gestellt.

Er quittierte die Kugel und zeichnete deutlich. Dann noch vier, fünf Fluchten. Das erste Mal, daß ich bei afrikanischem Wild diese Beobachtung machte, dann brach er plötzlich zusammen und regte sich nicht mehr. Als wir an ihn herantraten, waren seine Lichter gebrochen.

Ich umspannte mit meinen Händen dieses starke Gehörn mit den dreifach gedrehten Spiralen, dankbar für diesen Erfolg. Googee reichte mir sogar einen Bruch, gab mir die Hand - und das tat auch der Tracker. Es war ein noch kapitaler Lesser Kudu.

"Heute wird es heiß", begrüßte uns Din draußen im Busch. "Keine Wolke am Himmel!"

Nicht allzulange, nachdem ich meinen Kudu geschossen hatte, trafen wir uns. Er habe Büffel und Elefanten ausgemacht.

"Versuchen wir gemeinsam die Jagd. Googee geht mit dem Direktor, Ihnen und Ihrer Frau den Fährten nach. Ich versuche mit dem jugoslawischen Minister das Wild zu passen. Okay?"

Zu viert marschierten wir los. Der Busch war dicht, stickig und heiß. Nach zwei Stunden sahen wir kurz ein paar Büffel. Von Sträuchern gedeckt, standen sie für uns unsichtbar - und wir waren zu laut. Auf einmal prasselten sie davon, mit Karacho und Gepolter, wie von Furien gepeischt. An Schießen war nicht zu denken.

Wir pirschten vorsichtig weiter. Jetzt wußten wir, daß wir wieder auf Büffel stoßen könnten. Wir legten ein paar Verschnaufpausen ein. Die Hitze war drückend, und der Direktor hatte sehr mit sich und seinen Pfunden zu kämpfen, keuchte und schnaufte ähnlich einem Flußpferd. Drei Stunden waren vergangen, drei Stunden Pirsch im dichten Busch, in dem weniger Schirmakazien wuchsen, sondern verschiedene Sträucher, die teilweise mit grünen und gelben Früchten behangen waren. Wir stolperten über Warzenschweinbauten, Löcher im Boden, die uns in diesem Gebiet zur Aufmerksamkeit mahnten. Unsere Blicke waren mehr auf den grasbewachsenen Boden gerichtet als auf die Büsche. Da sauste rechts vor uns ein aufgeschreckter, starker Warzenschweinkeiler aus der Röhre. Der Direktor backte das Gewehr an, schwang mit, aber schoß natürlich nicht. Er sagte dafür laut: "Das war ein Keiler, was!?"

Wir alle sahen dem Wild nach. War das ein kapitaler Bursche! Wir konnten nicht erkennen, daß fünfzig Meter vor uns hinter dichten Büschen versteckt, die Büffel lauernd standen. Wie von Tarantel gestochen, flüchteten sie davon, unmöglich, auf sie zu schießen. Wir sahen für Bruchteile von Sekunden die Büffelleiber, dann nur noch Staub.

Die Pirsch wurde abgebrochen. Nach gut vier Stunden waren wir an den Fahrzeugen, erschöpft, durstig, enttäuscht. Die Chancen waren wirklich gut gewesen ...

Es war nicht auszuhalten! Jeder Tag begann regelmäßig mit Pannen am Fahrzeug. Wir flickten schon in aller Frühe den dritten Reifen. Das Fahrzeug quälte sich nun in einem unwegsamen, hügeligen Gelände. In den Senken mußte es trotz der Dürre verhältnismäßig feucht sein, denn dort wuchsen hohes Elefantengras und vereinzelt Sträucher saftig und grün, ein Gebiet, in dessen Nähe der Wasserbock sein Reich hat. Von weitem, von einem sanften Hügel aus sahen wir zwei Ellipsen-Wasserböcke mit starken Gehörnen. Sie wirkten auf mich in ihrer Haltung und im Habitus so ähnlich wie unser heimisches Rotwild. Sie haben als wohl einzige afrikanische Wildart ein langes dichtes Haarkleid. Die Decke ist graubraun gefärbt und sieht im Vergleich zu anderem Wild dick und zottelig aus. Eigentlich gehört Wild mit langen Fellhaaren in Zonen kalter Klimate. Beim Wasserbock ist es anders. Bei diesen beiden Wasserböcken, lief von der Schwanzwurzel bis zum Oberschenkel hin eine ellipsenförmige Zeichnung. Wasserböcke leben selten allein. Sie sind gesellig und daher meistens in Trupps oder Herden anzutreffen. Tagsüber sind sie fast immer auf den Läufen.

Sie sind in erster Linie Wild der Savanne. Aber als besonders schnelles Wild und sichere Schwimmer flüchten sie sich bei Gefahr durch den Uferbereich bis mitten hinein ins tiefe Wasser. Dort haben sie Schutz vor Raubwild und dem Menschen.

Es gibt aber noch eine weitere Art: Den Defassa-Wasserbock, der nicht die ellipsenförmige weiße Zeichnung an der Wurzel des Wedels hat, sondern einen weißen Spiegel besitzt. Auch Kreuzungen beider Arten sind manchmal zu finden. Die Schulterhöhe ist bei beiden Arten etwa gleich und schwankt zwischen 122 bis 138 cm. Oft sind Böcke auch allein anzutreffen. Bei kapitalen Wasserböcken, bisweilen Einzelgängern, ist das Gehörn mit starken Ringwülsten versehen und etwas nach hinten gestellt, dann aber wiederum nach oben gespreizt und ebenmäßig nach vorne gebogen.

"Wollen wir im Bogen um die Wasserböcke pirschen?" fragte mich Googee und schon ging's los.

Der Wind stand günstig! Wir konnten noch viele Meter weiter nach rechts herumschwenken, durch die bewachsene Mulde hindurch und dann - unter Wind und ohne Sichtkontakt - über den nächsten Hügel pirschen. Das müßte klappen! Noch einmal versuchten wir mit dem Fernglas, die Wasserböcke zu taxieren, ob es lohnte, dieses Wild in dem schwer zugänglichen Gelände zu umgehen. Der Jagdführer und ich betrachteten eingehend die starken, kapitalen Trophäenträger. Jede Schwierigkeit während der Pirsch würde sich lohnen. Es mußte gewagt werden. Also vorwärts!

Mücken scheuchten wir beim Berühren der Gräser auf; sie saßen noch fest an den Halmen und erholten sich vom nächtlichen Fliegen. Jetzt summten sie um unsere Köpfe, und der singende Ton ihrer Flügelschläge drang warnend in unsere Ohren. Sind Moskitos unter ihnen, die mit Malaria infiziert sind? Wer weiß es? Daraprim-Tabletten, unsere Malaria-Prophylaxe, würden uns schützen. Din und Googee lehnten Tabletten ab. Ich hatte weder Angst noch Befürchtungen, angesteckt zu werden.

Wir pirschten bedachtsam den Hügel hinauf. Vorsichtig und in gebückter Haltung überquerten wir ihn. Am Gegenhang richteten wir uns auf. Wie vom Schlag getroffen blieben wir stehen. Keinen Schritt weiter!

"Wenn sie angreifen, sofort schießen!" flüsterte Googee mir zu. Auch er hielt seine 458er Büchse schußbereit.

Vor uns in knapp fünfzehn Meter Entfernung ein Idyll: Eine Nashornmutter mit ihrem niedlichen Baby. Noch hatten sie uns nicht bemerkt. Für sie waren wir zu leise und behutsam gepirscht. Vom Tracker ließ ich mir meine Super-8-Filmkamera reichen, und ich brachte es fertig, von diesen beiden Tieren einen schönen Streifen zu drehen.

Das Summen der Kamera war sehr leise; es war jedoch ein Geräusch, das die Nashornmutter vernahm, aber nicht deuten konnte.

Ihre Gehöre spielten hin und her. Dann drehte sie ihr massiges Haupt zu uns und versuchte Wind zu holen. Das konnte ihr nicht gelingen, denn er säuselte von ihr zu uns. Wir rochen die beiden, wir sahen sie in voller Größe und blieben für eine kleine Minute noch ganz bewegungslos und ergriffen von der friedlichen Eintracht dieses Mutterglücks, stehen. Noch vorsichtiger gingen wir zurück, immer nach rückwärts sichernd. Wir wollten uns nicht durch einen Angriff überraschen lassen. Ich mußte an Laci denken...

Mit den Wasserböcken war es vorbei.

Kaum war der Reiz der Spannung vergangen, hielten wir Ausschau nach neuen Erlebnissen und beratschlagten unsere nächste Unternehmung. In diesem Gebiet weiter zu jagen hatte keinen Sinn. Wir wollten die Kinderstube nicht stören und waren vor allem auf unsere Sicherheit bedacht. Dort lauerte Gefahr.

In einem lichteren Bestand zwischen den Ästen von Schirmakazien taten sich einige Netzgiraffen an den graugrünen Blättern gütlich. Giraffen sind die höchsten Tiere, die noch auf unserer Erde leben. Ihre Lichter sind so hervorstehend, daß sie den Tieren ein riesiges Blickfeld gestatten. Eulen können mit zusätzlicher Kopfdrehung einen Winkel von 270 Grad beäugen, Giraffen schaffen annähernd 360 Grad. Wenn ich diesen so langsam und anmutig daherschreitenden Tieren zusah, wie sie ihre Jungen und uns zugleich beobachteten, konnte man kaum glauben, wie schnell sie ihre staksigen Langbeine zum Lauf benutzen oder wie treffsicher sie es verstehen, sich mit ihnen gegen Feinde zu wehren. Ihr Blick und ihre Bewegungen verrieten einen gewissen Charme, den ich schwerlich zu deuten vermochte.

An einer Tränke beobachtete ich später einmal, wie Giraffen Wasser schöpften. Sie erinnerten mich an Elchwild, das sich in den Rocky Mountains genauso vorsichtig an natürlichen Sulzen am Kanada River gütlich tat. Elche knien mit ihren Vorderläufen zum Wasserschöpfen, Giraffen dagegen spreizen ihre Vorderläufe breit auseinander. Nach jeder gierig und wohlüberlegt aufgenommenen "Teilmahlzeit" stellen sie sich wieder auf ihre Schalen und äugen in die Runde, ob die "Luft rein ist", ob keine Gefahr für den nächsten Schluck droht. Giraffen gehören zum Busch wie die Sonne zu Afrika. Immer wieder begegnete ich ihnen, und immer wieder schenkte ich diesen graziösen Lebewesen Afrikas ein wenig Zeit. Was mochte wohl in ihrem Gehirn vor sich gehen, wenn sie uns mit ihren dunklen, stark umwimperten Augen scheu, mißtrauisch, charmant und neugierig zugleich beobachteten? Giraffen stellen sich gern zusammen mit Elefanten in den Busch.

Inzwischen hatten wir die offene Savanne durchquert. Vereinzelt wuchsen Sträucher und schiefgewehte Schirmakazien, die graugrün und hartgetrocknet einen trostlosen Eindruck machten; man spürte förmlich, wie sie nach Wasser lechzten. Dürre, heiße Wochen mußten sie schon durchstanden haben. Die Gräser waren gelbbraun gedorrt, raschelten bei jeder Berührung, bogen sich nicht mehr, wenn man auf sie trat, sondern brachen ab.

Pause mit Picknick aus der Kühlbox. Es gab wieder Chapati, die ich zu gerne aß. Mit Gewürzen und Fleischzutaten waren sie eine Delikatesse und erinnerten mich stark an Plinsen, eine Art Omelette, die jedoch überwiegend aus Gerstenmehl zubereitet wird.

Der gute Imbiß und die übermäßige Mittagshitze machten müde. Wir nickten ein, schliefen eine volle Stunde. Halbwach verspürte ich Kopfschmerzen, als ich mich zu erheben begann. Kopfschmerzen kenne ich sonst überhaupt nicht! Ich überlegte, wo ich war. Träumte ich noch? Seit zwei Tagen schon fühlte ich mich nicht richtig wohl, und nachts verfolgten mich schlimme Träume. Nichts Konkretes geisterte durch meine Traumwelt: Ich sah Büffelherden, und als wir zu ihnen wollten, liefen sie davon, daß der Savannenboden rotbraun staubte und wir nichts mehr erkennen konnten in der dichten Staubwolke, die uns umgab und von den Büffeln trennte... Elefanten liefen von uns fort, brachen Bäume wie Streichhölzer und versperrten uns den Weg.

Mein Hemd war völlig naßgeschwitzt, auf meiner Stirn standen dicke Schweißtropfen, über meinen Rücken lief ein eiskalter Schauer. Ich hatte mich infiziert. Nur wußte ich noch nicht, womit. Noch fühlte ich mich leistungsfähig aber jetzt kam es zum Ausbruch. Zurück ins Camp! Ich schluckte Tabletten, Antibiotika, mehr als die Verordnungsvorschriften zugestanden.

Ich machte eine Gewaltkur. Am folgenden Tag ging es mir bedeutend besser! Mein Schädel brummte, und beinahe hätte ich die gleiche Methode angewandt, die mir der Japaner im Jahr zuvor im Massailand mit dem übergroßen Taschentuch und dem Knebel vorexerziert hatte...

Fahrzeugpannen gehörten zur allmorgendlichen Pirschfahrt wie der Fisch zum Wasser. Stets warteten neue Überraschungen auf uns. Diesmal waren die Federn gebrochen und aus der Halterung gerutscht. Die Pritsche schleifte auf den Rädern. Ein Bündel dünner Draht lag für alle Fälle im Fahrzeug. Er wurde entwirrt, über den Savannenboden gezogen und gestreckt, 5 bis 6 mal in gleiche Längen geteilt und zu einem Drahtseil gedreht. Dann packten wir alle die Pritsche und hoben sie hoch. Der Berufsjäger klopfte während dieser Prozedur die Federblätter gerade und umwickelte sie und die Halterung mit dem selbstgebastelten Drahtseil, knebelte es fest und band darüber ein paar Lappen. Diese befestigte er nochmals mit Draht, wohl als Rutschschutz gedacht, und dann ging die Pirschfahrt bis zum Abend weiter. Nachts wurde in einer Werkstatt in Voi der Landrover repariert, und am folgenden Tag war das Fahrzeug wieder voll einsatzbereit. Ob Fahrer und Jagdführer nachts eine Mütze voll Schlaf nehmen konnten, entzog sich meiner Kenntnis. Ich glaubte nicht, aber wir konnten ihnen keine Müdigkeit den lieben langen Tag anmerken.

172

Der Kasigau und auch die Sagala Hills, zwei entgegengesetzt liegende Berge, waren unsere ständigen Orientierungshilfen. Heute hatten wir den Kasigau nordöstlich hinter uns gelassen und befanden uns zwischen dem Berg und der großen Schleife des Mwatate-Flusses im Busch.

Wir waren vielleicht 800 Meter zu dritt gepirscht, als wir etwas rascheln hörten. Erst konnten wir uns darauf keinen Vers machen, weil wir nichts sahen, aber der Tracker sagte nur ein Wort: "Warthogs". Dann erkannten wir zwei Pürzel, Standarten gleich, flott durch das bräunliche Gras sich bewegend. Im weiten Bogen umschlugen uns zwei Warzenschweinkeiler. Auf 130 Meter wurde das Gras lichter, dünner, und mit dem Fernglas erkannten wir sie.

"Schießen", flüsterte mir Googee zu.

Sofort erkannte ich die Gelegenheit. Schon hatte ich den ersten Keiler im Fadenkreuz des Zielfernrohres, hielt an die Scheibe des Wurfes, fuhr mit und krümmte den Finger. Der Keiler lag im Knall, getroffen kurz hinter dem Teller (Ohr), die Halswirbelsäule durchschossen. Nach dem Schuß hatte ich stereotyp sofort im Anschlag repetiert. Erst verhoffte der "Kollege Keiler" für einen Moment, dann ergriff er das "Hasenpanier", und in dem Augenblick hatte ich ihn im Fadenkreuz. Wie vom Blitz getroffen rollte er auf die Seite. Trägerschuß! Ich war glücklich über diese Doublette, über soviel Waidmannsheil. Freudig standen wir kurze Zeit an den gestreckten Schwarzkitteln, deren Häupter voller Warzen waren und deren Gewehre und Haderer weit und stark aus dem Gebräch ragten. Fotos, Abschlagen der Häupter, Aufschärfen der Warzenschweine - das Wildbret blieb wieder aus bekannten Gründen für die "Polizei von Savanne und Busch" liegen! Mit europäischen Augen betrachtet, die gleiche Absurdität wie die heiligen Rinder mit den schwungvoll gebogenen Hörnern in Indien, die das friedliche Miteinander aller Lebewesen verkörpern sollen und die neben verhungernden Menschen ein angenehmes Leben führen.

Spricht nicht deutlich das kommerzielle, selbstsichere Denken und Urteilen der andersgläubigen weißen Rasse? Ich weiß nicht, ob wir berechtigt sind zu behaupten, daß unser Weg, den wir gehen und der im Laufe von Jahrhunderten mit viel Blut befleckt wurde, erstrebenswert ist? Ist die technische Zivilisation wirklich so verlockend? Wäre es nicht wichtiger, für die Erhaltung gewachsener Lebensformen zu kämpfen, Gleichgewicht zwischen Mensch, Natur und Technik zu erreichen, damit uns die Vielfalt des Lebens erhalten bleibt? Wissen wir, welche Kräfte, welches Durchhaltevermögen aus den asiatischen Meditationsweisen wachsen, die wir nicht zu beurteilen vermögen? Gewiß ist, daß sich durch und in unserer Konsum-

und Leistungsgesellschaft eine gewisse seelische und geistige Verarmung breitmacht.

Sie läßt die Quellen versiegen, die die Individuen mit neuen Impulsen versorgen. Wir zivilisierten Menschen leben in einer Welt, in der alles in feste Schemata, Formeln und Konserven gezwängt ist; gleichwohl verarmen wir immer mehr, denn wir verlieren das Gefühl und auch die Eignung, den Gesetzen und Erkenntnissen aus der Natur zu folgen. Die Anonymität verwaltet uns. Verantwortungen werden zu leicht abgewälzt, oder das Versteckspiel hinter unzähligen Paragraphen wird zum Spiel der "Schlitzohren". Dieser seit Jahrzehnten beschrittene Weg birgt außerordentliche Gefahren. Sie lähmt geradezu, was so viele Volksstämme Afrikas noch besitzen, Sensibilität und Vorahnungsvermögen, die ich selbst einige Male anschaulich erleben konnte.

Diesmal beging ich einen Fehler. Ich ließ das Zielfernrohr auf meiner Büchse, als ich sie einem Schwarzen gab. Sonst nahm ich es aus Sicherheitsgründen im Busch immer von der Waffe. Ich bin eben über Kimme und Korn im Ernstfall sicherer, schneller. Was tat der Schwarze? Er warf mein Gewehr zu den anderen Waffen zwischen die Spriegel, die die Verdeckplane des Geländewagens hielt. Erst viele Stunden später bemerkte ich den Schaden am Zielfernrohr.

Wir waren schon lange unterwegs, zu Fuß in Staub und Hitze in Richtung Südost. Die Sonne sengte erbarmungslos. Es war mörderisch heiß. Unverhofft, zumindest für mich, machte der Tracker einen gewaltigen Satz nach rechts. Auch wir sahen uns vor, doch für den Bruchteil einer Sekunde erkannte ich das hellglänzende Grün einer giftigen Schlange. Schlangen sahen wir selten, aber nie wurden wir angegriffen. Das versuchen sie nur, wenn sie zu plötzlich durch Menschen überrascht werden. 1979 wurde in Malindi ein Mitarbeiter der Schlangenfarm bei der Vorführung der stark giftigen Mamba durch einen Urlauber abgelenkt. Diesen Moment nutzte die Schlange und biß ihren Pfleger und Vorführer. Alle ärztlichen Hilfen waren vergebens, der Schwarze erlag dem tödlichen Gift.

Wir näherten uns einer Niederung, deren Bewuchs wieder graugrün war und deutlich das Gebiet des Mwatate-Rivers anzeigte. Nicht allzuweit mußte Wasser sein, zumindest feuchter Boden, denn das flache Land sah ganz anders aus als die angrenzende Savanne. Hier im Übergangsbereich wuchsen mehr Bäume und Sträucher. Hier sahen wir mehr Wild. Unsere Pirsch wurde bedächtiger.

In der Nähe eines Impala-Trupps hatten sich einige Wasserböcke niedergetan, mahlten bedächtig mit ihren Zähnen, dösten und äugten unentwegt in unsere Richtung. Erst als die Impalas gemächlich abzogen, erhoben sich die Wasserböcke. Es waren junge Ellipsenwasserböcke. Nur ein Bock war stärker; er war jagdbar, aber bei weitem nicht so kapital wie die vor zwei Tagen. Der Jagdführer riet mir, ihn zu schießen, denn er wußte nicht, ob wir noch an stärkere gerieten. Diese Jagdzeit neigte sich dem Ende zu, und wenn ich einen haben wolle - dann bitte.

Wir pirschten uns noch weiter an das Wild heran. Auf gut 120 Meter schafften wir es. Die Wasserböcke zogen langsam schräg von uns fort. Ich war schußbereit, und als ich hochblatt im Ziel war, schoß ich. Im Knall lag der Bock. Googee reichte mir die Hand, aber kaum hatte er sie wieder losgelassen, ging der Wasserbock in gewaltigen Sprüngen ab. Ich schoß sofort hinterher, hielt tiefer, weil ich wußte, daß der erste Schuß ein Krellschuß gewesen sein mußte. Googee traf ihn in der Keule. Erst mein dritter Schuß riß ihn von den Läufen, als ich unter dem Wildkörper anhielt! Was war mit der Waffe? Krellschuß. Nochmals untersuchte ich das Gewehr und das Zielfernrohr. Einen gewaltigen Stoß oder Schlag mußte das Zielfernrohr bekommen haben, denn auch die Brünierung war lädiert. Zum Glück besaß ich noch meinen Drilling mit Zielfernrohr.

Überall da, wo die Natur dem erbarmungslosen Würgegriff der Menschen ausweichen konnte und erhalten blieb, ist sie schön - aber auch grausam. Der Existenzkampf der Lebewesen kennt wenig Rücksicht. Aus Gier schändet der Mensch, nicht das Tier. Doch wenn es ums Überleben geht, richten auch Wildtiere Schäden an. Aber gehört so etwas nicht alles in die Lebensabläufe? Wo sind die Grenzen? Südlich der Taita-Hills lagen sehr viele Bäume, umgestoßen von Elefanten. Dort trafen wir zufällig die Jugoslawen und versuchten gemeinsam, die Sperren zu umfahren. Der dicke Direktor glaubte, das richtige Rezept gefunden zu haben, wie er die großen Probleme der Naturschädigung lösen könne. Er meinte, wir sollten die Elefanten alle totschießen, dann hätten wir nicht diese Unordnung in der Natur, und man könnte ungehindert fahren. Das Land wäre landwirtschaftlich besser nutzbar, Straßen könnten gebaut werden (die Jugoslawen bauten damals in Kenia Straßen), und es gäbe mehr Platz für anderes Wild. Ich fragte ihn daraufhin, ob es sein Ernst sei, ein derartiges Ansinnen zu stellen - und das noch als Jäger.

"Natürlich nicht so kraß, wie ich es soeben sagte, aber Wahrheit liegt darin", antwortete er mir.

"Dieses Ungleichgewicht der Natur, oder moderner ausgedrückt, dieses ökologische Schadbild hat doch wesentlich tiefere Ursachen. Da kann man doch nicht einfach Radikalmethoden empfehlen," meinte ich.

"Ach was, gucken Sie nach Tsavo, da schießt man viele Elefanten tot. Naturschützer, Parkverwaltung sind das, die machen Rettung von Pflanzen vor grauen Riesen. Das muß sein, sonst ist alles kaputt".

"Damit allein wird doch nicht der Naturhaushalt repariert. So kann mich niemand überzeugen. Das sind Wünsche, die zu keinem Erfolg führen werden, nicht auf Dauer. Wer solche Empfehlungen verteilt, denkt nicht an die nachfolgenden Probleme. Sie werden auftauchen, weil wir auf Grund unserer bisherigen Kenntnisse noch nicht genügend wirkungsvolle Rezepte kennen. Es ist nicht so einfach. Mit lapidaren Aussagen und Töten allein ist es nicht getan, mein Lieber", sagte ich.

"Die vielen Menschen müssen leben, da wird Land gebraucht."

"Klar, selbstverständlich, aber wenn der Rückgang unserer Natur so schnell weitergeht wie in den letzten Jahrzehnten, werden wir letztlich darunter wesentlich mehr zu leiden haben."

"Da kommt Neues, das wird schon gehen", sagte er.

"Wir kennen nicht einmal exakt alle Gründe, weshalb Pflanzen und Tiere sowie Menschen durch die vielen neuartigen Errungenschaften der Technik und Chemie erkranken, sterben. Sie sprechen von etwas Neuem, von rosigen Zukunftsaussichten, obwohl das Alte, Falsche, Kaputte noch nicht bewältigt ist. Denken Sie daran, daß für alle Ursachen nur eine "Sorte Lebewesen" verantwortlich ist."

"Ist gut so, ist nicht gut so, können Sie nichts daran ändern, müssen leben und sterben, so ist der Lauf des Lebens!"

"Sie sind doch Jäger und haben Freude an der Jagd. Wollen Sie darauf verzichten?"

"Natürlich nicht, viel gehe ich auf Jagd, in Jugoslawien und Ausland. Nie will ich verzichten."

"Sollten wir als Jäger und Naturschützer, wie wir es zugleich sein sollten, nicht zum eigenen Wohle dafür sorgen, daß unsere nächste Umgebung mit ihrem Land, ihrem Wasser und ihren Pflanzen und Wildtieren uns und nachfolgenden Generationen erhalten bleibt. Und wo die Landschaft nicht mehr in Ordnung ist, muß sie repariert, gepflegt und weiterentwickelt werden."

"Das muß auch sein und ist gut", sagte der Direktor.

"Na, dann sind wir uns ja einig, dann habe ich Hoffnung, daß wir mit Begeisterung noch lange jagen können."

Das Ergebnis war klar, beide waren wir der Meinung, daß der Bestand an Großwild unbedingt durch Abschuß reguliert werden muß. So hart es klingt. Nur so kann die Natur erhalten bleiben, kann gesichert werden, daß nachfolgende Generationen auch noch lebende Elefanten sehen können. Dennoch habe ich große Befürchtungen, daß Elefanten, Nashörner und Leoparden in den kommenden Jahren sehr stark abnehmen werden. Nicht durch Jäger, aber durch Wilderer und Behörden-"Jagden", wie es z. Zt. in den Parks geschieht.

Ich erinnere mich noch an das Jahr 1971, als die Regenzeit ausblieb und wir nach unserer Bud-Jagdsafari von Malindi aus eine Tagestour in den Tsavo-Park unternahmen. Als wir in der Voi Safari Lodge zum Kaffee einkehrten, wollte uns nichts schmecken. Das, was wir draußen gesehen hatten, war zu schlimm. Bäume der Savanne, die noch ihr graugrünes Laubkleid trugen, waren zu gespenstischen Skeletten kahlgefressen und umgestoßen. Elefanten irrten vor Hunger und Durst umher, kamen in den Park, weil sie hofften, dort das an Nahrung und Wasser vorzufinden, was sie außerhalb der Parks nicht mehr fanden. Eine Überbevölkerung von Menschen im Lande und eine Überbevölkerung von Elefanten, eine Übernutzung durch Elefanten im Tsavo-Nationalpark. Das paßte nicht zusammen. Die Vegetation wurde zerstört, der Hunger der Elefanten immer größer. In einer flachen Senke, die wir von unserem Fahrzeug sehen konnten, hatten sich mehrere Elefanten wohl zu ihrem letzten Gang versammelt, um gemeinsam zu sterben. Dort lagen sie verhungert, tot. Aber nicht nur an dieser Stelle!! Überall sahen wir Elefantenkadaver,. Wir sahen auch Elefanten, an Hunger, Streß und Durst qualvoll sterbend, total entkräftet, mit letzter Kraft versuchend, sich am Leben zu erhalten, aber es nicht mehr schafften. Von Lateritböden rotgefärbte Elefanten sahen wir mit eingefallenen Flanken und sich deutlich abzeichnender Wirbelsäule, wo sonst Fleisch, Fett und dicke ledrige Haut glatte Körperflächen bildeten. Nicht einmal Schatten fanden die Elefanten unter den kahlgefressenen Bäumen. Den benötigen sie, denn ständige Sonneneinwirkung ist auch für diese Dickhäuter unerträglich. Zehntausend Elefanten verhungerten im Nationalpark ehe eingegriffen wurde, um den Qualen ein Ende zu machen: Reduktion durch Abschüsse, sogar von Flugzeugen aus, um wenigstens die Vegetation im Park zu retten.

Hier sollten wirklich andere Wege beschritten werden, vielleicht mit Beteiligung der jagenden Landbevölkerung, um die entsetzlich brutale Wilderei zu unterbinden. Die Staaten wie Botswana, Kenia, Simbabwe, Tansania haben es bitter nötig, die sich bietenden Einahmequellen für sich zu nutzen. Mag die Trophäenjagd bei einigen Menschen verrufen sein, sie hat aber kalkulierbaren Wert, wenn eben diese Jagd gesetzlich geregelt, überwacht und zum Nutzen der Wildtierpopulationen, der Naturparks und der Bevölkerung geschieht.

"Nach elfjährigem Jagdverbot" ist in einer Jagd-Zeitschrift vom 24. April 1988 zu lesen "und scheinbar geordneten Verhältnissen in Nationalparks und Wildnisgebieten gilt es nunmehr als sicher, daß der 1973 noch mit 167.000 Stück bezifferte Elefantenbestand auf maximal 21.000 Stück heruntergewildert worden ist. Nach einer Schätzung der 'Kenya Rangeland Unit' sollen sogar noch weniger Dickhäuter überlebt haben."

Elfenbein war einst das "weiße Gold Afrikas". In Kenia ist es eine Rarität geworden, seitdem Wilderer und skrupellose Geschäftemacher die Herden dezimieren. Sie tun dies erst seit wenigen Jahren, aber die Folgen für das einst reichlich vorkommende Großwild sind bereits deutlich sichtbar. Kein Jäger braucht ein schlechtes Gewissen zu haben. Unbestreitbar ist er schuldlos an der fortschreitenden Ausrottung des keniatischen Großwildes. Inzwischen leben noch weniger Elefanten in Kenia.

Die Fahrzeuge waren um das Hindernis herumgefahren. Ich war froh darüber, denn das Thema weiterzuverfolgen, hielt ich für kaum ergiebig. Din und Googee beratschlagten noch einen Augenblick über die Jagdaussichten. Dann fuhren wir gemeinsam auf einen Hügel und genossen den weiten Blick über die Busch- und Savannenlandschaft.

In der Nähe des Hügels befanden sich drei Luderplätze. Die Jugoslawen wollten jeder die "Großen Fünf" erlegen. Hier galt es dem Löwen und dem Leoparden. Außerdem jagten sie auf alles Wild, das sie freibekommen hatten. Hartebeest und Zebras hingen als Köder an verschiedenen Bäumen rund 500 bis 1000 Meter voneinander entfernt. Sie waren von der Jagdgruppe vier Tage zuvor geschossen und mit Stricken an starken Akazienästen hochgezurrt worden. Sie sollten die Umgebung vermiefen und Löwen oder Leoparden anlocken. Fünf Tage erlebte ich diese erfolglose Kirrung.

Ich wollte kein "Besserwisser" sein, aber die Art der Kirrung schien mir nicht erfolgversprechend. Die ganze Jagdgesellschaft rannte um den hochgehievten Kadaver und zertrat und "verstänkerte" die Umgebung. Das würde ich anders machen. Ich kannte das Trappen und wußte auch, wie Großkatzen gekirrt werden. Aber hier bestimmten die Jagdgäste, wie ich nachher erfuhr. Später erlebte ich die Jagdart während einer anderen Reise, so wie ich sie mir vorstellte. Schon der Baum gefiel mir hier nicht. Er müßte eine möglichst geschlossene Krone und starke waagerechte Äste haben, damit Raubvögel und vor allem Geier nicht von oben das Luder sehen können. Die starken waagerechten Äste sind zum Befestigen des Luders wichtig. Sie müssen einen gewissen Zug aushalten und dürfen nicht abbrechen. Bei Leopardenjagd ist darauf zu achten, daß der Ast stark genug ist, um das Luder oben auf dem waagerechten Ast befestigen zu können. Für den Löwen reicht es, wenn das Stück Wild (Luder) am Ast hängend angebunden wird, aber möglichst hoch. Vorher jedoch wird das Luder mit einem Seil am Fahrzeug befestigt und in einem größeren Abstand von Kirrbaum zu Kirrbaum geschleppt. Von da aus in gleicher Richtung, aber entgegengesetzt, sollte gleichfalls eine Schleppe gezogen, dann, wenn es das Gelände zuläßt, im Bogen wieder zum Kirrbaum zurückgehen. Um das Gelände nicht unnötig zu "verstänkern", wird das Luder direkt vom Fahrzeug am oder auf einen waagerechten Ast des Kirrbaumes festgemacht.

Wichtig ist auch die Umgebung des Luderplatzes (Kirrbaum). Sie sollte so gewählt sein, daß sie in der Nähe der Kirrung Verstecke bietet, die die Raubkatzen schnell und geschützt vor Einblicken an das Luder kommen lassen. Über eine offene Fläche geht kein Leopard, um an das Luder zu gelangen. Auch der Löwe, der nicht ganz so vorsichtig wie die gefleckte Großkatze, die als fast ausschließlich nachtaktiver Jäger besonders empfindlich und scheu ist, zieht deckungsreiches Gelände vor. Leoparden sind schwer aus ihren Tageseinständen zu locken. Sie sind allerdings härter und wesentlich gefährlicher als Löwen, wenn sie "angebleit" bei einer eventuellen Nachsuche dem Menschen gegenüberstehen. Dieses Wild ist genauso unberechenbar wie Kaffernbüffel. Der Luderplatz muß völlig natürlich wirken, er darf nicht zu erkennen geben, daß hier der Mensch am Werk war. Beim Leoparden muß der Vorteil der Bequemlichkeit geweckt werden, das Luder muß so auf ihn wirken, als sei es ein geschlagenes Stück Wild eines anderen Leoparden, das ohne große Mühe "geklaut" werden kann, ohne es noch auf den Baum schleppen zu müssen. Bequeme, zur Faulheit neigende Raubkatzen. An einen solchen Luderplatz kommt der Leopard auch gerne zweimal zurück und das sogar bei Büchsenlicht. Aber von wo aus soll der Leopard bejagt werden? Der Jäger muß ein sicheren versteckten Ansitz bauen, der sich der Umgebung anpaßt und eine so kleine Schußöffnung aufweist, daß er beim Leoparden kein Mißtrauen weckt. Absolut still muß sich der Jäger verhalten, sicher schießen und tödlich treffen.

In der letzten Nacht hörte ich den Ruf von Leoparden. Sie müssen also ganz in unserer Nähe leben! Oder war ein Holzfäller zu nächtlicher Stunde damit beschäftigt, mit einer Schrotsäge Holzstämme zu zerschneiden? So ähnlich klingt der Ruf dieser Raubkatzen. Die keniatischen Leopardenbestände waren in den 70er Jahren nicht so hoch. Heute sind die Bestände, wie ich von Bekannten und Freunden erfuhr, in verschiedenen Staaten Afrikas überhaupt nicht mehr gefährdet. Sie sind sogar reichlich vorhanden, deshalb sind die Einfuhrverbote von Bälgen (Fellen) aus diesen Staaten unverständlich.

Löwen sind erbarmungslose Jäger, die überwiegend nachts jagen. Wenn jedoch der Magen knurrt, sie nachts ohne Beute blieben, hält sie der Hunger wach und macht sie zum tagaktiven Jäger. Gesättigte Löwen sind faul. Sie liegen dösend umher und schlafend im Schatten von Dornenbüschen, aber auch im hohen Gras und erwecken den Eindruck harmloser, lieber Katzen. Ein falscher Anschein! Deshalb meinen Unwissende, der Löwenmann lasse seinen Harem für sich arbeiten, also jagen, damit für ihn der "Tisch" reichlich gedeckt ist, und er nur faul, träge und im Halbschatten sitzend oder liegend, in den langen Tag hinein träumend, sein gutes Leben führen kann. Wer so leichtfertig einen Löwen beurteilt, gibt sich einer lebensgefährlichen Täuschung hin. Gesättigte Löwen sind träge, sie verdauen und wirken harmlos. Aber dieses Wild ist so gewaltig, kraftvoll und zugleich großartig mit natürlichen Gaben ausgestattet, daß es sich vor keiner anderen Wildart zu fürchten braucht. Elefanten, die ebenfalls äußerst gefährlich sind, werden sogar nervös und erregt, wie ich es an Tränken und im Busch erlebte, wenn sie mit ihrem empfindlichen Geruchsorgan Löwen witterten. Flußpferde und Nashörner, die schwergewichtigen urweltlichen Kolosse, prusten gereizt und drücken sich aus der Nähe des Löwen, wenn ihnen diese Raubkatzenwitterung in der Nase juckt. Am hellichten Tag sind Löwen von nächtlicher Jagdbeute meistens gesättigt, sie wirken friedlich. Jedoch in der Nacht ist dieses hellhörige, wache Wild in voller Aktion. Dann geht es auf Jagd, unvorstellbar gefährlich und erfolgreich. Löwen sind äußerst angriffslustig und zeichnen sich durch erstaunliche Sinnesschärfe, Kraft und athletische Behendigkeit aus. Jäger müssen besonders vorsichtig, wachsam und reaktionsschnell sein, wenn sie einem Löwen nachstellen. Bemerkt der Löwe den Jäger und fühlt sich bedrängt, greift er unverzüglich an. Elefanten in ähnlicher Situation zögern auch nicht mit gewaltiger Gegenwehr. Ein schwer verwundeter Löwe ist keinesfalls mit einem Büffel oder Leoparden zu vergleichen. Er ist verblüffend weich, und wäre er das nicht, sondern besäße den Schneid eines Büffels oder Leoparden, so wäre er der beste Garant, seinen Jäger ins Jenseits zu befördern.

Wir kamen langsam voran. Vom langen Laufen waren wir müde, und je höher die Sonne am Himmel stand, desto mehr waren wir "geschlaucht". "Falls wir hier auf jagdbare Löwen stoßen, muß sehr sicher und schnell eine Entscheidung gefällt werden - und die Kugel muß sitzen", sagte mein Jagdführer, als wir ungefähr zweihundert Meter vor uns dichten Dornenbusch sahen. Das Savannengras war kniehoch und goldbraun gedörrt, ideale Deckung für den Löwen.

Die Bemerkung des Berufsjägers beruhte auf Erfahrung, denn auf den Bäumen hockten Geier. Sie sahen wir von weitem, ein Hinweis für Jäger. Geier baumen gerne auf, wo Löwen in der Nähe sind.

Schon vor Tagen erzählte er mir von Löwenjagden, und ich hatte schon lange über seine Worte nachgedacht, vor allem abends, wenn ich zum wolkenverhangenen Kilimandscharo hinüberschaute. Ich konnte mir vorstellen, wie wachsam und vorsichtig wir sein mußten. Ich hatte sofort das untrügliche Empfinden, daß hier die Luft nicht "rein" war. Wir schwitzten, unsere Gesichter glänzten, Massaifliegen belästigten uns, und andere kleine Fliegen krabbelten in unsere Ohren und Nasenlöcher - Ungeziefer von Aas, von Löwen?

Wir folgten geduckt unserem Tracker, dicht aufgeschlossen, hatten unsere Gewehre schußbereit, konnten aber nichts Verdächtiges erkennen. Mit jedem Schritt wuchs die Spannung. Unsere Getränkeflaschen waren geleert, die Zunge klebte am Gaumen. Die Savanne glühte, flimmerte und war lautlos, kein Windhauch umfächelte unsere schweißnassen Körper. Ganz aufmerksam blieb der Tracker stehen, richtete sich im Schneckentempo bedächtig auf, sah zum Dornenbuschgestrüpp, dahin, wo der wenige Schatten fiel. Der Tracker machte hinter seinem verlängerten Rücken eine unmißverständliche Handbewegung. Unser Jagdführer pirschte sich vorsichtig zum Tracker, tief geduckt und darauf achtend, auch nicht auf den kleinsten Zweig zu treten. Der Wind stand günstig auf uns zu. Leises Gespräch zwischen Berufsjäger und Tracker, flüsternd, ich hörte nichts . Dann die gleiche Handbewegung des White-Hunters, die mir galt. Vor uns saß am Rande des Busches in vielleicht einhundertzwanzig Meter Entfernung ein Massailöwe mit wunderschöner, starker Mähne und döste. Ungeduldig nahm ich mein 10 x 40 Fernglas an die Augen. Kurzer Denkvorgang: Wenn der Löwe aufsteht, heißt es schießen, aber mit oder ohne Zielfernrohr? Die Entfernung ist gut, aber wenn er angreift? Dann taugt das Zielfernrohr nichts. Sicher schießen! Ich entschloß mich zum Zielfernrohr, nahm es behutsam aus dem Gürtel und montierte es so geräuschlos wie noch nie auf die Waffe. Der erste Schuß muß hundertprozentig treffen, und das geht in der flimmernden Mittagshitze auf eine Entfernung von rund einhundert Metern nur mit dem Zielfernrohr.

Gerade hatte ich die Montage beendet, da erhob sich der Löwe, blickte um sich, machte ein paar Schritte, blieb stehen, zeigte mir seine gewaltige Schulterpartie und äugte zu uns. Kein Zögern, keine weitere Überlegung, jetzt mußte ich schießen! Schon hatte ich die Büchse an der Wange, zielte auf die Schulter und schoß. Mit einem gewaltigen Satz quittierte der Löwe die Wucht des Aufschlages. Das Geschoß saß auf der Schulterpartie. Dennoch warteten wir ein gutes Viertelstündchen, bevor wir zu ihm gingen. Er war mausetot. Das war die Pirschjagd. Die Jagd am Luder nur dann, wenn es anders nicht geht, meine ich, oder wenn es erforderlich ist. Diesen Löwen schoß ich mit der nicht zugelassenen 8 x 68 S und dem KS Geschoß 14,5 g, wählte aus Sicherheitsgründen eine längere Distanz von rund einhundert Metern.

Ich muß jedoch ehrlich bekennen, daß mein Jagdführer ein stärkeres Kaliber führte - und einsatzbereit war.

Oft muß ich an Laci denken, an seine Löwenjagd, seine Löwengeschichten, seine Jagderzählungen, denn er sagte immer: "Abwarten, einmal bleibt jedes Stück Wild stehen." Er sagte aber auch, daß es Blödsinn sei, hinter dem Wild, vor allem hinter Löwen, herzulaufen. Es ist wirklich so, manchem Wild sollte der Jäger nicht verbissen nachstellen, bestimmt nicht "Simba", dem Löwen, denn der kommt schon von selber. Auch Laci kam damals der Löwe, irgendwo oder irgendwann, über den Weg gelaufen. Ein erfahrener, mutiger Tracker oder Jäger, der sicher der Spur zu folgen vermag, kann einen Löwen zur Mittagszeit im Tageseinstand aufspüren, überraschen, ihn stören, ihm auf die "Läufe helfen". Wenn ich im Ausland jage, nehme ich Repetierbüchse und den Drilling mit, ein vielseitiges Gewehr (Kal. 30-06/12/70), das für Nachsuchen oder auch als Ersatz, falls erforderlich, mir schon gute Dienste geleistet hat. Einem angebleiten Löwen oder einen Löwen im dichten Busch, würde ich niemals mit dem Repetierer folgen. Der Drilling mit grober Kugelpatrone und mit den dicken Rollern (9 Stück), auch Sauposten genannt, ist schneller und sicherer verwendbar. Obwohl für Löwen nur die dicken Kaliber über 9,5 mm zugelassen sind, wären sie mir bei einer Nachsuche oder im Dickbusch zu beschwerlich und unsicher.

Nach einem sehr, sehr langen Abend im Messezelt, bei dem unsere Gespräche über Zersiedlung der Landschaft, Umwelteinflüsse und Jagd nicht enden wollten, beschlossen wir am nächsten Morgen, nicht wie üblich, schon in der Dunkelheit das Zeltlager zu verlassen. Wir schliefen länger

Wasserbock (Waterbuck), ruhend.

Verfasser und Googee mit Kaffernbüffel im Taita-Gebiet.

Leierantilopen (Topi) im Massailand.

Elefantenherde an der Tränke.

und standen erst auf, als die Vögel ihr Morgenlied sangen. Die Sonne war bereits über den Horizont gekrochen, es war taghell. Der sandige Lehmboden vor unserem Zelt war wie immer von unserem Boy sauber gefegt und sah goldgelb aus. Und gerade dieser Savannenboden bot uns eine fast schaurige Überraschung.

Den Reißverschluß unseres Zeltes hatte ich an jenem Morgen schon selber geöffnet, hatte zum Himmel in die Dornenbüsche geschaut und zum Zelt der Boys gesehen, aber nicht auf den gefegten Boden. Ich kann mich noch sehr deutlich daran erinnern, wie an jenem Morgen mein Boy Mihna uns den Morgentee ins Zelt brachte, aber vor dem Eingang wie entsetzt stehen blieb und mit weit aufgerissenen Augen auf den Boden starrte.

"Was hast du, Mihna," fragte ich.

"Bwana," sagte er, "sieh dir das an, dicke Spuren von riesig großen Pranken! Simba war hier! Sieh! Um Bwanas Zelt ist er gegangen. Nun ist er weg."

Ich war schnell am Zelteingang, auch Din war sofort mit den Gewehren zur Stelle. Wir folgten den Spuren, gaben aber bald auf, da wir keine Hoffnung hatten, Simba noch anzutreffen. Weiteres Nachlaufen hätte wenig Sinn. Mit meinem Körpergewicht wäre ich sicherlich ein guter Fraß gewesen. Weshalb er meine Frau und mich weiterschlafen ließ, ist eine Frage, die uns noch oft beschäftigte ...

Nur wenig später entdeckten wir einige Zebras. Während die andere Jagdgruppe in Richtung Zebra fuhr, blieben wir auf dem Hügel. Wir hörten den Schuß. Mit der 7 x 64 und einem 11,3-g-Geschoß jagte der Direktor. Er war ein exzellenter Schütze, die Kugel saß tiefblatt, aber der starke Zebrahengst legte noch drei Kilometer Fluchtstrecke zurück, ehe er verendet zusammenbrach.

Mich berührt die Jagd auf Zebras immer sehr unangenehm. Vielleicht liegt es daran, daß ich mit schönen Pferden aufwuchs und Zebras nahe Verwandtschaftsgrade zu ihnen besitze. Auf Drängen des Berufsjägers Bud löste ich mir seinerzeit statt zwei oder drei auch nur eine Zebralizenz. Zebradecken wären damals schon ein Geschäft gewesen, aber Jagd sollte nicht unbedingt Geschäft sein.

Als ich mein Zebra schoß, schlugen wir es gleich aus der Decke und ließen den Wildkörper vielleicht 400 Meter vom Kirrbaum entfernt liegen. Am Nachmittag schon fanden wir ihn nicht wieder. Löwen hatten ihn, wie die Schleifspuren erkennen ließen, in den dichten Busch geschleppt. Mir wurde deutlicher denn je klar, daß für die Jagdgäste vom Balkan die Besuche am Kirrbaum auch in Zukunft vergeblich sein würden. So war es dann auch.

Ein paar Tage früher hatte ich eine äußerst gefährliche Begegnung mit einer jungen Löwin, ein wunderschönes Tier, muskulös, elegant in ihren Bewegungen, kraftvoll und, wie ich erlebte, blitzartig im Sprung. Das Fell hatte einen rötlichen Farbton, gefärbt von Lateritboden und der Schwanz erschien mir besonders lang und kräftig. Am Ende des Schwanzes befand sich eine dicke, große, dunkle Quaste. Mein Berufsjäger und ich gingen wortlos, denn wir waren schon einige Stunden unterwegs auf der Pirsch, pole, pole (Kisuaheli = langsam) und leise. Als wir durch das Savannengras gingen und einem Akaziengebüsch zustrebten, war weit und breit kein für uns begehrenswertes Wild zu sehen. Nur in der Ferne ästen ein Trupp Topis und Thomsongazellen. Aber kaum hatten wir das Gebüsch erreicht und waren vielleicht 30-40 Meter an ihm entlanggepirscht, kam schon ganz unverhofft hinter einer Biegung des Buschendes die junge Löwin auf uns zu. Sie war genauso überrascht wie wir, gereizt, nervös und zog ihre Lefzen hoch, legte sich sofort sprungbereit auf den grasbewachsenen Savannenboden, knurrte leicht, zeigte ihre kräftigen Zähne und peitschte zwei- dreimal mit dem Schwanz kräftig auf den Boden, daß wir ihn dröhnen hörten. Wir standen wie angewurzelt, ließen sie nicht aus den Augen, hielten die Gewehre schußbereit. Hier ging es wirklich um Leben und Tod, entweder die Löwin oder wir! Uns trennten vielleicht zwanzig Meter. Knappe zwei Minuten standen wir uns so gegenüber. Die Fliegen landeten auf unser mit Schweißperlen übersäten Haut, aber sie durften uns jetzt nicht stören, nicht ärgern, nicht zur Abwehr veranlassen. Dann kam die für uns unverständliche Reaktion der Raubkatze. Mit einem blitzartig ausgeführten Satz sprang sie links von uns fort in den Busch. Erleichtert atmeten wir auf. Wie wichtig nur ist es in jeder Situation, daß schußbereite Gewehre geführt werden, Waffen, zu denen Vertrauen besteht, und vor allem bei der Pirsch ohne montiertes Zielfernrohr. Schnelle, sichere Schüsse sind in solchen Situationen nur über Kimme und Korn möglich. Um ein Zielfernrohr bei Bedarf für weite Schüsse aufstecken zu können, ist schließlich immer noch Zeit genug.

Wir trennten uns von den Jugoslawen für diesen Tag; wir wollten zu den Büffeln. Noch drei Tage galt ihnen unsere ganze Aufmerksamkeit, die uns Zeit und Kraft nahm.

Am gleichen Abend trafen die Jugoslawen mit einer erlegten Elefantenkuh ein. Die "Kabuki"-Feier fand nicht statt; es wurde lediglich ein Bier getrunken. Ich war nicht wenig erstaunt darüber, daß im gleichen Gebiet nun doch ein weibliches Stück geschossen worden war, wo ich verzichtet hatte. Mir war die junge Elefantendame tabu. Din erklärte mir das so: "Hier wäre ein Regierungsauftrag zu erfüllen..."

Der nächste Abend brachte eine neue Überraschung: Ein Nashorn. Diesmal mußte Din gewaltig nachhelfen. Die Schüsse des Ministers saßen wohl nicht gut. Die beiden Jäger waren froh, ihrem Soll näherzukommen. Um es jedoch erfüllen zu können, fuhren sie einen Tag nach Beendigung meiner Jagdzeit mit einem Berufsjäger in nördlichere Distrikte.

Jagd und Jäger werden heutzutage außergewöhnlich "beleuchtet", daß ist wohl "in". Deshalb widme ich diesem Thema auch ein paar Zeilen.

Jagen ist wohl eine Sache, die mit Hingabe, mit Bewunderung, Anbetung oder Liebe etwas zu tun hat. Welcher Jäger ist nicht erfreut, ja bisweilen verliebt in sein Wild? Nur seine große Freundschaft zum Wild, so paradox es in den Augen mancher Menschen sein mag, befähigt ihn zu entbehrungsreichen Leistungen, die manchmal an Narretei grenzen, wenn er unermütlich pirschend ein begehrtes Stück Wild jagt, um es sein Eigen nennen zu können. Jagdtrieb, Beutetrieb des Menschen, der sich immer wieder bei fast jeder Gelegenheit auch im täglichen Leben auf anderen Gebieten zeigt: Erringung von Medaillen, Sportabzeichen, noch besseren Leistungen, Anhäufung von Geld, Land, Immobilienbesitz, politische Macht usw. - Aber auch beim Wild gibt es den Beutetrieb, der Räuber will sein Nahrungsbegehren befriedigen. Nur in seltenen Fällen tötet er aus einem anderen Grund. Auch der Jäger tötet Wild, um es selbst oder durch andere zu verwerten. Als Lohn seiner Mühen fallen von männlichem Wild Trophäen als Erinnerungsstücke an, gleich, ob sie in heimischen oder fremdländischen Revieren erbeutet wurden. Wer vielleicht nur einmal als Gast in ein fernes Land fährt, um zu jagen, wird auch bei allem Einfühlungsvermögen nicht die Beziehungen zum Wild und zur Landschaft finden. Das muß konzediert werden, obwohl individuelle Unterschiede bestehen und Jäger schnell, zwar keine "angewölfte", aber doch spürbar einfühlsame Beziehung erreichen, um Wild zu jagen. Der wirkliche Berufsjäger/Jagdführer ist der beratende Jagdkamerad, der nur in seltensten Fällen Anweisungen gibt. Und das ist gut so in einem fremden Land. Ist es bei uns in Deutschland etwa anders? Und wenn die Anweisung lautet, nur das freigegebene Stück Wild laut behördlich genehmigten Abschußplan zu strecken, ist gegenüber fremdländischen Maximen wirklich kein gravierender Unterschied zu erkennen. So errungene Trophäen haben auch nichts mit "Trophäenkult" zu tun. Es mag am Geldbeutel einiger Jäger liegen und manchmal am "Statussymbol", wenn sie mehr Trophäen erbeuten, als notwendig ist.

Einige Nichtjäger mögen Unverständnis zeigen, darüber lächeln oder bissige Worte fallen lassen, aber glauben Sie mir, lieber Leser, es wäre wahrhaftig eine Seltenheit, wenn bei einer offiziellen Jagd Wildbret nicht für die Bevölkerung verwertet wird. Und die Bevölkerung hat proteinreiche Nahrung zum größten Teil bitter nötig!

Ich möchte diesem Thema noch einen anderen Gedankengang hinzufügen, um den Wert des Wildes für die Bevölkerung deutlich zu machen. Nur so ist es möglich, statt der üblichen Rinder- und Schafbraten und Ziegenfleisch die Speisekarte durch besseres, wertvolleres Wildbret zu bereichern. Der Bevölkerung und auch den vielen Touristen, die alljährlich den schwarzen Kontinent bereisen, sollte in den Restaurants mehr Wildbret von Kudus, Impalas, Gazellen, Elefanten, Büffeln und Elen angeboten werden. Auch "Schweinebraten" vom Warzenschwein, wenn es aus religiösen Gründen für manchen Gast auch tabu ist. Nicht nur in Afrika müßten die Gerichte auf der Speisekarte zu finden sein, auch in Asien, Amerika und Europa. Wir alle würden nicht nur der Jagd helfen, sondern vor allen Dingen der relativ armen Bevölkerung und damit den afrikanischen Staaten. Absatzschwierigkeiten - betrachtet von der Warte des Afrikaners - gäbe es sicherlich auch nicht in Übersee, denn das Wild würde eine willkommene Bereicherung des Speisezettels bedeuten. Das Überangebot von Zuchtviehfleisch und der daraus resultierenden Zuchtviehbestände ist ohnehin ein wirtschaftliches Problem, das die Handelsmärkte in Nord und Süd unserer Erde deutlich spüren. Der zu hohe Zuchtviehbestand bringt außerdem der Landschaft, ja dem ganzen ökologischen Haushalt zuviele negative Veränderungen und verursacht nachhaltige Schäden in der Natur. Von der wesentlich besseren Nutzung der vegetabilen Nahrung durch das Wild, das sich untereinander wenig Konkurrenz macht, erzählte ich schon. Sie alle sind auf kleiner Fläche die wesentlich besseren Nutzer der ihnen von der Natur angebotenen Nahrung als das Zuchtvieh. Ein Nebeneinanderexistieren mit den Viehherden der Massai und anderer Völker wird in Zukunft nur möglich sein, wenn Viehbestände abgebaut und zum Erhalt der Natur Wildbestände zur Nutzung bevorzugt gehegt und bejagt werden, denn die beste Nutzung und der beste Schutz für den Erhalt des Wildes ist die Jagd.

Der Beutetrieb oder auch die Verliebtheit zum Wild ist allerdings in freier Wildbahn eine einseitige Angelegenheit. Ich habe mehr den Eindruck, daß gesundes Wild vor den Menschen flieht - bis auf wenige Ausnahmen, falls wehrhaftes Wild sich bedrängt fühlt, hungrig ist oder verwundet wurde. Das ganze Schalenwild, das wir bejagen, ist scheu; es sucht seine Rettung aus Furcht in der Flucht, es versteckt sich so geschickt in der Landschaft und verschwindet aufgrund seiner "auflösenden" Fellzeichnungen so fantastisch, daß der Jäger nur mit Hilfe des Fernglases, oder unter Ausnutzung des Windes und des Geländes sich an das Wild heranpirschen kann, um es zu erlegen, zu erbeuten - oder zu fotografieren. Ich vertauschte oft mein Gewehr mit der Kamera, weil mir diese Art, mich an Wild pirschen, große Freude bereitet, die umso größer ist, wenn als Ergebnis faszinierender, naher Begegnungen mit dem Wild und oft ohne Fotoversteck (!) gute Aufnahmen gelingen. Die Jagd mit dem Gewehr auf Schalenwild hat mich von jeher nur so weit befriedigt, um mir so viel Wild aus der Wildbahn abzuschöpfen, wie für den Verbrauch notwendig ist. Aber hierfür ist Können, List und Einfühlungsvermögen notwendig, um als Jäger die spannungsvollen Augenblicke zu erleben, die er benötigt, um mit sich selbst zufrieden zu sein. Der sichere tödliche Schuß ohne Qual, ohne Nachsuche ist seine Glückseligkeit.

Mein Vater sagte immer: "Erlege nie mehr Wild als du im Rucksack allein nach Hause tragen kannst" (das galt für Niederwild).

Büffel
kosten Schweiß

Es war eine unruhige Nacht. Wir hatten tags zuvor unser Camp in der Nähe der Taita-Ranch aufgeschlagen. Die Schwarzen wurden relativ spät mit ihrer Arbeit fertig. Obwohl der vergangene Tag sehr anstrengend gewesen war, lachten und palaverten die Schwarzen sehr ausführlich und lange. Ich fand wenig Ruhe, die ich so nötig hatte. Am Abend verfehlte ich mit dem Drilling auf weite Distanz zu allem Überfluß ein starkes Kongoni. Ein Mißverständnis mit dem Tracker. Er wollte mir partout nicht den Drilling reichen, weil er der festen Meinung war, er halte eine Doppelflinte in seinen Händen. Damit könne doch kein Mensch auf Schalenwild waidwerken! Immer wieder versuchte er mir den Repetierer anzubieten. Aber zum Repetierer hatte ich kein brauchbares Zielfernrohr, es war kaputt, die Distanz über Kimme und Korn zu weit. Endlich begriff er. Inzwischen waren die Kongoni zu weit gezogen, wurden flüchtig - und ich schoß flott vorbei.

Im Messezelt erzählte uns vor dem Abendbrot der uns bedienende Schwarze, daß im letzten Jahr im Taita-Gebiet sein Schwager vor seinem "Bungalow", sprich, seiner Hütte, von einem Löwen geschlagen, fortgetragen und aufgefressen worden sei. Nun versorge er seine Schwester mit Geld, denn sie habe kleine Kinder.

Unwillkürlich mußte ich an die Lektüre denken, die vom Bau der Eisenbahnstrecke von Mombasa über Nairobi an den Victoria-See erzählt. In dem Werk wird berichtet, daß sich zwei Löwen um die Jahrhundertwende als Menschenfresser spezialisiert hatten. Über 100 Arbeiter dieses gewaltigen Bauprojektes waren von den beiden Löwen geschlagen und aufgefressen worden. Durch die Zeitungspresse der Welt gingen die Schauernachrichten und bewegten die Gemüter. Jäger erlegten später diese Menschenfresser ...

Erst gegen Mitternacht legten wir uns in unsere Feldbetten. Wenige Minuten, nachdem im Lager Ruhe eingekehrt war, brüllte in der Nähe unseres Zeltes ein Löwe. War es ein Nachkomme jener Menschenfresser? Es war ein uriges, markerschütterndes, dunkelgrollendes Gebrüll, das mal näher, mal weiter von uns erklang. Nicht allzuweit standen Taita-Rundhütten. Ich

190

hatte sie nur flüchtig während unserer Rückkehr ins Camp gesehen. Aber dort mußten Hunde leben. Es war grausig, welch langanhaltendes Gekläffe diese Biester veranstalteten. Mal klang es ängstlich, dann war der Löwe wohl in ihrer Nähe, dann wieder entsetzlich mutig, wahrscheinlich, sobald sich der Löwe von ihnen entfernt hatte. Als mir die Sache zu "bunt" wurde, kroch ich aus dem Zelt und schrie die Hunde an, damit sie endlich Ruhe gaben. Der Erfolg stellte sich prompt so ein, wie ich ihn mir nicht wünschte: Die Hunde wurden noch giftiger mit ihrem geifernden Gebelle. Nach zwei Stunden hatten sie sich beruhigt. Dann setzte Hyänen-Geheule ein. Sie modulierten ihre Stimmen vorzüglich und brachten schreckliche Töne hervor. Dennoch döste ich, müde wie ich war, schließlich ein.

Sehr behutsam und vorsichtig stellte um 4.00 Uhr unser Minah den süßen Morgentee und eine Gaslaterne in unser Zelt, hauchte sein "good morning" und verschwand. Zwei Stunden Schlaf schienen genug gewesen zu sein. Ich war hellwach und fühlte mich nach dem heißen Tee frisch. Es war unser letzter Jagdtag für dieses Jahr.

Um 4.45 Uhr starteten wir an diesem Morgen. Unser Weg war weit und führte uns in die Nähe der Kisoli Hills. Wir wollten endlich einen Büffel haben. Ob es uns gelingen würde?

Wir fuhren Kilometer um Kilometer durch Savanne und Busch, querten den Mwatate-Fluß. Wir erblickten einen stolzen Sekretär-Vogel. Zum ersten Mal sah ich, wie er vorging, um sich zu ernähren. Der Vogel flog über dem offenen Land, stieß herunter und landete ganz plötzlich. Ich bemerkte, daß er ein langes, schlangenartiges Lebewesen im Schnabel hielt. Mit eiligen Schritten, es mögen vier bis fünf Meter gewesen sein, startete er zu einem kurzen Flug. Von hoch oben ließ er die Schlange fallen, aus einer Höhe, die ausreichen mußte, sie am Boden durch Aufprall zu betäuben oder zu töten. Gleich darauf landete der Sekretär mit relativ vielen Schritten. Vielleicht fünfzehn Meter benötigte er, um seinen Landeflug zu beenden. Sofort war er an der Beute und begann seine Atzung.

Endlos erschien mir diese letzte Pirschfahrt des Jahres. Im Vorland des Kisoli Hill hielt der Fahrer an. Wir stiegen aus und pirschten einige hundert Meter einer leichten Anhöhe entgegen.

Von hier aus blickten wir in eine buschbestandene Landschaft, die wiederum von vereinzelten größeren, trockenen Grasflächen untergliedert war. Wir sahen kaum Wild. Ein paar Impalas steckten naseweis ihre Häupter aus niedrigen Büschen hervor, an denen sie spielerisch ästen. Mit meinem Fernglas suchte ich die ganze weite Umgebung nach Büffeln ab. Nichts zeigte sich. Auch Jagdführer und Tracker schüttelten die Köpfe. Sie waren ein wenig deprimiert. Was waren wir nur in diesen Jagdtagen gefahren, gelaufen, gepirscht. Immer wieder vergeblich. Mal wurde es dunkel, ein anderes Mal befanden wir uns am Ende des Jagdblockes, dann hielten uns täglich die Reifenpannen auf, die Sonne glühte heiß und sengte alles um uns herum trocken.

Wir gingen zu unserem Geländewagen zurück und fuhren auf Umwegen weiter in Richtung Camp. In der Nähe einer alten abgeernteten Sisalplantage entdeckten wir Fährten von Kaffernbüffeln und fanden relativ frische Losung. Wir folgten den Fährten, stoppten wieder, untersuchten sie genau, waren der festen Meinung, daß es zwei Bullen und drei Tiere sein mußten. Das Gelände fiel deutlich ab und führte in eine Niederung. Der Boden wurde feuchter, die Trittsiegel der Büffelfährten waren deutlich zu erkennen. Offenbar führten sie in die Nähe des Mwatate-Flusses, dorthin, wo hohes Elefantengras wuchs. Wir pirschten weiter, bis wir in eine sumpfige, moderige und stinkige, locker von hohen Gräsern bestandene Fläche kamen. Bis zu den Waden stapften wir durch den Schlamm, der oben trocken und fest aussah. Trügerisch weich war der Sumpf darunter, und je weiter wir vordrangen, desto dichter wuchsen die breitspreitigen Sumpfgräser übermannshoch. Wir hörten Büffel, nur ganz kurz, wie sie saugend-schmatzende Geräusche von sich gaben, wenn sie durch den Sumpf schritten. Leise beratschlagten wir unser äußerst gefährliches Unterfangen. Um unsere Köpfe surrten aufgescheuchte Moskitos, stachen uns, Fliegen und anderes Geschmeiß belästigten uns je mehr, desto öfter wir das hohe Gras berührten. Es stank. Unsere sauberen, gewaschenen Hosen und unsere Schuhe waren voller Moder. Sinnlos wäre eine weitere Pirsch. Wir waren weder im Sumpf beweglich, noch konnten wir Büffel erkennen - falls sie angriffen! Die Gefahr, unser Leben unnütz aufs Spiel zu setzen, war zu groß. Wir mußten aufgeben. Sollte es auch am letzten Tag mit dem Großwild nicht klappen? Es wäre schon ärgerlich.

Aber unser Weg dorthin war richtig. Jede Wildart beansprucht einen Lebensraum in einer bestimmten Größe. Überdies ist sie abhängig von Äsungsflächen und Wasser, weshalb sich das Wild je nach Jahreszeit (Regen- oder Trockenzeiten) in einem periodischen Rhythmus und einem festen Areal bewegt. Es gibt Wildtiere, die fast ohne Feuchtigkeit auskommen, allerdings nicht die Büffel. Sie sind unbedingt auf Wasser angewiesen! Deshalb galt unser Augenmerk vor allem den Landstrichen, in denen sich Tümpel, Teiche oder Flüsse befanden, in der Hoffnung, daß sie in dieser mörderischen Trockenheit Wasser führten. Büffel müssen nicht nur täglich Wasser schöpfen, um ihren Verdauungstrakt in Ordnung zu halten; sie müssen sich auch oft suhlen, damit sie durch das Schlammbad ihre Quälgeister, die Bremsen, Fliegen, Mücken und wie sie alle heißen, von ihrer Decke vertreiben oder fernhalten.

Um 11.00 Uhr waren wir verabredungsgemäß wieder im Camp. Wir wuschen uns gründlich, packten unsere Sachen zur Abreise zusammen und warteten auf Din und seine jugoslawischen Klienten.

Wir wollten uns verabschieden und benötigten von Din unsere fehlenden Papiere. Die Jagdzeit war vorbei. Jetzt wollten meine Frau und ich uns noch ein paar Tage an der Küste des Indischen Ozeans von den Strapazen erholen.

Es war ein schwül-heißer Tag, dieser letzte Tag im Taita-Gebiet. Nun saßen wir vor dem Zelt, überdachten die schöne Zeit mit den unendlich vielen Erlebnissen, waren ein wenig niedergeschlagen, tranken Limonade, Bier und Whisky, plauderten und warteten auf unsere Papiere. Ohne sie konnten wir nicht fahren. Inzwischen war es 14.00 Uhr geworden. Der Tracker, der Fahrer und alles Personal waren, bis auf den Hilfstracker und Jagdführer, mehrere Kilometer weit nach Voi gelaufen. Geradezu unheimlich ruhig war es im Camp. Wir hörten regelrecht den Whisky und das Bier die Kehlen hinunterlaufen; wir begossen à la Bud das Ende schöner Jagdtage. Müde wurden wir, streckten uns zur Mittagsruhe noch einmal auf unseren Feldbetten aus und schliefen fest.

Hatte ich einen Traum? Schweißgebadet erwachte ich. In meinem Kopf dröhnte und brummte es von Alkohol, in meinem Magen schwappte bei der kleinsten Bewegung die viele Flüssigkeit, die ich eine Stunde zuvor heruntergeschüttet hatte. Mein Herz schlug schwer. Sonderbarerweise wurde ich die Bilder von Büffeln vor meinen Augen nicht los. Ein zuversichtliches Gefühl beschlich mich erneut. War es Wirklichkeit oder war es nur alkoholisierte, sehnsuchtsvolle Phantasie? Da liefen sie wieder, die Büffel, wälzten sich wie eine dunkle Masse durch den graugrünen Busch, zertraten das dürre, gelbbraune Gras, rupften hier und da Halme ab. Ich sah, wie die massigen Körper sich bewegten, wie sie durcheinander liefen, langsam, bedächtig, dann wieder schneller mit ein paar Sprüngen. Da brüllte mich ein riesiger Kaffernbüffel an und zeigte mir seinen gewaltigen Helm mit den weitausladenden Hörnern. Ich schüttelte den Kopf; ich wollte diese Vision von mir stoßen. Ich wollte überhaupt nicht mehr an Büffel und Elefanten denken! Dann wälzte ich mich auf meine linke Seite und versuchte weiterzuschlafen. Kaum war ich eingeschlummert, kamen wieder die Büffel im Traum. Sie liefen hin und her, sie brüllten - sie gönnten mir keinen Schlaf.

Afrikanische Madenhacker krallten sich an der ledrigen Haut der Wildrinder fest, pickten mit ihrem spechtähnlichen Schnabel Zecken und andere Parasiten aus der Haut, kletterten am massigen Körper der Büffel auf und ab, an die Augenpartien, an die Lauscher, überall dorthin, wo sie etwas fanden. Sorgfältig, wie Medizinmänner, säuberten sie eitrige Wunden, Abzesse, sonstige Hautkrankheiten. Bevor ich die Büffel im Traum sah, flatterten weiße Kuhreiher über den massigen Büffelkörpern und verrieten mir, wo sie sind. Kuhreiher sind ja keine symbiotischen Vögel; sie nutzen nur den wandernden Büffel, der durch seine Störung aus den Gräsern Heuschrecken, Grillen und andere Insekten aufschreckt, ein "Tischleindeckdich" für Kuhreiher, die sich gütlich tun.

Ich richtete mich auf, als mir eine Stimme im Halbschlaf noch zurief: "Steh auf, jetzt hast du die Chance, deinen Büffel zu bekommen!"

Was war das für eine Stimme, für eine Erscheinung? Oder war ich nur ein elender Träumer? Ich stand auf, kroch aus dem Zelt und blinzelte in die frühe Nachmittagssonne. Der Himmel war hellblau. Nur wenige Wolken zogen am Firmament von Ost nach West. Kein spürbarer Lufthauch war zu vernehmen. Und doch roch es nach Büffeln. Es war nur meine Phantasie, die mir diese Witterung eingab. Der Berufsjäger schlief in seinem Zelt, und der Tracker lag im Schatten neben dem Messezelt. Eine unheimliche Ruhe lag über dem Camp. Unschlüssig ging ich ein paar Schritte auf und ab.

"Nun beeile dich gefälligst, wenn du deinen Büffel haben willst!" rief wieder diese Stimme.

Schnurstracks lief ich zum Jagdführer und sagte: "Bitte laßt uns sofort auf Büffeljagd fahren. Jetzt werden wir ihn bekommen!"

Er sah mich ungläubig und mitleidig zugleich aus seinen dunklen Augen an.

"Das ist doch Firlefanz. Wir haben keinen Tracker, keine Skinner, nur den Hilfstracker haben wir. Das ist doch Unsinn!"

"Heute fahren wir nicht mehr an die Küste", sagte ich kategorisch.

"Dafür ist es zu spät, außerdem wissen wir nicht einmal, ob für uns ein Zimmer reserviert ist. Aber ich weiß, daß wir einen Büffel kriegen!"

Googee fragte, ob ich zuviel Whisky getrunken hätte. Ich bejahte seine Frage, bestand jedoch auf der Abendpirsch, und zwar sofort. Ich wurde ganz bestimmt, mußte ihm klarmachen, wie stark und mutig und zuversichtlich ich war - trotz Alkohol.

Auch meine Frau, die mich auf allen Pirschfahrten begleitet hatte, schenkte mir nur ein Lächeln. Sie verzichtete auf das Mitkommen und schlief weiter im Zelt ...

Solange ich diese Zuversicht auf jagdlichen Erfolg verspürte, mußten die Gewehre aufgeladen werden, mußten wir in den Busch. Während ich meine Jagdschuhe anzog, noch einen Schluck Wasser trank, packte mich eine Woge von Jagdlust. Ich machte alles bedächtig, betont genau, als wollte ich ganz auf Sicherheit und ohne übereiligen Schwung hinaus. Auch meine beiden Begleiter beeilten sich überhaupt nicht. Wozu und wofür auch schon, meinten sie gewiß.

Ich sah auf meine Armbanduhr, als wir losfuhren. Es war genau 15.55 Uhr. Fünfunddreißig Minuten später waren wir im Jagdblock auf einer leichten Anhöhe. Ich bat zu halten. Im gleichen Augenblick steckte der Hilfstracker seinen Kopf durch die Fensteröffnung des Fahrerhauses und flüsterte aufgeregt: "Buffalo! Viele Buffalo!"

Googee drehte den Zündschlüssel herum, der Motor war stumm. Leise stiegen wir aus dem Wagen, nahmen unsere Gewehre; der Berufsjäger seine 458er Winchester Magnum, ich die schwere englische 470er Doppelbüchse. Einige Patronen wurden in die Taschen gesteckt, die Gewehre geladen, zwei Patronen verblieben in der Hand zum schnellen Nachladen, falls erforderlich.

Ich trug ein sehr helles Hemd. Deshalb zog ich meine in Deutschland wenige Wochen zuvor von einem Jagdausrüster erstandene kakhifarbene Safarijacke an. Ein unbrauchbares Ding für Afrika; sie war zu schwer, an einigen Stellen dick gefüttert, die Taschen zu klein und flach. Ich begann schon zu schwitzen, wenn ich sie nur sah.

Fünf- bis sechshundert Meter liefen wir, jede Deckung nutzend, schnell in gebückter Haltung wie Indianer auf dem Kriegspfad zur Büffelherde. Sie mochte etwa 80 bis 90 Stück zählen. Wir waren sehr vorsichtig und handelten schnell und überlegt. Die Büffelherde hatte sich inzwischen in drei Gruppen geteilt, war unruhig und schneller geworden. Die Fluchtdistanz betrug einhundert Meter. Links von uns "galoppierten" rund sechzig Büffel davon. Sie hatten uns trotz günstigen Windes bemerkt. Tiefes Brummen und dunkles, knörrendes Grunzen drang an unsere Ohren. Die Büffel wurden flüchtig. Nun kam rechts von uns in aufgeregtem Troll aus dem dichten Busch eine Herde von vielleicht 25 Büffeln, die sich der großen Gruppe anschließen wollten, an uns vorbei. Inmitten der Büffelherden befanden wir uns. Der Abstand zu ihnen war günstig, etwa vierzig bis fünfzig Meter. Wir versuchten, ihnen den Weg abzuschneiden, aber die Büffel waren schneller und fanden wieder Anschluß an die große Herde. Es war unmöglich, einen Büffel bei diesen sich durcheinanderschiebenden Leibern zu schießen. In 50 bis 60 Meter Entfernung erkannten wir einen einzelnen Bullen, einen urigen Bullen, der hinter einem Busch halbverdeckt stand. Mißtrauisch und aufmerksam zog er langsam weiter.

"This one!" flüsterte Googee.

"Das ist die letzte Chance", hauchte ich zurück, "diese Gelegenheit ist die allerletzte in diesem Jahr!"

"Okay", hörte ich noch. Schon hatte ich die Doppelbüchse an der Wange und zielte voll auf das Blatt des Büffels. Halbverdeckt war er, als ich durch das dünne Blattwerk des Strauches schoß, hinter dem er halbspitz von rechts nach links zog und mir seine linke Seite zeigte. Wie ein Boxschlag traf mich der wohl nicht allzu fest eingezogene Kolben der Doppelbüchse an der Kinnlade, so daß mir gleich die Brille von der Nase flog. Mit einer 470er Doppelbüchse hatte ich noch nie geschossen. Ohne zu zeichnen, flüchtete der Büffel, dem Herdentrieb folgend, seinen Artgenossen nach. Der Berufsjäger spurtete sofort los und trug dem Büffel im Laufen drei Schüsse an: Einen Blattschuß weit hinten, einen Treffer in die Dünnungen, also waidwund, und der dritte Treffer saß hoch auf dem linken Hinterlauf. Ehe ich meine Brille aufgehoben hatte und begriff, daß die Doppelbüchse gedoppelt hatte, war der Büffel fort. Ich lud im Laufen nach und rannte wie ein Sprinter hinterher. Nach einhundert Metern bekam ich - wohl durch den Alkohol - Herzstiche und verlangsamte mein Tempo. Ich hörte den letzten Schuß von Googee und sah, wie der Büffel hinten links wegsackte und ausschlug. Dann war ich auf zwanzig Meter heran. Aber der Büffel war augenblicklich hinter Dornenbüschen verschwunden. Die Situation wurde brenzlig. Ich hörte kein Knacken und Brechen in den Büschen. Wie vom Erdboden verschluckt, aber waren da nicht ein paar Schritte zu hören? Einbildung? Wo ist der Büffel? Kein Wackeln von Zweigen, kein Straucheln, kein Laut. Googee gab mir ein Zeichen, ganz wachsam zu sein, während er aus seiner Hosentasche ein paar Patronen nahm und sie schnell ins Magazin seiner 458er drückte.

"Jetzt wird es spannend, der amüsante Part beginnt. Er ist angebleit, verdammt krank und sehr bösartig, also aufgepaßt!" Darüber war ich mir wohl im klaren, aber was dabei amüsant sein sollte, versuchte ich gar nicht erst zu verstehen. "Wir müssen rein in den Busch und holen ihn uns." So ganz einfach, dachte ich, holen ihn uns ...

Ein verwundeter Büffel ist gemeingefährlich und übelgesinnt. Ganz vorsichtig, wie ein Leopard, in leicht gebückter Haltung ging Googee langsam voran. Sichtkontakt behielten wir, so gut es ging, aber acht bis zehn Meter waren wir wohl doch voneinander entfernt. Jetzt sah ich die Fährte, sah ein paar Schweißtropfen im braunen Sand. Soll ich der Fluchtfährte folgen? Ich war unschlüssig. Die direkte Verfolgung bedeutet besondere Gefahr, ist Leichtsinn. Ich versuchte Googee ein Zeichen zu geben, aber er trat nicht in mein Blickfeld. Endlich kam er hinter einem Busch hervor. Googee schaute mich an. Ich zeigte auf die Fährte. Er deutete an, etwas weiter weg zu gehen. Unser Sichtkontakt wurde dadurch zwar schlechter, aber wir hatten die Wundfährte zwischen uns. Der angeschossene, kranke

Büffel befolgt zu 99 Prozent das arttypische Manöver, indem er flüchtet, aber dann plötzlich verhofft, sich eines Besseren besinnt und auf seiner eigenen Fährte zurückkehrt, sich hinter einem Busch versteckt einstellt, um seinem Jäger aufzulauern und ihn blitzartig mit der letzten verbliebenen Kraft zu überfallen. Jeder von uns war aufs äußerste angespannt, nein, nicht nervös, nur vorsichtig und gewillt, sofort zu schießen, sowie der Büffel sich uns zeigte.

Wenn ich ehrlich bin, ein Angstgefühl beklemmte mich nicht, dennoch empfand ich in dem unübersichtlichen Busch eine Ungewißheit, die mir eine innere Spannung verlieh, mir besonderen Mut einflößte, um mich mit Entschiedenheit allen Herausforderungen entgegenzustellen. Siebzig, vielleicht einhundert Meter mochten wir schon Schritt für Schritt vorangepirscht sein. Absolute Stille. Kein Luftzug, kein Rauschen der Blätter. Unheimlich. Nicht einmal Magengeräusche kamen an unser Ohr, nur roch es ein bißchen nach Büffeln. Der Duft der Herde - oder war es der verwundete, uns auflauernde Büffel?

Die Zeit des Pirschens wollte nicht vergehen, entsetzlich lang kam sie mir vor. Aus allen Poren perlte der Schweiß. Mein Gesicht schien ein Landeplatz für Fliegen zu sein. Jetzt sah ich Googee. Er wirkte so anders auf mich, so angespannt, so erwartungsvoll. Ich hörte und sah nichts Verdächtiges. Aber eine Gefahr hing in der Luft. Ich spürte sie. Diese verflixte Unsicherheit zerrte zuletzt doch an den Nerven, sie spannte sie straff wie Drahtsaiten.

Plötzliches Trampeln von Hufen, Rauschen und Ratschen sowie Knicken von Blättern und Zweigen. Wütendes Schnaufen und Brummen durchdrang die Stille des Busches. Noch sah ich keinen Büffel. Unvermittelt riß Googee seine 458er hoch, schon krachte ein Schuß. Wütend brüllte der Büffel - dann war der Spuk vorbei, der tonnenschwere Büffel verschwunden. Mir war es unmöglich zu schießen. Mein Jagdführer stand zwischen Büffel und mir. Zu gefährlich wäre der Schuß gewesen. Jetzt wußten wir aber, wie nah der Büffel uns war. Wir wußten auch, daß er ein ganz zäher Bursche sein mußte, den unsere Kugeln nicht so beeindruckten, wie wir erhofften.

"Das war verdammt eng," flüsterte ich Googee zu, als ich zu ihm getreten war. "Hab ihn wohl hinten getroffen. Er war einfach zu schnell, zu kurz und so unvermittelt tauchte er aus den Büschen auf", sagte Googee. "Wir müssen dahin, wo der Busch lichter ist."

Googee hatte großes Glück gehabt. Sein Leben war in dem Augenblick nicht allzuviel wert gewesen.

Schnell stopfte Googee eine neue Patrone in sein Gewehr. Dann hatten wir auch schon unseren Platzwechsel beendet. Das Gelände war übersichtlicher, die Büsche wuchsen etwas weiter getrennt voneinander, aber immer noch dicht genug, um sich dahinter verstecken zu können. Kaum hatten wir den neuen Standort so gewählt, daß einer dem anderen sicher Deckung geben konnte, schlich wieder dieses komische Gefühl in meine Brust. Stille, Ruhe vor dem neuen Angriff. Nur mein Herz hörte ich bis zum Hals schlagen. Ich war mißtrauisch, wohl genauso wie der Büffel. Der unvermittelte Angriff in Richtung Googee bedeutete für mich Warnung, denn für einen Spaß hielt ich das nicht. Nur wenige Schritte machten wir jeweils, dann verhielten wir, blieben stehen und lauschten auf das kleinste Geräusch, damit uns nichts entging. Unsere Gewehre hielten wir fest in unseren Händen, um jedem Überraschungsangriff sofort begegnen zu können.

Allzu weit waren wir noch nicht gepirscht. Der Büffelduft war wieder verstärkt zu riechen. Jetzt hörte ich ganz leises Schnaufen. Hier mußte er sein, ganz in unserer Nähe. Aber wo nur!? Ich gab Googee ein Zeichen, unnötig, er hatte wohl auch "Wittrung". Als ich einen Augenblick nach rechts schaute, vernahm ich ein neues Rauschen und dumpfes Trampeln und Prusten. Sofort streckte ich meinen Kopf nach links, denn von dort kamen die Geräusche, dort sah ich, wie Googee versuchte, dem angreifenden Koloß die Kugel anzutragen. Es war kaum möglich. Mein Standort war günstiger. Schon hatte ich das Gewehr in Anschlag und erkannte, wie sich der Büffel herumwarf und zum Angriff ansetzte. Ich riß die Doppelbüchse hoch und gab ihm eine doppelte Ladung direkt aufs rechte Blatt. Aufbrüllend brach er zusammen. Aus Sicherheitsgründen durchschoß mein Jagdführer noch die Wirbelsäule des Büffels und stach aus rituellen Gründen mit dem Waidmesser ins Herz. Ein alter afrikanischer Satz lautet, sicher nicht unbegründet: "Ein Büffel ist erst dann tot, wenn man ihn bereits gegessen hat."

Die Doppelbüchse doppelte! Beim ersten Schuß war ich darauf nicht vorbereitet. Die Treffer lagen erbärmlich schlecht. Eine Kugel saß auf der achten hinteren Rippe, die zweite auf der Keule. So gewaltig waren durch das Doppeln die Schüsse verrissen. Beim zweiten Mal hielt ich das Gewehr fester, und die Nähe zum Büffel ließen die Treffer voll auf dem rechten Blatt landen.

Ich war überaus glücklich. Die innere Stimme hatte recht gehabt. Ihr war ich vertrauensvoll gefolgt. Nun stand ich vor meinem Büffel, umfaßte die starken Hörner und tastete den breiten Helm ab. Wie wäre es ohne meinen Jagdführer geworden? Das stimmte mich sehr nachdenklich. Die Treffer waren tödlich, aber was hätte der Büffel bis zum Tode noch alles anrichten können?

Die Schüsse hatten die Taitas aufhorchen lassen. Es ging verhältnismäßig schnell, und schon waren viele hilfreiche Hände mit langen Messern zur Stelle. Wir schärften das Haupt ab, nahmen Filetstücke und eine Keule, der Rest blieb für die Taita-Helfer.

Mit Autogehupe fuhren wir um 18.30 Uhr im Camp ein. Inzwischen waren bis auf zwei Mann alle Leute wieder da. Ich durfte den Wagen nicht verlassen. Das große "Kabuki" begann. Auf Blechkanistern, Eimern und allen möglichen Gefäßen rhythmisch schlagend und singend, kamen sie alle an den Landrover, setzten mich auf einen Lehnstuhl, reichten mir ein großes Maß Bier und trugen mich ein paar Mal mit Gesang durchs Camp bis in mein Zelt. Es war ein schöner Abschiedsabend, ein glückliches Ende herrlicher Jagdtage, feucht, fröhlich und lustig ...

Die jugoslawischen Jagdfreunde kamen eine Stunde später von der Jagd zurück. Nach dem Abendessen tranken wir noch gemeinsam, aber dann zogen sie sich bald zurück in ihre Zelte. Sie waren müde.

Bargeplauder im
Eden-Roc-Hotel

Mit John, Berufsjäger und Fischer, fuhr ich wieder zum Fischfang. Er nannte eine umfangreiche Jagdausrüstung und einen Fuhrpark geländegängiger Fahrzeuge sein eigen und war stolzer Besitzer zweier moderner Motorjachten in Malindi. Eigentlich hatte es an diesem Tag keinen Zweck mehr hinauszufahren, da die anderen Petrijünger verschlafen hatten. Sehr verspätet versuchten wir aber dennoch unser Glück, aber es lohnte sich nicht.

Abends trafen wir uns an der Hotel-Bar und wollten einen neuen Termin vereinbaren. Bei Whisky plauderten wir recht lange. Er erzählte mir, daß er Franz gut kenne, und daß dieser eine ausgezeichnete Reputation habe.

"Ach, war das ulkig mit ihm", sagte John, "als Franz die Berufsjägerprüfung in Nairobi ablegte. Er stand vor einer ehrwürdigen Prüfungskommission: Alles altgediente 'Hasen' mit langen grauen Bärten, ernsten Mienen und geheimnisvollem Flair. Berufsjägern, die draußen voll ihren Mann standen, jeder Gefahr kaltblütig ins Auge sahen, flatterten vor dieser Prüfungskommission die Hosen!"

Ich war gespannt, was mir John alles erzählen würde. Meine Bemerkung, daß es wohl keine schwierigere Jägerprüfung als die in Deutschland gäbe, wollte er nicht so recht glauben. Einige Erläuterungen von mir tat er mit den Worten ab, daß die Deutschen alles sehr genau machten. Es käme aber auf die Praxis an, ob einer sie beherrsche, ob er organisieren und wirtschaften könne etc.

"Habe mal verwöhnte Klienten", sagte er weiter, "die über den großen Teich fliegen oder auch über den kleinen und vier oder sechs Wochen auf Großwildjagd gehen. Wohnung ist das Zelt, das Leben spielt sich im Camp und im Busch ab. Jeden Tag muß frisches Wasser vorhanden sein, saubere Wäsche, Reparaturen fallen an. An einem Abend wird Whisky gewünscht, von der Frau Kroatzbeerlikör, am nächsten Abend Kirschlikör oder Cognac, guter französischer mit drei Sternen und kein Weinbrandverschnitt. Das ist wie ein Hotelbetrieb. Draußen im Busch oder in der Savanne geht es hart her. Bei mir wird marschiert, wenn wir jagen, und gepirscht, so wie es sich für einen guten Jäger gehört."

Flüchtende Oryx-Herde im Samburugebiet.

Extra-Safari-Touren führen nicht gleich ans Ziel.

Ich prostete John zu. Ich wußte von der Jagd in Afrika. Ich kannte die Probleme.

Schließlich erzählte John folgendes:

"Mr. L.", begann die Frage eines ehrwürdigen Prüfers, "mit welchen Waffen und Kalibern kann ein Löwe gejagt werden?"

Franz zählte alle in Frage kommenden Kaliber auf. Es war alles richtig.

"Sehr gut", war der Kommentar, "aber welche Art Waffe - die Funktion haben Sie schon richtig erklärt - bevorzugen Sie?"

"Die Doppelbüchse."

"Warum?"

"Sie ist schneller zu gebrauchen."

"Gut, Sie haben einen starken Massai-Löwen vor sich, so auf ungefähr fünfundzwanzig Meter Abstand. Der Löwe greift an! Was tun Sie?"

"Ich reiße das Gewehr hoch, backe an, schwinge mit und schieße - den Löwen!"

"Gut." Pause ...

"Und nun, was machen Sie mit dem zweiten Schuß, Sie haben eine Doppelbüchse?!"

Kurze, zackige, schlagfertige Antwort: "Damit strecke ich den zweiten Löwen, falls er da ist. Der erste Löwe war mit dem ersten Schuß tot."

Die Prüfer waren so perplex, daß ihre Münder erst einen Augenblick offenstanden, bevor ein Raunen und Brummeln durch die Reihen ging.

Es kamen noch mehr derartige Antworten. Sie merkten bald, daß sie es mit einem exzellenten Jäger zu tun hatten, der jeder Situation gewachsen schien. Ein alter Herr wollte sich nicht von einem Prüfling ausmanövrieren lassen. Seine neue Frage an Franz lautete deshalb wohl auch verwirrend: "Nach einer Jagd liegt ein gestrecktes Weißbartgnu auf der Decke mit besonders schöner Fellzeichnung und gewaltig großen Hörnern. Der Klient und Erleger betrachtet es. Dann äußert er seinen Wunsch: Von dem Stück möchte er eine tadellose Dermoplastik haben. Meine Frage an Sie, Mr. L.: Wie fertigen Sie eine Dermoplastik an, was haben Sie dabei zu berücksichtigen, um den Klienten zufrieden zu stellen?"

"Gut", sagte Franz, "kein Problem. Ich könnte es wohl, weil ich weiß, wie sie angefertigt wird und ich während meiner Ausbildungszeit damit zu tun hatte. Aber ich will es nicht können, auch für einen guten Klienten

< Mt. Kenia-Massiv, vorbei an übermannshohen Senecio-Stauden auf dem Weg zur Gipfelbesteigung.

nicht! Ich bin auf einer Berufsjägerprüfung und bin nicht hergekommen, um ein Examen als Tierpräparator abzulegen."

Die Herren der Prüfungskommission waren so geschockt, daß sie nur lachen konnten. Diese geradezu dreiste Schlagfertigkeit, verbunden mit seinem Charme, ließ ihn bald als 'Sieger' und neuen, examinierten Berufsjäger die 'heiligen Hallen' verlassen. Franz ist ein charmanter Unterhalter und ein harter, umsichtiger Berufsjäger, den ich selbst sehr schätzen gelernt habe.

Tanzdarbietungen einer Giryama-Gruppe und das laute Trommelschlagen ließen weiteres Gespräch verstummen ...

Unterwegs in Ostafrika

Anfang 1973 machten die Elefanten im Tsavo-Gebiet immer noch einen mageren, heruntergekommenen Eindruck, genau wie in den trockenen Jahren zuvor. Jetzt, Mitte des Jahres 1975, sahen sie besser aus. Die Regenzeit war noch nicht lange vorbei. Wir badeten in Malindi im Indischen Ozean, lagen am Strand, und über uns rauschte das Laub der Dattelpalmen. Wir sahen Giryama-und Sportfischer mit ihren bunten Fischen, den kleinen und großen. Wir bestaunten viele Früchte auf dem Malindi-Markt.

So sehr ich Malindi mag, das kaffeebraune Schmutzwasser des Indischen Ozeans nimmt einem jegliche Badefreuden, obwohl es zumindest in den Tagen unseres Aufenthaltes in Malindi gerade noch erträglich war. Ein anderer Umstand veranlaßte uns - meine Frau und mein Sohn Jörn waren mit von der Partie -, der Küste nur wenige Tage nach Ankunft zu entfliehen.

Neun Wochen hatte ich im Krankenhaus gelegen, um mich einer großen Beinoperation zu unterziehen. Sie war notwendig geworden, um den Kunstfehler eines Arztes zu korrigieren. Noch am Abflugtag zapfte mir der Professor 50 ccm angesammeltes Blut aus dem Unterschenkel; Druckverbände sollten mir den langen Flug erleichtern und die Operationsnarben innerhalb einer Woche restlos schließen. Das danach erlaubte Bad im salzigen Wasser des Ozeans war herrlich, nur nicht für mein Bein. Der Schorf wurde abgeätzt, und offen lagen die langen, noch nicht restlos vernarbten Wunden. Nebacetin-Puder, neue Druckverbände und Flucht ins Innere des Landes; nach vierzehn Tagen waren die Wunden geschlossen. An die geplante Jagdsafari dachte ich nur mit gemischten Gefühlen. Immerhin hatte ich einen "Vertreter" mit: Unseren Sohn.

Die Flugsafari brachte uns wieder nach Tansania zum Kilimandscharo-Flugplatz. Modern aufgebaut lag er einsam und verlassen am Hang des höchsten Berges Ostafrikas. Kontrollen wie im Ostblock überstanden wir wahrscheinlich nur deshalb relativ schnell, weil innerhalb von fast zwei Stunden außer einem Polizei-Hubschrauber kein anderes Flugzeug landete.

Die Führung durch Serengeti, die "große Ebene", wie die deutsche Übersetzung des Massai-Namens lautet, war ausgezeichnet organisiert. Wir

Wanderungen hatten andere Ziele. Die vieltausendköpfigen Gnu-Herden waren in Richtung Massai-Mara gezogen, wo sie erst später eintrafen. Im Ngorongoro-Krater bediente uns ein junger Wildhüter, der die Führung wie eine Pflichtübung absolvierte, unfreundlich und nach dem Motto je schneller desto besser - für ihn. Uns interessierten Tiere, Pflanzen und Landschaften, weniger die Menschen, die uns im Rahmen ihrer Möglichkeiten gut versorgten. So fabelhaft uns das Land, der ehemaligen deutschen Kolonie Ostafrika, mit seinem unermeßlichen Naturreichtum wieder gefiel, so schrecklich gesetzlich eingeengt kam uns das menschliche Dasein vor.

Wir hatten unser Besichtigungsprogramm unter der Galoppführung unseres jungen Wildhüters so zeitig beendet, daß wir noch nicht zum Flugplatz durften und warten mußten, damit nicht bemerkt wurde, daß wir zu schnell geführt wurden! Ein Teilnehmer unserer Safari, ein deutscher Biologe und leidenschaftlicher Fotograf, erlaubte sich, mit ein paar Brotkrumen Glanzstare und Webervögel während der Wartezeit zu füttern. Er wurde daraufhin von dem Wildhüter so unflätig behandelt, daß wir froh waren, als wir wieder in unserer "Piper" saßen und den Ngorongoro-Krater von oben sehen konnten. Dennoch ist Tansania mit seinen riesigen Naturschutzgebieten, den Selous und anderen Jagdgebieten immer wieder beeindruckend, schön und vielfältig für naturverbundene Menschen.

Massai-Mara war unser nächstes Ziel. Ein Unterschied wie Tag und Nacht! Nicht nur mich beeindruckte die lockere Gastfreundschaft, die zwanglose, erfolgreiche Führung durch weite abwechslungsreiche Wildgebiete. Wir sahen Löwen am Riß, Elefanten und Büffel im kargen Schatten unter Bäumen und Sträuchern, in der Savanne Topis, Grantgazellen, Zebras, Thomson-Gazellen, Hyänen, Schabrackenschakale, Hartebeest und viele Tausende von Gnus. Das Wild befand sich auf der Wanderung und äste auf diesen Weidegründen: Wildansammlungen, die wir diesmal in der Serengeti vermißten. Löwen und Hyänen, in gebührendem Abstand voneinander, verfolgten den langen Zug der Grasfresser, jederzeit bereit, sich ihren Anteil aus den Schalenwildbeständen zu nehmen.

Wir quartierten uns für den ersten Tag in der Mara Serena Lodge ein und genossen den Blick über den Mara in die weite Ebene, an die der Staat Tansania grenzt, von wo wir gerade kamen. Dann wechselten wir in ein Zeltcamp, um mehr Tuchfühlung mit Wildnis und Tieren zu spüren.

Noch am selben Abend fuhren wir mit einem Landrover, gesteuert von einem Prachtmenschen von schwarzem Fahrer, Wildhüter und Wildkenner, einige Meilen an eine besondere Stelle des Mara River. Dort sollten die Fische hervorragend gut beißen. Kräftige Haken der Größe 2 hatten wir an starken Monoschnüren. Als Köder nahmen wir Fleischstücke, die unser Wildhüter aus der Küche des Zeltcamps besorgt hatte.

Kaum waren wir im Begriff, die Angeln klarzumachen, da sahen wir, wie ein riesiges, graugrünes Krokodil von annähernd sechs Meter Länge in nur dreißig Meter Entfernung elegant in das braune, munter fließende Wasser des Mara Rivers glitt. Auf den Ästen einiger in Ufernähe stehenden Bäume turnten und kreischten Schimpansen. Aus einer Flußbiegung heraus steckten plötzlich fünf starke Nilpferde ihre massigen Häupter aus dem Wasser und äugten uns lange an, ehe sie es wagten, weiter in unsere Nähe zu schwimmen. Wir angelten indessen und genossen den Anblick des sich uns zeigenden Wildes. Plötzlich spürte ich einen gewaltigen Ruck in meiner Rutenspitze. Auch mein Sohn hatte einen starken Biß an seiner Angel. Er zog mit Leibeskräften. Ich spürte nur den Ruck und ein metallisches Knacken, abgebrochen war der starke Angelhaken. Wir hatten acht Haken mit. Alle brachen ab! Es müssen gewaltig schwere Fische gewesen sein. Mit dem letzten Haken fing mein Sohn einen 70 cm langen Katfisch, eine Welsart. So blieb unsere Angeltour doch nicht ganz erfolglos. Stockdunkel war es, als wir im Zeltcamp eintrafen, und glücklich war auch unser Wildhüter, dem wir den großen Katfisch überließen.

Zeltnächte sind immer Erlebnisse, vor allem für einen Jungen, der zum ersten Mal im afrikanischen Busch schläft und den vielfältigen Stimmen der Nacht lauscht. Im Massai-Mara befanden wir uns in einem Zeltcamp unter weißer Führung, aber mit Massai-Bedienung, ein Erlebnis, das sich kein Afrikareisender entgehen lassen sollte. Wir waren alle begeistert und voll zufrieden. Im Fig-Tree-Camp (Massai-Mara) machten wir ebenso gute Erfahrungen.

Die frühe Morgenpirsch im Massai-Mara-Gebiet brachte uns wieder mannigfaltige Anblicke. Friedlich und ruhig lag die Savanne, und das Wild äste sich satt. Wir hörten nur das Rattern unseres Geländefahrzeugs, als es über den spärlich bewachsenen, sienafarbenen Boden fuhr. In der Ferne zog hoch am Himmel ein Adler mit eleganter Leichtigkeit seine Kreise und spähte nach einem Hasen, Dik-Dik oder Schakal aus, die ihm als Frühstück dienen könnten. Die Vielfältigkeit unserer Erlebnisse wollte nicht enden.

Vormittags starteten wir mit unserer "Piper" gen Norden. Wir überflogen die Highlands, die saftig grün unter uns lagen: Kaffee-, Tee-, Kakao-Plantagen. Fruchttragende Bäume, Palmen, Sträucher und blühende Blumen erspähten wir aus niedriger Flughöhe.

Samburu war unser nächstes Ziel. Schon an der schmalen Landepiste empfingen uns Samburus und boten uns von ihnen gefertigte Gegenstände an: Armreifen aus Kupferdraht, Samburu-Speere und Schilde, Glimmer-und

Quarz-Perlenschmuck und wenige Holzschnitzereien. Dieses Volk scheint kunsthandwerklich begabter zu sein als ihre berühmteren Massai-Verwandten. Samburus sind ein Massai-Stamm, eine "Absplitterung", die vor vielen Jahrhunderten stattgefunden hatte, als sie auf ihrem endlosen Suchen nach neuen Weidegründen und Wasser hier im Gebiet des Uaso Nyiro River, dem Fluß des braunen Wassers, ihre neue Heimat fanden. Das etwa 75.000 Menschen zählende, mehr kupferfarbene als dunkelhäutige Samburuvolk hat seinen Herrschaftsbereich zwischen Mt.-Kenia-Gebiet und der südlichen Grenze der Turkana-Region. Der Ort Maralal liegt im Samburuland. Männer und Frauen schmücken sich mit an bunten Perlenketten befestigten metallenen Dreiecken, die auf der Stirn hängen. Samburus sind gleich den Massai bedeutende Rinderzüchter, deren Wohlstand und Reichtum sich durch Viehherden ausdrückt.

Jedoch weiter im trockenen Norden halten die Samburu-Nomaden auch Kamele, Schafe und Ziegen und haben dabei ihr Leben weitgehend den Bedürfnissen ihrer Herden angepaßt. Sie sind wie Massai (250.000 Massai in Kenia und 150.000 in Tansania) und die etwa 9.000 Seelen zählenden Rendille und gehören zu den typischen Viehzüchter-Nomaden, den Menschen, die ein relativ freies Leben auf unserer so in Normen gepferchten Welt noch führen können. Die Rendille leben in Nachbarschaft mit den Samburu zwischen Marsabit und Turkanasee und gehören mehr zu den Hamiten. Sie sind keine Rinderzüchter. In dem ungastlichen Nordkenia sind umweltfreundliche und genügsame Kamele gegenüber Kühen bevorzugt. Behutsam gehen sie mit ihren huflosen Füßen, deren beide Zehen in der Mitte durch eine Haut verbunden sind, schonender über dünnen, empfindlichen Pflanzenwuchs als harte Rinderhufe. Sie fressen sogar vertrocknetes Dorngestrüpp und sind fähig, lange ohne Wasser auszukommen. Dem Rindvieh sind sie darin weit überlegen. Ihre Milch ist gehaltvoller und in Trockenzeiten wesentlich ergiebiger als bei Kühen.

Eigentlich wollten wir noch weiter bis Maralal fliegen und das bis zweitausend Meter ansteigende Hochland besichtigen. Aus Zeitmangel wurde in diesem Jahr nichts mehr aus unserem Vorhaben. Wir wollten sehen, ob noch die großen Herden der Steppenzebras ihre Fährte ziehen oder ob sie dort ebenso selten zu sehen sind wie hier und in der Nähe des Samburu-Game-Reservats.

Dort im Hochland wuchsen dichte Urwälder aus Akazien, Dumpalmen und Olivenbäumen, und es gab offene, mit Gras bestandene Savannen.

Im Unterschied zu Massai-Mara, wo wir in Zelten nächtigten, fanden wir im Samburu moderne Gebäude vor, gestalterisch der Landschaft weitgehend angepaßt. Der Restaurantbetrieb war gut durchorganisiert, eben noch mehr auf Tourismus eingestellt, aber keineswegs überladen. Alles war blitzsauber und geschmackvoll aufeinander abgestimmt, so daß man spürte, wie angenehm auch hier der Aufenthalt werden würde. Im Samburu-Wildgebiet existiert außerdem ein Zeltcamp, das Buffalo-Springs-Zeltcamp, in dem Unterkunft mit allen Annehmlichkeiten geboten wird.

Als wir in unser Zimmer gingen, hing die Sonne über dem Horizont; es war später Nachmittag. Wir hatten Blick auf den Uasho Nyiro Fluß, der in der Abendsonne golden glitzernd dahinfloß. Krokodile tummelten sich im Wasser. Das jenseitige Ufer ist bewaldet, große Bäume und Büsche bilden eine grüne Wand. Aus einer spärlichen Lichtung trat plötzlich aufgeregt ein starker Elefantenbulle hervor, wedelte mit seinen Tellerohren, stampfte mit den säulenartigen Beinen auf den Boden, daß wir vermeinten, ihn erzittern zu spüren, schwenkte den Rüssel auf und ab und trompete ein paar gewaltig kreischende Begrüßungstöne zu uns herüber. Genauso plötzlich wie der Elefant erschienen war, verschwand er wieder.

Samburu Game Reserve ist landschaftlich überhaupt nicht mit Massai Mara, Amboseli, Tsavo oder Serengeti zu vergleichen. Dumpalmen setzen der Flora andere Akzente, und Gebirgsketten umrahmen eine Urlandschaft eigenartiger Prägung, in der das selten gewordene Grevy-Zebra und Herden von Oryx-Antilopen zu finden sind. Dik-Diks, Gerenuk trafen wir oft an, und reichlich fanden wir Grant- und Robertson-Gazellen, rot eingestaubte Elefanten und Nashörner. Während einer Pirschfahrt fanden wir einen frisch gewilderten jungen Elefantenbullen. Aufgedunsen und stinkend lag er in der heißen Mittagssonne.

Unsere Flugsafari nahm ihr Ende. Wir durchstreiften im Geländewagen große Teile der Serengeti in Tansania, besuchten den gewaltigen Ngorongorokrater, durchquerten weite Strecken des Massai-Mara-Gebietes in Kenia, hielten uns kurz im Meru-Nationalpark auf, wo wir die Breitmaulnashörner antrafen und wo einst Georg und Joy Adamson (sie wurde kürzlich ermordet) mit ihrer Löwenfamilie lebten und erfolgreich selbst aufgezogene Löwen wieder an die Wildnis gewöhnten, und machten eine Stippvisite in Isiolo bis hin zum Samburu Game Reserve. Von diesem Wildschutzgebiet flogen wir dann zurück nach Nairobi.

Jagen am
Mt. Kenia

Auf dem Flugplatz empfing uns ein drahtig aussehender blonder Mann, liebenswürdig und korrekt, der deutsch-kenianische Berufsjäger Franz. In einem Restaurant erledigten wir die geschäftlichen Dinge. Das Umladen unserer Sachen, Besorgen der Leihwaffen - ich wollte ursprünglich wegen meiner gerade überstandenen Beinoperation nicht jagen -, der Lizenzen usw. verschlang einige Stunden kostbarer Zeit. Aber ohne Zeit und ohne sorgfältige Vorbereitungen sollte nie ein Start ins Jagdgebiet erfolgen. Alles klappte vorzüglich. Schon am späten Nachmittag starteten wir in Richtung Mt. Kenia-Gebiet. Von den Gipfeln der Berge sahen wir nichts mehr, als wir in ihre Nähe kamen. Es dunkelte, und die Fahrt dauerte mit dem großen Lkw und dem Geländewagen mehrere Stunden. Der Lkw mit Zelten, Proviant und Ausrüstung startete schon bald nach unserer Ankunft in Nairobi. Bei unserer Ankunft im Jagdgebiet und nach halbstündigem Suchen sahen wir ein Feuer lodern und fanden in einem Talkessel, versteckt unter Schirmakazienbäumen, die aufgeschlagenen Zelte vor. Wie bei allen Jagdunternehmungen standen für das Personal Zelte zur Verfügung. Eine unrühmliche Ausnahme all meiner Jagdreisen war die Safari mit Bud, wo die Schwarzen kein Zelt für sich bekamen. Vielleicht schliefen sie tagsüber, wenn wir auf Jagd waren, in unseren Betten?

Es wurde eine kurze Nacht. Das Palaver der Schwarzen und die nächtliche Arbeit zur Vervollständigung unseres Camps raubten uns den Schlaf.

Frühmorgens weckte uns ein unbeschreiblich schönes Vogelkonzert. Nach early morning tea, reichlichem Frühstück, Lage- und Programmbesprechung waren wir bereit. Aber erst die Waffen einschießen! Mir war immer wieder unverständlich, wie hundsmiserabel die Leihwaffen schossen. Die Dinger mußten doch vorher auch benutzt worden sein? Weshalb meterweite Abweichungen? Es vergingen tatsächlich drei Stunden, um drei Waffen auf zwei verschiedene Distanzen einzuschießen. Ich wollte beide Treffpunktlagen wissen. Ich hielt das für wichtig, besonders bei Waffen, die ich nicht kannte!

Wolfgang hatte sich eine 458er Winchester Magnum und eine 375 H & H geliehen, ich eine 8 x 68 S, ein Kaliber, das ich sehr gerne in Afrika führe. Meine Erfahrungen mit dem Kaliber waren ausgezeichnet. Kurz und gut, unsere drei Büchsen schossen genau.

Die ersten Stunden verwendeten wir damit, unser Jagdgebiet kennenzulernen. Berge, Hügel, bewaldete Schluchten, Täler, Gräben, Grasflächen und wieder Wald, Urwald, in dem die Bäume mit zersausten Bärten (Bartflechten) dem Bewuchs einen ganz anderen Charakter verliehen. Auf dem Waldboden wuchsen tischhoch Fackellilien (Kniphophia), deren Blütenkolben orangerot flammten. An feuchteren Stellen standen gelbblühende Senecioarten, Stauden, die zu den Korbblütern gehören.

Hier und da fanden wir bizarre Gräser auf den lichten Flächen, Gräser, deren Namen mir unbekannt waren, über deren Ähren, Hubschraubern gleich in der Luft flatternd, dunkle Witwenvögel mit ihren langen Stößen standen.

Wir sahen viele Paviane und erblickten Schimpansen auf Bäumen. Das seltene Kenia-Hartebeest, stark in der Trophäe und die glatte Decke rötlicher gefärbt als bei den Verwandten aus dem Massai-Mara-Gebiet, war reichlich vertreten. Bekannte Antilopen- und Gazellenarten, wenige Warzenschweine, Buschböcke, Bergriedböcke sahen wir während einer Fahrt auf einer felsigen Hügelkette. Der Geländewagen zitterte und stöhnte in allen Fugen; zweimal stiegen wir aus und mußten Hand anlegen, mußten schieben, um über den schmierigen und löcherigen Boden hinwegzukommen. Und dann waren wir gegen 10.30 Uhr oben auf dem Kamm. Welch bezaubernder Anblick! Der Mt. Kenia war noch deutlich zu erkennen. Rechts ragte der kleinere Lenana-Gipfel und links von ihm die Hauptgipfel, der Nelion und der Batian, schneeweiß in den blauen Himmel. Dort auf dem Hügel verweilten wir, dort oben stärkten wir uns mit ein paar Sandwiches und heißem Tee für die Nachmittagstour. Mächtig und stolz ragen die Gipfel aus einem Bergmassiv empor, das von einem grünen Waldgürtel umgeben ist. Ist es verwunderlich, daß die Massai diesen Gipfeln Namen ihrer Häuptlinge gaben, um über Jahrtausende Kunde zu geben von einem großen, wilden Nomadenvolk, welches sich kompromißlos, eigenständig und am Althergebrachten festhaltend, bis in die Gegenwart hinübergerettet hat? Viele Namen zeugen noch heute von ihrem Machtbereich, der sich bis zur Jahrhundertwende weiter in den Norden Kenias ausbreitete und sich südlich bis vor die Tore Dar es-Salams in Tansania erstreckte.

Während ich mir Gedanken über die Massai machte, zogen von unten immer mehr weiße Wolkenschleier herauf. Langsam stiegen sie als breites Band höher, aber noch zeichnete sich das Weiß der Gipfel gegen den blauen Himmel ab. Eiskalt wirkten sie auf mich, der ich in der Mittagshitze schwitzte.

Der Lenana-Gipfel war inzwischen im blauweißen Schleier der Wolken verschwunden, aber noch erkannte ich Batian und Nelion, noch zeigte sich ihr Weiß milchig verschleiert. Ich hörte in meinem Inneren den Ruf der Berge Kenias, näher zu ihnen zu kommen, sie zu besteigen. Am liebsten hätte ich die Jagdsafari abgebrochen, um durch den Mt. Kenia-National-Park zu fahren, die Bergnebelwälder zu durchwandern und weiter durch Moore bis hin zum Lenana-Gipfel zu steigen. Doch war ich gerade zehn Wochen zuvor Freund Hein von der Schaufel gesprungen, obwohl ich ihm schon die Hand gereicht hatte, und mußte jetzt mit diesen Beinverbänden herumlaufen. Bleibe mit deinen Gedanken hier auf dem festen Felsen, wo du gerade sitzt, sagte ich mir. Laß diese Träumereien. Jetzt kannst du es nicht, jetzt darfst du es vor allem nicht. Später, später, du kommst bestimmt zurück. Der Berg hört nicht auf zu rufen, und die Sehnsucht nach Ostafrika wird dich dein Leben lang festhalten ...

Ich döste vor mich hin, lehnte meinen Rücken an einen bemoosten Felsen, schlief ein wenig ein, und als ich erwachte, fühlte ich mich frisch, tatkräftig und - ja durstig nach Flüssigkeit und nach neuen fernen Zielen. Das Ziel war der Berg, aber er war verschwunden, untergetaucht in dem ihn täglich umgebenden Wolkenmeer.

Franz blinzelte mit seinen blaugrünen Augen in die Sonne. Seine gewellten blonden Haare hatten starken Wuchs. Er trug hohe Wildlederstiefel und Shorts. Neben ihm lag seine 458er Winchester Magnum Repetierer. Er sprach nicht viel, nicht am ersten Tag, sondern beobachtete die Natur, das Wild und uns. Ich spürte, wie er uns alle taxierte, unmerklich, um sich ein Bild von den neuen Klienten zu machen.

"Unserer Mannschaft fehlen noch wichtige Männer", sagte er unverhofft und unterbrach damit unser langes Schweigen. "Wir müssen noch die Tracker abholen."

Nach zwei Stunden unruhiger Fahrt gelangten wir in die Nähe einiger Hütten. Dorthin schickten wir unseren Skinner. Erst nach einer Stunde kam er zurück mit zwei baumlangen schlanken Männern und einem vielleicht 13jährigen Jungen. Ich merkte gleich, daß unser Berufsjäger nicht so ganz mit dem einen N'dorobo einverstanden war. Zwanzigminütiges Palaver, dann tauchte aus dem Wald ein weiterer schlanker Mann auf und kam mit langen Schritten auf uns zugelaufen.

Unsere N'dorobos waren Männer mit einem hervorragenden Einfühlungsvermögen. Ich hatte oft Gelegenheit, sie während der Jagd zu beobachten. Ihre Augen besaßen eine starke Ausdruckskraft und einen seltsamen Schmelz, der bei besonderer Beleuchtung eigenartig glänzte. Diese Augen sahen einfach alles, sogar auf weite Distanzen, bei denen wir ohne

212

Fernglas kaum etwas ausmachen konnten. Auch unser Berufsjäger konnte unwahrscheinlich gut sehen.

Der N'dorobo Karanja und auch Sikona benutzten auch ihre Nasen und schnupperten wie Tiere in vermeintliche Richtungen, wenn Blätterwerk den Blick versperrte. War der Wind kaum spürbar und kein Lüftchen wehte, holte er aus seiner Hosentasche einen simplen Jutebeutel, dessen Inhalt aus feiner Holzkohlenasche bestand. Mit diesem Beutel stäubte er und konnte beobachten, wie feine Ascheteilchen in der Sonne glitzernd in niedlichen Tanzbewegungen zum Boden schwebten. Geringste Luftbewegungen wurden ihm so angezeigt, besser als durch den verräterischen Rauch einer Zigarette.

Bereits eine Stunde lang holperten wir unserem Camp entgegen. Mit uns kamen zwei N'dorobos und der Junge, denn er sollte angelernt werden. Franz meinte, sollte er sich bewähren, wolle er es mit ihm probieren. Er würde ihn behalten, ausbilden und für spätere Jagdreisen einsetzen.

Jetzt gegen Abend zeigte sich wieder reichlicher Wild. Ein Klopfen auf das Dach des Fahrerhauses, und der Wagen stoppte. Der White Hunter kletterte auf die Pritsche, und ein paar Minuten später wußten auch wir, daß in rund 500 Meter Entfernung bei einem Grantgazellenrudel eine Oryx-Antilope stand.

"Wollen Sie den Oryx, der ist stark?"

Der N'dorobo Karanja, der Berufsjäger und Wolfgang pirschten sich am Randstreifen einer bewaldeten Zone an das Wild heran. Dreißig Minuten später brach ein Schuß. Mit dem Glas konnte ich gut beobachten, wie der Oryxbock nach ein paar Fluchten, getroffen von dem 19,4 Gramm Tombak-Teilmantelgeschoß, zusammenbrach. Wir fuhren zum gestreckten Stück Wild. Ich schnitt einen Bruch von einem Busch und reichte ihn dem Erleger, weil kein anderer es tat. In Afrika sind die Sitten etwas anders, aber unter deutschen Jägern sollte versucht werden, unser Brauchtum auch in fernen Landen nicht ganz zu vergessen.

Wolfgang schoß in der Savanne ausgezeichnet, nicht aber im Busch. Er war ein netter Gesellschafter, und wir verlebten herrliche Stunden miteinander, auch später hier in Deutschland, aber von Jagd verstand er, so schien es, nicht allzuviel. Ihm fehlte hierfür einfach die Antenne ... Er war eben Sportschütze auf Zielscheiben. Aber Wild ist keine Zielscheibe. Da mache ich Unterschiede.

Der kapitale Oryx war bald versorgt und aufgeladen. Langsam zockelten wir mit dem Wagen weiter in Richtung Camp.

Am Lagerfeuer wurde die Nacht nicht lang. Ich "vertrat" mir noch ein wenig die Beine und schaute in den sternenübersäten, dunklen Nachthimmel, lauschte den Tierstimmen... Wir waren alle müde von den letzten Reise- und Besichtigungsfahrten.

Am nächsten Morgen fuhren wir in aller Frühe in Richtung Quamwaki-Farm. Es war ein ganz anderer Weg, und der Motor stöhnte und ächzte eine langgestreckte Hügelkette hinauf. Von dort wollten wir Ausschau nach Wild halten. Es war erfolglos. Dann gelangten wir nach längerer Zeit an einen kleinen Berg, auf dem sich einst ein Massai-Häuptling versteckt und von dort seine Kämpfe siegreich geführt haben soll. Dort hielten wir. Überall in Ostafrika wird gern von Massai erzählt. Da mich dieser Volksstamm besonders interessiert, vertieften wir unbeabsichtigt unser Gespräch.

"Das Massai-Land ist als Jagdland seit Jahrzehnten beliebt", sagte unser White Hunter, "aber heute hat es keinen Sinn mehr, dorthin eine Jagdsafari zu unternehmen. Das Massai-Land ist überjagt. Nahe gelegen am Knotenpunkt Nairobi, ist es leicht zu erreichen. Es ist interessant für alle Touristen, Jäger und Händler."

Das konnte ich ihm bestätigen: Am Fuße des Quamwaki-Felsens hockten wir uns auf den Boden, tranken ein wenig Tee und plauderten.

Uns wurde von einem Massai erzählt, der ein listenreicher Mann war und dort ein "kleines Feuer" entfachte, denn Quamwaki heißt wörtlich übersetzt "Kleines Feuer".

Bald war unsere "Siesta" beendet. Wir kletterten auf den Landcruiser und setzten unsere Pirschfahrt fort.

In einer offenen Savannenlandschaft, von nur wenigen dürren Schwarzgallenakazien (Acacia drepanolobium) bestanden, erblickten unsere Tracker Karanchi, Loretto und Sikona - sie alle waren an diesem Tage mit von der Partie -, weit entfernt Wild. Das bekannte Klopfen auf dem Dach. Unser Fahrer Karanja hielt, und Franz sprang aus dem Wagen, kletterte auf die Pritsche, um höher zu stehen.

"Grants, Impalas und Zebras", sagte er uns, die wir schon mit dem Fernglas das Wild beobachteten.

"Darf ich mal das Glas haben?" fragte er. "Ein starkes Zebra ist darunter, vermutlich ein Hengst, aber auch unter den Grant-Gazellen und Impalas sind kapitale Trophäenträger. Wer will?"

Wolfgang meldete sich. Noch mußten wir näher heranfahren, der Weg war unnötig weit. Dann marschierten zwei Tracker, Wolfgang und der Berufsjäger los, immer die wenige Deckung geschickt ausnutzend. Sikona trug ein Dreibein aus dünnen Stangen, eine Schießhilfe für weite Schüsse.

Es dauerte nicht lange, da hörten wir den Schußknall über die Savanne belfern, und deutlich vernahmen wir den dumpfen Kugelschlag des 19,4 Gramm schweren Teilmantelgeschosses auf dem Wildkörper. Der Zebrahengst ging, ohne zu zeichnen, noch relativ weit mit erhobenem Haupt trotz der schweren Kugel aus der 375 Holland & Holland-Büchse. Plötzlich schwankte er und war verendet.

Der nächste Tag begann früh für uns. Wir mußten hoch auf das Felsenplateau steigen, von dem wir in ein großes, mit Sträuchern und Bäumen bestandenes Tal blicken konnten.

Die Pirsch wurde mit einer eigenartigen Ermahnung kurz und bündig eingeleitet: "Wenn einer hinter mir schießt, breche ich die Jagd ab, das ist hoffentlich klar?"

Die Belehrung galt wohl mehr dem Sportschützen. Ich fühlte mich ohnehin nicht angesprochen. Franz vermutete im Tal Büffel. Vorsichtig pirschten wir uns auf einen Felsblock, dann über eine Felsnase, über die wir in das Tal sehen konnten. Wolfgang hatte den Vortritt. Ganz behutsam, Zentimeter um Zentimeter rückte er nach vorne, um freie Sicht zu haben. Ich selbst sah die Büffel erst, nachdem der Schuß heraus war. Mit der 458er beschoß Wolfgang einen sehr starken Büffel und traf knapp hinter dem Blatt. Schwankend, schwer krank zog der Büffel in die Deckung und war bald unseren Blicken entschwunden.

Wolfgang durfte nicht mit auf den letzten Weg. Das besorgte Franz mit den Trackern Karanchi und Sikona. Er war sehr verantwortungsvoll. Ich bewundere in dieser Hinsicht die echten White Hunters, die den letzten, oft gefährlichen Gang lieber allein mit erfahrenen Trackern machen. Für mich als Jäger würde eine derartige Lösung unbefriedigend sein, sie hatte nichts Endgültiges.

Es verging eine endlose Zeit. Nach fünf Stunden fielen die ersten Schüsse. Es muß schwierig gewesen sein, an diesen Büffel heranzukommen. Wie uns Franz berichtete, wollte das waidwunde Tier nicht aufgeben. Es setzte sich zur Wehr und startete zwei Angriffe. Franz mußte mehrere Schüsse in dem Dickicht abfeuern. Eine Kugel saß voll in der Kammer, und die nächste schoß er auf den Träger. Erst danach brach der Büffel zusammen. Es war ein starkes Stück mit weitausladenden Hörnern. Wir freuten uns alle, und diesmal nahm auch Wolfgang unser herzliches Waidmannsheil freudig entgegen. Fotos wurden gemacht. Die Versorgung dauerte nicht lange. Haupt, beide Keulen und Filetstücke wurden abgeschärft und mitgenommen. Das andere Wildbret blieb für die ansässige Bevölkerung. Wie wir jedoch nach zwei Tagen feststellten, war ihnen der Weg zu weit und zu beschwerlich. Deshalb verzichteten sie, ohne uns davon in Kenntnis zu setzen. Die Mentalität Eingeborener ist eine andere ...

Den ganzen Vormittag über war es sehr heiß. Gegen Mittag wurde es schwül. Der Himmel bewölkte sich stark. Von ferne hörten wir das Grollen des Donners. Blitze zuckten. Dann brach ein infernalisches Gewitter los mit gewaltigen Regengüssen. Der Donner schallte weit in die Berge, fing sich und kam als Echo zurück an unsere Ohren, ähnlich fernem Dröhnen von starkem Geschützfeuer. Wir befanden uns auf der Pirsch, hoch im Hügelland, zwischen Bäumen, Felsen und Wild. Der Boden wurde weich, schmierig und glitschig. Wir beeilten uns, zum Wagen zu kommen. Völlig durchnäßt erreichten wir ihn, jedoch zu spät. Das Regenwasser lief in Strömen die Hänge hinab, und die schmalen Rinnsale des Vormittags, durch die wir noch bequem mit dem Fahrzeug gelangt waren, waren inzwischen zu reißenden Gebirgsflüssen angeschwollen. Was tun?

Wir mußten auf den Landcruiser verzichten. Der Tracker Sikona und der Fahrer Karanja blieben zur Bewachung zurück und erhielten zu ihrem Schutz ein Gewehr als Waffe. Wenn am nächsten Vormittag das Wasser weniger geworden war, sollten sie versuchen, den Gebirgsbach zu durchqueren, um zum Camp zu kommen. Wir nahmen unsere Utensilien und Gewehre und pirschten flußaufwärts über glitschige Felsen und sperrenden Bewuchs. Unser Ziel war es, dahin zu gelangen, wo der Bach noch schmal war, nicht angeschwollen von reißenden Wasserfluten.

In 350 bis 400 Meter Entfernung auf der anderen Seite des Gebirgswassers erspähten wir zwei Elenbullen. Franz schlug mir vor, die Chance zu nutzen und einen davon zu strecken. Aber die Elen standen nicht still. Sie zogen schnell den Berg hinauf.

Ich suchte einen günstigen Standort, an dem ich auflegen konnte. Als hätten die Elen geahnt, was ich beabsichtigte, beschleunigten sie ihre Bergaufflucht, flink wie Gemsen. Vom zügigen Klettern schlug mein Herz bis in den Hals, ich atmete schneller. Die Elen waren gut über 400 Meter von mir entfernt. Auch bei einem großen Wildkörper eine für mich fremde Distanz. Natürlich schoß ich vorbei. Eigentlich war ich froh darüber, denn die Bergung des Wildbrets wäre eine arge Quälerei geworden!

Nach zwei Stunden Berganmarsch fanden wir eine günstige Stelle zum Überqueren. Dicke Findlinge und Felsbrocken lagen im Bachbett, um sie herum sprudelte und drängte das Wasser bergab. Über acht dieser großen Brocken mußten wir springen und klettern, um an das andere Ufer zu gelangen. Hannelore sprang wie eine Gazelle von Findling zu Findling, unter und neben ihr das rauschende Wasser.

Wolfgang war zünftig wie ein verwegener Abenteurer mit rotem Halstuch und derbem, hellem Safarianzug gekleidet. An den Füßen trug er dicke lederne Knobelbecher, mit denen er einem alten Landser aus dem Rußlandfeldzug glich. Er war groß und schwer gebaut und sah aus, als könne er allein einen Löwen mit den bloßen Händen erwürgen. Seine sportlichen Konditionen hingegen waren kläglich. Er schnaufte wie eine Lokomotive und war vom Schweiß nasser als vom Regen. Alle kamen wir gut über die Felsen. Nur Wolfgang rutschte aus und maß nicht nur die Tiefe des Baches; er konnte auch feststellen, wieviel Wasser seine Knobelbecher faßten ...

So außergewöhnlich sind Regenfälle in den Bergen und das Abgeschnittenwerden vom Heimweg nicht. Am Vortage hatte es uns erwischt. Der Landcruiser mußte neu betankt werden; Abladen des Wildbrets, der Trophäen, Umladen der Sachen und anderes -, bis das "Okay" kam, verging Zeit.

Bald danach befanden wir uns wieder im Busch. Warzenschweine und den gewünschten Buschbock trafen wir nicht an, dafür hatten wir zu später Tagesstunde reichlich Anblick von Wild.

Auf den Hügeln und Höhenzügen wechselten offene Felsen und Grasflächen mit dichten, urwüchsigen Wäldern ab. An den Ästen vieler Bäume hingen lange und dicke, graugrüne Bartflechten. Überall sah es nach "Rübezahl-Märchen" aus. Oft erblickten wir in dem wirren Durcheinander der bemoosten, flechtengrauen Zweige das leuchtende Rot der grazilen Gloriosa, die zu dieser Jahreszeit voll blühte. Goldgelb leuchteten ihre Staubgefäße und rot die Blumenkronblätter. Auf dem Boden wuchsen und blühten immer wieder Fackellilien, gelbe Senecioarten und andere Korbblütler, wie im Garten Eden.

In der morgendlichen Frühe waren diese Wälder oft tropfnaß, und wenn man durch das Gewirr von Ästen und Zweigen und Flechten ging, wurde man naß wie eine Katze. An manchen Stellen stand der Busch so dicht, daß man nicht einmal einen Elefanten hätte hindurchtreiben können.

Mit Franz wurde eigentlich nicht ziellos gejagt, obwohl man manchmal den Eindruck haben konnte. Wir fuhren oder gingen zu Fuß in eine bestimmte Richtung, ließen uns von dem Gedanken treiben, es könnte uns Wild über den Weg laufen. Der Fährtenleser Sikona lief voraus, schlenkerte mit seinen langen dünnen Armen lässig, gleichgültig, sah dorthin, schnupperte in diese oder jene Gegend, betrachtete im Gehen den Boden nach Fährten. Er tat so, als reiche es ihm aus, wenn der Tag etwas bescherte und wenn nicht, dann eben nicht ... Der nächste Tag war auch noch ein Tag. Hier trog der Schein gewaltig! Plötzlich wurde der N'dorobo ganz heimlich, vorsichtig, dann stellte sich der Erfolg oft und schnell ein.

Jeder Fährtenleser oder Berufsjäger, mit dem ich jagte, hatte so seine eigenen Wildbeobachtungen angestellt. Jeder studierte auf seine Art die Gewohnheiten der Wildtiere, beobachtete Pflanzen und das Wetter und zog für seine Jagdunternehmungen seine Schlüsse. Er schwor auf sein Rezept. Dem einen lag mehr die Pirsch. Sie ist viel interessanter, aber auch gefährlicher. Dem anderen gefiel mehr der Ansitz. Ich beobachtete, daß unser Berufsjäger genau wußte, an welcher Stelle und zu welcher Stunde sich das Wild in einer bestimmten Jahreszeit befand. So planlos, wie es schien, waren seine Unternehmen nie. Er wußte ganz genau,was er wollte.

Manchmal saßen wir lange auf einem Hügel und beobachteten die weite Umgebung, um sie nach der geringsten Bewegung abzusuchen. Vielleicht bemerkten wir das Rupfen des Wildes an einem beblätterten Zweig eines Strauches oder das Wackeln eines Baumes, an dem das Wild äste oder sich Zecken aus der Decke schubberte, oder wie die Lauscher des Wildes Fliegen abwehrten, oder der Wedel nach Geschmeiß über den Rücken und an die Dünnungen schlug. Dann war die ganze Jagdgesellschaft munter, dann suchte jeder nach dem stärksten Trophäenträger, und war dieser erkannt, wurde sogleich der Jagdplan geschmiedet. Knappe Anweisungen wurden gegeben. Wir waren schnell ein eingespieltes Team unter guter Führung.

Einige Male warteten wir lange vergeblich. Dann schickte unser Jagdführer Karancho, Loretto oder Sikona - wer eben gerade noch mit von der Partie war - zu einem anderen Aussichtspunkt, einen anderen Teil des weiten Landes kontrollierend abzusuchen. Selten nur nahm ein N'dorobo ein Fernglas mit. Sie vertrauten auf ihre vorzüglichen Augen. Wenn sie von ihren Streifzügen zurückkamen, bemerkten wir es kaum. Plötzlich waren sie wieder da und tuschelten leise mit ihrem Jagdführer. Diese Männer konnten sich hervorragend unbemerkt im Gelände bewegen. Ihre Nasen besaßen vermutlich stärker ausgebildete Riechzellen, denn sie "windeten" oft schon auf weitere Distanz Wild.

Als ich einmal auf diese "Nasenleistungen" aufmerksam gemacht wurde, ergänzte ich: "De künnt sogor Kattenschiet im Dunkeln rücken." Da hatte ich wohl trotz der Heiterkeit zuviel gesagt ...

Jagdhelfer mit Zebradecke. >

Jörns Impalabock im Mt. Kenia-Gebiet.

**Busch- oder Steppenschliefer sind kleine, murmeltiergroße Huftiere und nahe
Verwandte des Elefanten.**

Oft waren wir so nahe am Wild, daß sogar wir mit unseren unempfindlichen Europäernasen den Geruch des Wildes erschnüffelten, es aber nicht sehen konnten.

Es gibt jedoch Wild, das "weiße Nasen" sofort Riechen: Affen, vor allem Paviane und Schimpansen stinken erbärmlich und so intensiv, daß wir sie schon auf weite Entfernung rochen. Im Lande der Giryamas entlang der Kokusnußküste oder im Taitagebiet und in Kikuyu- und Wakambadistrikten und auch im Mr.-Kenia-Gebiet, überall dort, wo schmackhafte Früchte wuchsen, erlebte ich die Affen. Ich sah, wie sie Gärten der Eingeborenen und Plantagen plünderten.

Anläßlich einer Besuchsreise kam ich durch Obstgärten und Plantagen. Wir stiegen aus dem Fahrzeug, um uns die Bäume anzusehen, um die Früchte zu betrachten. Bevor ich die Paviane sah, roch ich sie bereits. Sie stanken.

Schimpfend deckten drei männliche Paviane den Rückzug der Herde. Von den Affen sah ich acht weibliche Tiere mit sechs Jungen. Sie verschwanden ziemlich schnell im Graugrün der Gehölze. Sie fauchten mich an, als ich ihnen folgte, und fletschten ihre kräftigen Zähne. Keinen Schritt ging ich weiter, um sie nicht noch mehr in ihrer maßlosen Wut zu reizen. Schließlich war ich nach ihrer Auffassung der "Störenfried", der sie belästigte.

Der Schwanz der Paviane nimmt ungefähr die halbe Länge ihres Körpers ein und steht von der Schwanzwurzel zur Hälfte steif und etwas nach oben gerichtet ab, während das restliche Ende ziemlich schlaff wie ein Wedel ohne Quast herunterhängt. Der Schwanz ist ein untrügliches Erkennungsmerkmal der Paviane. Die Backenbehaarung ist hellgrau, während Stirn und Windfang dunkeloliv gefärbt sind. Im Ganzen wirkt die Decke der Paviane hellgrau bis oliv und ist mit diesen Farben ausgezeichnet der Umgebung angepaßt.

Paviane sind die Lieblingsspeise von Leoparden. Als vor vielen Jahren wegen der schönen Fellzeichnung Leoparden gewildert wurden, nahmen die Paviane gewaltig zu. Ihre natürlichen Feinde, die Leoparden, wurden rar. Sie sind in ihrer klugen und auch dreisten Art zur Landplage vor allem der Ackerbau treibenden Afrikaner geworden. Sie sind intelligente Tiere und lassen sich kaum durch Fallen oder vergiftete Köder verführen. Ich habe oft erlebt, wie dreist und frech sie sind. Sie scheuen nicht die Nähe von menschlichen Ansiedlungen, um ihren Hunger zu stillen und Maisfelder zu plündern und Sorghumstengel abzubrechen.

Paviane zählen nicht zu den besonders schönen Vertretern der großen Affenfamilie. Sie sind neben den Menschenaffen jedoch die größten und kräftigsten Vertreter der Affen. Ich konnte deutlich beobachten, wie sie ihre Lippen so drollig bewegten und ein Mienenspiel zeigten, wie Komiker auf der Bühne. Im Unterschied zum Menschen heben sie bei Erregung oder Wutanfällen nicht die Arme und ballen sie zur Faust, sondern schlagen kräftig mit den Handflächen auf den Boden. Solche atavistischen Gefühlsäußerungen habe ich allerdings auch schon beim Menschen erlebt!

Paviane sind flegelhaft gegenüber jedem anderen Lebewesen. Mit ihrem zornigen Blick und ihren stets bei kleinster Störung durch Mensch oder Tier gefletschten Zähnen, vor allem den starken Eckzähnen, machen sie keinen freundlichen Eindruck. Bei ungenauem Hinsehen erwecken sie Furcht, aber in Wirklichkeit liegt in ihrem Blick etwas Ängstliches. Nicht immer, Vorsicht! Darin verbirgt sich eine Gefahr, ähnlich wie bei einem Hunde, der aus Angst heraus beißt, nicht etwa aus Mut und Draufgängertum. Das wären ganz andere Charaktere. Aber dennoch, Mut haben Paviane! Wütende, gereizte Paviane im Rudel können äußerst gefährlich sein. Ihre starken Gebisse, stärker als die eines Leoparden, machen sie beinahe genauso kräftig wie Löwe und Leopard.

Wir trafen Paviane oft auf unseren Jagdzügen an. Ohne sie hätte etwas auf unserer Safari gefehlt.

Außerdem sind die Paviane trotz ihres gegenseitigen Absuchens voller Ungeziefer und starren vor Dreck. Das kommt sicherlich daher, weil sich ihr Leben auf dem Boden abspielt. Paviane sind keine Affen, die auf Bäumen leben und turnen und von Ast zu Ast hangeln. Sie sind wohl geschickte Kletterkünstler, aber ihr Körperbau ist dennoch schon auffällig dem Leben auf dem Erdboden angepaßt. Dort ist ihr großes Betätigungsfeld. Schließlich sind sie nahe Verwandte des Menschen.

Bäume werden nur zur nächtlichen Ruhe aufgesucht; sie sind allein Mittel zum Zweck, sich ungestört nach des Tages Raubzügen der Ruhe hinzugeben.

Affen habe ich nie bejagt, das widersprach meiner inneren Einstellung.

Nach diesen Abschweifungen wollen wir weiter das Jagdleben betrachten:

Leider hatten wir kein Glück. Der Rückweg zum Camp führte durch hohen, dichten Baumbestand. Das Fahrzeug mußte vorsichtig gefahren und zwischen die Baumlücken lanciert werden. An jeder Seite der Pritsche stand ein Schwarzer und gab dem Fahrer Anweisungen durch Klopfzeichen und Fuchteln der dünnen Arme, selten durch Zuruf. Manchmal gingen wir nebenher. Plötzlich krachte es, und schiefer als der Turm von Pisa standen Aufbauten samt Spriegel und Seitenwänden des neuen Fahrzeuges. Ein langes Palaver, von dem ich nichts verstand, ein Geplapper und Augenblitzen, Mienenspiele in allen Variationen. Notdürftig wurde mit viel Mühe, Strikken und Drähten repariert. Nach Beendigung der Jagd mußte das Fahrzeug in die Werkstatt.

Nach dem ersten Whisky am Lagerfeuer wurde uns wärmer, und wir hielten noch ein Plauderstündchen aus. Ich hatte Verständnis für den Ärger, vor allem weil ich weiß, wie hart Geld verdient werden muß.

Das "Büro" unseres Berufsjägers war ein mittelgroßer Klappkoffer - natürlich nur auf Safari - für Abrechnungen und die schnelle Beantwortung von Geschäftsbriefen in den Jagdpausen. Wenn wir schon schliefen, saß er oft im Messezelt bei der Gaslaterne und arbeitete. Berufsjäger müssen kerngesund sein. Das Leben im Busch erfordert Passion und Aufopferung für die jagenden Klienten. Leichtfertiges Urteilen über dieses Leben fällen nur Menschen, die wenig Ahnung von der Jagd haben.

"Wie gerät man überhaupt an diesen Beruf in Kenia?" fragte ich.

Er machte eine Handbewegung, die vieles bedeuten konnte. Sein Grinsen und seine klaren Augen sagten mir mehr. Wie kam Franz überhaupt nach Ostafrika? Das interessierte mich ungemein. Deshalb stellte ich die Frage direkt.

"Afrika", erzählte er mir, und seine Augen leuchteten wie das lodernde Lagerfeuer, an dem wir saßen, "Afrika hatte mich schon immer gelockt. Daß ich einmal Berufsjäger, White Hunter, werden würde, davon träumte ich nicht einmal. Dennoch verspürte ich einen gewissen Hang zur weiten afrikanischen Landschaft mit all ihren Lebewesen, dem fremden Wild, den unbekannten Pflanzen."

"Die Jägerlaufbahn war also gar nicht das anfängliche Ziel?" wollte ich wissen.

"Nein, ganz fehl gedacht, ich bin gelernter Bierbrauer."

Ich war sprachlos.

"Dafür ist ihre Figur aber schlank und drahtig!"

"Als Bierbrauer muß man ja kein aufgeschwemmter Fettsack sein."

"Ausnahmen bestätigen die Regel, aber was hat Bier mit der Jagd zu tun? Bier schmeckt nach der Jagd gut, aber ...?"

"Ich hatte, wie gesagt, Bierbrauer gelernt, und kurz nach Abschluß meiner Ausbildung erfuhr ich, daß in Nairobi eine Brauerei gebaut werden sollte. Für dieses Vorhaben wurden Fachleute gesucht. Ich meldete mich, wurde angenommen, und schon war ich in Kenia."

"Dann haben wir dem Franz zu verdanken, daß es Kenia-Bier gibt und uns den Durst löscht?"

"Während dieser Tätigkeit hatte ich viel mit Schwarzen zu tun. Ich lernte ihre Sprachen, versuchte, ihre Mentalität zu verstehen. Ich war begeistert von Kenia, von diesem Leben unterhalb des Äquators. Ich könnte noch stundenlang erzählen, aber morgen wollen wir früh zur Jagd!"

"Nur bitte einen kurzen Abriß, es interessiert uns!"

"In einem fremden Land lernt man viele Leute kennen - nur nicht die richtige Frau."

"Noch Junggeselle?"

"Noch bin ich zu haben. Wer soviel vorhat und ständig im Busch lebt, findet keine Zeit für die holde Weiblichkeit."

"Das gibt es doch nicht!"

"Doch, doch, jede Frau kann dieses Leben nicht meistern, denn viele Monate des Jahres bin ich tatsächlich im Busch. Die Regenzeit führt mich nach Nairobi." Inzwischen gehört sein Junggesellendasein der Vergangenheit an.

"Ich lernte viele Menschen kennen, fand den Weg zu den Fliegern Kenias, machte den Pilotenschein und verdiente mir, als die Brauerei florierte, nebenbei meinen Unterhalt mit Safariflügen. Auch heute noch mache ich geschäftliche Flüge, Safariflüge etc. Aus der Übung darf und will ich nicht kommen. Durch die Fliegerei fand ich Kontakte zu den White Hunters. Und so wurde ich nach jahrelanger Ausbildung und Prüfung Berufsjäger."

Es wurde draußen am Feuer feucht und kühl. Wir spürten, wie uns die Kälte den Rücken emporkroch. Mit einem "Gute Nacht" verschwanden wir in unseren Zelten. Franz gab den Schwarzen noch Anweisungen. Um Mitternacht saß er noch im Zelt und arbeitete!

Wir saßen im Messezelt und frühstückten, während es draußen wie aus Kübeln goß. Wir erzählten von Wolfgangs Büffel und dem, den ich selber erlegen wollte. Tags zuvor hatte ich meinem Sohn versprochen, daß er ein Impala und eine Grantgazelle schießen dürfe. Sie beide spendierte ich ihm unter der Bedingung, daß er sie sauber treffe und waidgerecht aufbreche. Sofort war er mit allen Bedingungen einverstanden. Er schoß eine saubere Kugel auf Kaninchen, das durfte er schon mal als Fünfzehnjähriger, wie ich es einst als Junge zusammen mit meinem Vater tat. Damals waren andere Zeiten. Welcher Junge ist nicht Feuer und Flamme bei solch einem Angebot? Es sollte aber doch anders kommen ...

Die Sonne stand hoch am Himmel und sengte auf die Erde nieder. Es dampfte wassergrau und duftete würzig nach fruchtbarer Erde und sprießenden Gewächsen. Wäre es nicht gerade der Monat Juli, lägen bestimmt unter dem breitausladenden Jaccarandabaum die violetten Blüten, herabgeschlagen von den schweren Regentropfen, wie es damals im Massailand nach dem nächtlichen Gewitter war. Jetzt trug der Jaccarandabaum ein grünes Blätterkleid, und Fruchtstände lagen am Boden. Der Geländewagen rutschte noch auf dem schmierigen, aufgeweichten Boden, aber lange dauerte es nicht, dann hatte die Sonne die oberste Schicht so getrocknet, daß die Räder faßten und ohne Zerstörung der Oberfläche rollten.

Klopfen auf dem Dach. Karanchi hatte ein Impala ausgemacht.

"Jörn, mach dich fertig!" sagte Franz. Sie pirschten den Impala-Bock an. Es war nicht weit, vielleicht dreihundert Meter im Schirmakazienbusch. Diffuses Licht. Jörn strich am Baum an und schoß auf 150 Meter vorbei. Als ich sah, wie aufgeregt der Bursche war, fragte ich, wieviel Kaffee und Tee er morgens während des außergewöhnlich langen Frühstücks getrunken habe. Kleinlaut gestand er: "Drei Tassen Tee und vier Tassen Kaffee." Sein Herz schlug ihm also bis zum Hals. Die Jagd war für diesen Tag für ihn beendet.

Beim nächsten Impalabock im gleichen Gelände mit diesen diffusen Lichtverhältnissen schoß auch Wolfgang vorbei. Sollte das Gewehr nicht mehr stimmen? Probeschuß. Das Gewehr war in Ordnung.

Im dritten Anlauf schoß Wolfgang seinen Impalabock. Die Jagd im Busch ist eine andere als die in der offenen, freien Savanne. Der Tag neigte sich seinem Ende zu.

Ein neuer Tag, der Morgen begrüßte uns ohne Regen. Die Pflanzen zeigten sich ganz anders, sie waren feucht von der Nacht. Blüten, Blätter und Zweige glitzerten im goldenen Licht der frühen Sonnenstrahlen. Vielchöriges Vogelkonzert, von überall aus den Bäumen begrüßten die gefiederten Gesellen den neuen Tag.

"Möchte gern wissen, weshalb ich gestern so aufgeregt war?" fragte mich Jörn.

"Dein erstes Schalenwild, der viele Kaffee und Tee und die Frotzelei, ist doch klar. Das hält kein Erwachsener aus."

"Heute treffe ich, und du kommst bitte gleich mit. Ich habe nur Mineralwasser getrunken!"

"Hoffentlich kriegst du keine Läuse im Bauch, und die Biester stören dich dann."

"Keine Angst! - Ob wir heute wieder so einen kapitalen Impalabock finden?"

"Ich glaub' schon. Genau weiß man es erst, wenn er auf der Decke liegt. Das ist nun mal so bei der Jagd."

"Wie kommt es, daß hier so viel Wild ist, viel mehr als im Massailand?" fragte mein Sohn.

Ich versuchte ihm zu erklären, daß es an vielen Faktoren lag, an der Überweidung, an der Trockenheit, am Tourismus, am Jagddruck, an der Ausbreitung des Menschen. Das sah man an der Fluchtdistanz und an der geringeren Wilddichte.

"Büffel fanden wir überhaupt nicht im Massailand, nur in den Parks."

"Der Büffel ist wohl noch gerissener als der Elefant, er sucht schneller andere Einstandsgebiete auf, um ruhig leben zu können."

"Schau, Jörn", sagte Franz, als wir ein Stück gegangen waren.

"Das hier sind keine Trittsiegel von Rindern, das sind original Büffel-fährten. Hier wirst du noch viele Mbogos sehen, wie die Eingeborenen die Büffel nennen ..."

Wir pirschten noch einige hundert Meter zwischen Grassavanne und dichtem Gestrüpp, dann kamen wir aus dem Grasgebiet direkt in den Busch. Wir vermieden jedes unnötige Geräusch, achteten auf jeden trocke-nen Zweig, der uns durch sein Knacken hätte verraten können. Weit ver-nehmbar war jeder Laut.

Karanchi verhoffte für einen Moment, steckte seinen Finger in den Mund und hob ihn, naß, wie er vom Speichel war, vorsichtig hoch. Er pro-bierte den Windzug. Dann ging er in die Knie und deutete uns an, dasselbe zu tun. Mit ein paar Fingerbewegungen hinter seinem verlängerten Rücken winkte er seinen Jagdführer und Jörn heran.

Nun sahen auch wir das Wild. Es war ein Trupp Impalas, aber kein kapi-taler Bock war dabei, nur Jünglinge. Jörn wurde an einen Baum dirigiert, damit er mit dem Gewehr anstreichen konnte. Franz legte die Hand auf Jörns Schulter und flüsterte in sein Ohr, geradezu väterliche Ruhe auf den Jungen ausstrahlend. Jörn zog die 375 Holland & Holland fest ein, zielte ganz kurz, dann brach der Schuß. Berufsjäger und Tracker klopften dem Schützen auf die Schulter. Aber wie und wo saß die Kugel, die er dem Bock angetragen hatte? Ein letzter Fluchtsprung, dann lag der Bock veren-det im gelben Gras. Kammerschuß. Besser konnte die Kugel nicht sitzen. Ein herzliches Waidmannsheil zum ersten Stück Schalenwild und der schweißbenetzte Bruch waren ein freudiges Erlebnis. Die Schußdistanz betrug 130 Meter. Es war ein kapitaler Impalabock.

Er wurde unter Aufsicht und Begutachtung vorschriftsmäßig vom jungen Jäger aufgebrochen und versorgt. Dann trugen ihn die Schwarzen zum Fahrzeug.

226

"Noch bin ich nicht mit mir zufrieden; erst das zweite Stück Wild wird mir Beweis und Genugtuung zugleich sein, ob ich mit diesem Schuß nicht nur Glück hatte", sagte Jörn auf dem Wege zum Wagen.

"Den Beweis wirst du bald selbst erbringen können, nur abwarten!"

Inzwischen war es Nachmittag geworden. Wir fuhren einige Meilen weiter, denn hier im Busch war die Pirsch auf Grantgazellen sinnlos. Mitten auf einem freien Gelände mit knie- bis hüfthohem Graswuchs sahen wir Grants, Thommies, Robertson-Gazellen und einige Zebras. Es war nicht möglich, nahe an das Wild heranzukommen. Zu viele Augen sicherten die weite Umgebung. Von allen Seiten konnten auch wir gesehen werden.

Nichts geschah in Eile, zumindest bis kurz vor dem Schuß. Jeder Schritt, jede Handlung war durchdacht. Oder geschah alles intuitiv? Überraschungen, von denen wir nichts ahnten, konnte es dennoch geben. Unser Jagdführer hatte einen sicheren Instinkt und ein Empfinden für richtige Maßnahmen. Bei einem Naturtalent wie ihm saugten sich die gesammelten Erfahrungen fest, die er seit Jahren gemacht hatte.

"Komm, Jörn, nimm das Gewehr!" sagte er und sprang vom Wagen. Jörn hinterher.

Wir fuhren dieweilen weiter, während die beiden, geschickt jede Bodenwelle ausnutzend, ungefähr 50 Meter an das Rudel heranrobbten. Liegend freihändig schoß Jörn auf 180 Meter einen kapitalen Grantbock. Nun war er glücklich und hatte sein Selbstvertrauen wiedererlangt. Darum ging es uns allen nach den Mißerfolgen vom Vortag.

Jagdführer wie Franz haben einst die harte Schule afrikanischer Wildnis absolviert. Ich schrieb schon, daß er ein sehr schlagfertiger, gewitzter und harter Mann ist. Wer ihn betrachtet, sieht, wie schlank, sportlich und zäh er ist. So erlebte ich ihn. Aber wer ihn nur so betrachtet, weiß nicht, wie sensibel er eigentlich ist, wie empfindsam er draußen in der Natur reagiert und Dinge erahnt, die nur ein Mensch mit diesen wachen Sinnen wahrnehmen kann. Ich könnte mir vorstellen, daß er bei all seiner Selbstbeherrschung auch mal wortgewaltig explodieren kann. Erlebt habe ich ihn so nie, aber ich weiß, daß er diesen Situationen lieber aus dem Wege geht und unsachliche oder unfaire Menschen ablehnt. Naseweise, eitle Meinungen über jagdliche Maßnahmen in einem Land, das die Gastjäger sicherlich nicht so gut kennen wie er, reizten ihn offensichtlich. Dann reagierte er nicht wie ein Schulmeister, sondern versuchte, den Jäger mit wenigen Worten leitend zu führen, dabei seine Erfahrungen nutzend, um im entscheidenden Moment bestimmt und eindringlich zu werden.

Jagd ist für ihn zwar Geschäft, aber seine Vorstellungen darüber haben feste Grundsätze, die auf Waidgerechtigkeit basieren.

Ich wußte aus einem Gespräch mit ihm, daß er Jäger, die nur der Anzahl der Trophäen wegen jagten und deren Absicht es war, die gesamte käufliche Palette des Wildes zu schießen, verachtete. Er war gewillt, nur kapitales, reifes Wild oder abschußnotwendiges zu jagen. Wild, das seine Erbmasse schon an andere Generationen weitergegeben hatte.

Während unseres sehr zeitig eingenommenen Frühstücks sprachen wir wenig. Wir waren alle voller Erwartung, was uns der Tag bringen würde. Büffeljagd stand auf unserem Programm. Jörn war hell begeistert, daß er dabei sein durfte.

"Büffel sind doch äußerst empfindlich. Den Vorgeschmack bekam ich, als Wolfgang schoß. Bin gespannt, wie es wird. Die Burschen sind schlau und verflixt vorsichtig", sagte Jörn.

"Da mußt du verdammt aufpassen!" antwortete ich.

"Ich mag die Büffel allein deshalb gern, weil sie sich gewaltig wehren, wenn sie angebleit werden", meinte er weiter.

"Du, dann sind die Mbogos aber äußerst gefährlich. Das stelle dir nur nicht so einfach vor!" erläuterte der Berufsjäger.

Er mußte sie ja kennen.

"Jagd auf wehrhaftes Wild ist jagdliche Verwirklichung," argumentierte ich.

"Mag schon sein. Hoffentlich ist die Sehnsucht nicht stärker als die Wehr des Jägers."

Mich reizt die Jagd auf wehrhaftes Wild. Deshalb jage ich auch gerne grobe Sauen - wenn ich kann. Aber Büffel und anderes afrikanisches Wild sind doch eine andere Herausforderung. Bei der Jagd auf wehrhaftes Großwild gibt es keinen Platz für langes Überlegen. Da gilt es zu handeln, da muß die Waffe das Machtwort sicher sprechen.

"Im Park sehen die Büffel so stur und arglos aus. Schönheiten stellen sie auch nicht dar, aber ihr gewaltiger Helm mit tiefem Curl und den spitzen Hörnern ist eine schöne Trophäe", meinte Jörn.

"Laß dich nie vom Büffel täuschen! Auch wenn du ihm nichts tust, kann er unberechenbar sein!" belehrte Franz.

"Doch nicht im Park?"

"Ich würde ihm nie trauen, denn du weißt nicht, welche Bekanntschaft er schon mit Menschen gemacht hat. Büffel greifen überlegt an. Ein verwundeter Büffel pickt sich den Jäger heraus, der ihn verwundet hat, greift nie blindlings an wie das Nashorn. Auf seiner eigenen Fährte läuft er zurück und lauert auf den Jäger. Mit Urgewalt rast er mit erhobenem Haupt auf sein Opfer zu, sieht es mit feuerroten Augen wütend an, und wenn er dran ist, drückt er den vermeintlichen Gegner nicht nur mit dem Helm breit, sondern schlägt, stößt von links nach rechts hin und her mit den spitzen sichelförmigen Hörnern wie der Sensenmann, bis er vernichtet fällt, um ihn dann noch mit seinen glasharten Hufen zu zertrampeln!" erklärte er Jörn.

"Jeder Jäger hat beste Aussichten, schnell ins Jenseits zu kommen, wenn er Pech hat."

Den ersten Hügel im Mt.-Kenia-Land erreichten wir früh. Die Sonne stand noch nicht hoch. Alle Pflanzen glitzerten von der feuchten Nacht, der Morgen war naßkühl. Wir fühlten uns richtig wohl, als wir nach anderthalbstündiger Fahrt vom Wagen klettern durften und vorsichtig die Pirsch auf den Hügel begannen. Von dort oben betrachteten wir lange das tief unter uns liegende, dicht mit vielen Büschen und Bäumen bestandene Tal. In der Ferne sahen wir das blaue Bergmassiv des Mt. Kenia, die schneebedeckten Gipfel des Lenana, Batian und Nelion, ein Land voller Savannen, Buschsteppen und üppiger Wälder. Wenige Städte, unscheinbare verstreute Ansiedlungen, kein Großstadtlärm, kein Stadtmief mit rauchenden Schornsteinen, Abgasen, knatternden Autos, von Ungeziefer strotzenden Müllkippen und gehetzten, nervösen Menschen. Über dieser Urlandschaft lag die Ausstrahlung einer Unberührtheit, die uns Stadtmenschen so stark in ihren Bann zieht. Wie gerne sitze ich da, um all die Schönheiten, das Unerreichbare in mich aufzunehmen, das Herz vollaufen zu lassen von dem Dargebotenen, diesem winzigen Teil der großen Natur. Mögen noch viele Landschaften der Vergessenheit verfallen, so daß sie nie von Menschen restlos erobert werden. Denn es wäre schade um die Welt. Wir verlören mit ihnen die letzten Geheimnisse der unberührten, wilden und verwegenen Naturwunder.

Wir sahen von dort oben keinen einzigen Büffel und pirschten über eine Stunde weiter, bis wir, dem Höhenrücken folgend, einen felsigen Hügel erreichten, um in ein anderes Tal zu schauen. Solange wir auch alles ableuchteten, nicht einen Büffel.

Wie hoffnungsvoll waren wir ausgezogen, um auf einen starken Büffel zu treffen. Mit unserem Sohn hatte ich aufgrund seiner beiden guten Jagderfolge folgende Vereinbarung getroffen: Finden wir einen stärkeren Büffel als den, der zu Hause die Wand ziert, gehört mir der erste Schuß. Ist es eine schwächere oder eine gleichstarke Trophäe, dürfte unser Sohn zuerst schießen, dann gehöre er ihm.

Wir fuhren hinunter ins Tal und weiter zu einem anderen Höhenrücken. Der Geländewagen ächzte und stöhnte sich den langen Weg empor, bis ein Weiterfahren unmöglich wurde. Auf Schusters Rappen ging es weiter. Vielleicht 1.700 Meter waren wir gegangen, als auf dem ansteigenden Kamm der Bewuchs lichter wurde. Nach rechts in eine Senke mit dichtem Bestand sprangen auf gute Schrotschußentfernung ungestüm drei Warzenschweine ab, ihre Pürzel in die Höhe gereckt. Kaum fünfzig Meter weiter standen hinter Büschen halbversteckt zwei Buschbocktiere und äugten uns gespannt an. Erst hielten sie einige Sekunden länger aus als von uns erwartet, aber dann zeigten sie uns nicht mehr ihre Gesichter und ihre weißen Kehlflecken, sondern ihren weiß leuchtenden Spiegel - sie sprangen ab und verschwanden unsichtbar für uns in dem noch feuchten Bewuchs, der von den morgendlichen Sonnenstrahlen glänzte. Es schien, als seien ihnen die nassen Blätter der Büsche unangenehm, denn kein Zweig raschelte während des Abspringens. Es war Wild, was wir selten sahen, aber frei gehabt hätten. Wir verzichteten. Bei der Jagd auf Büffel hat jede Störung zu unterbleiben. Kaffernbüffel sind ein vorsichtiges und äußerst wachsames Wild.

Störungen kannte das Wild in diesem Gebiet wenig. Störenfriede waren womöglich nur wir. Die Vertrautheit beeindruckte mich. Hier in Ostafrika, im Mt.-Kenia-Gebiet, ist es anders, als bei uns in Deutschland. Jetzt ist es früher Vormittag im Jagdgebiet.

Es herrscht eine unbeschreibliche Ruhe. Vögel flattern auf ihrem Zug von Baum zu Baum und von einem Strauch zum anderen, picken hier und da nach Nahrung, nach Insekten und Kerbtieren, piepsen ein paar Töne in den Morgen, und schon sind sie auf der Weiterreise und wieder damit beschäftigt, ihre Mägen zu füllen. Die Sonne steigt höher, es wird noch ruhiger. Einem Schakal begegneten wir noch auf seinem Heimweg.

Inzwischen stand die Sonne hoch. Schon lange war uns nicht mehr kalt. Unsere Hemden klebten vor Schweiß am Körper. Wir waren richtig glücklich, als wir in der Mittagshitze auf einem Felsplateau ankamen und uns für ein halbes Stündchen ausstrecken konnten.

Wieder genossen wir einen herrlichen Blick in das weite hügelige Land, dessen ansteigendes Gelände bewaldet war, abwechselte mit kahlen Hügelkuppen und lichten Grasflächen. Diese Weite der unverfälschten Natur machte uns frei und ließ uns erkennen, in welcher entsetzlichen Enge unserer zersiedelten Landschaft wir leben müssen, wo der Flächenfraß durch Bau von Straßen, Häusern und Industrien täglich voranschreitet.

Unterhalb der Felsen, auf die wir uns hingelegt hatten, führte ein langer Hang, dicht bewachsen von Strauchwerk und halbhohen bis hohen Laubbäumen, hinunter zu einem von oben kaum erkennbaren Bach. Auf der anderen Seite des Baches stieg das Gelände allmählich bis zur nächsten Hügelkuppe an. Die sich gegenüberliegenden Hügel hatten einen Abstand von zwei Kilometern Luftlinie, die Überwindung des Höhenunterschiedes bis zum Bach betrug ungefähr 200 Meter. Verfolgten wir mit unseren Augen die Höhenzüge längs und talwärts, so blickten wir in eine weite von Erhebungen kupierte Landschaft. Riesig sich ausdehnende Waldungen, wo ich wilde Kastanien, verschiedene Akazienarten wie den Papier-Drachenbaum, Kandelaber-Euphorbien, Eukalyptus oder Hagenaria fand, hatten das großräumige Land geprägt.

Einzelne Ebenen und Hänge waren gelbbraun, teilweise grüngelb, andere aber auch frisch grün von den Grasflächen, und über allem dehnte sich hoch der blaue Himmel, an dem dicke, weiße Wolken gigantisch aufgetürmt unentwegt in eine Richtung zogen. Nur auf der hellgrünen Savanne erkannten wir mit dem Fernglas Steppenwild. Die Sonne schien heiß vom Himmel. Wir waren durstig, aber unsere "Freßkisten" mit Getränken befanden sich im Landcruiser. Dennoch genossen wir den angenehmen Aufenthalt auf den mit Flechten bewachsenen Felsen.

"Da kommen sie!" sagte Franz und deutete mit dem Finger nach rechts unten ins Tal. Erst sahen wir nichts, auch nicht durch die getönten Linsen unseres Fernglases. Die Büffelleiber hatten sich wieder in die schwer passierbaren und dichten Gehölze eingeschoben. Endlich traten sie auf einer kleinen Lichtung aus.

Wir erkannten eine Herde von ungefähr vierzig bis sechzig Büffeln.

Sofort machten wir uns fertig. Wir nahmen unsere drei Waffen. Mit uns kamen die beiden Tracker Karanchi und Sikona. Karanchi puderte oft mit dem Aschebeutel, um auf dem langen beschwerlichen Weg nach unten den Wind kontrollieren zu können. Wir stellten fest, daß der leise Luftzug bergan strich, aber ständig küselte. "Hoffentlich schlägt der Wind nicht um und fällt ins Tal zurück! Dann wäre unsere Pirsch erfolglos." flüsterte mir unser Jagdführer zu.

Wir kletterten über Felsen, umgingen sie dann und wann, mußten behutsam über kleine offene Schotterflächen treten, ohne einen Stein zu bewegen, durch hüfthohe Gräser, zwischen dichten Büschen und vollbelaubten Bäumen. Piepsend flatterte ein Vogel aus einem Strauch, nahm noch zwei, drei andere mit. Wir sahen uns an, leicht verärgert, so als wüßten wir ganz genau, wie verräterisch der kleinste Vogellaut sein konnte. Vor einem großen Felsbrocken lag eine grüne Giftschlange, eine grüne Mamba, und sonnte sich, empfing die aufgespeicherte Sonnenenergie aus dem aufgeheizten Gestein. Ich konnte die Schlange nicht sicher erkennen, aber unser Jagdführer würde es wohl wissen.

Jörn hatte sich erkältet, seine Nase "lief", und ständig kämpfte er gegen Husten. Er bezwang sich, kein Laut drang in seine nächste Umgebung. Er wußte, wie sehr die Pirsch auf Büffel von uns und von unserem Können abhing.

Wir waren uns im klaren, daß wir nahe an die Herde heran mußten. Eigentlich war ich sehr froh darüber, denn ich liebe nicht den weiten Schuß auf Großwild. Bei Savannenwild geht es oft nicht anders. Hier hatten wir nun die Gelegenheit eines wirklichen Erlebnisses auf wehrhaftes Wild.

Je näher wir kamen, desto gespannter und vorsichtiger wurden wir ohnehin so umsichtigen Jäger. Knappe Zeichensprache, kein Laut, kein Klappern und Rauschen mit Gewehren, Fernglas oder Hosen. Wie echte jagende N'dorobos benahmen wir uns.

Schließlich gelangten wir unten zum Bach. Er führte kaum Wasser, aber er war breiter, als wir dachten. Drei Tage zuvor mußte er von den Wolkenbrüchen randvoll gewesen sein. Spuren des reißenden Wassers waren deutlich zurückgeblieben.

Wir sahen keine Büffel. Wir hörten sie nur, wie sie die Sträucher berührten, wie sie Gras rupften. Als wir am Bach standen, verstummte dieses Geraschel. Dafür hörten wir andere Töne, dumpf kullernde Magen-Darmgeräusche drangen an unsere Ohren. Die ganze Umgebung duftete stark und streng nach Büffeln - wie an einer Massai-Rindertränke. Wir robbten auf allen Vieren durch den Graben, kletterten aufmerksam die Böschung der gegenüberliegenden Seite empor und fanden sogleich Deckung. Immer wieder dieses Gurksen in den Leibern der Büffel, ab und an Rupfen von Gräsern und dieser Geruch. Ständig suchten wir nach einem Loch im dichten Busch, um die Büffel zu sehen. Je weiter wir vordrangen, desto gleichmäßiger blieb der Abstand zur Büffelherde. Wir kamen nicht an sie heran. Die Büffel mußten uns irgendwie gewittert haben, obwohl wir uns keinen Vers daraus machen konnten. Hätten sie uns direkt wahrgenommen, wären sie geflüchtet - oder falls ein verwundeter Büffel unter ihnen war, hätte er uns angenommen.

Unsere Methode, den Büffeln immer näher auf die Decke zu rücken, könnte sie vergrämen. Wir beratschlagten kurz. Der N'dorobo Sikona sollte den linken Hang emporlaufen und die Büffelherde umgehen, damit sie aus weiter Entfernung Wind von ihm bekäme. Katzenhaft entschwand er schnell unseren Blicken im grünen Durcheinander der Stämme, Zweige und Blätter.

Wir suchten uns inzwischen einen Platz aus, wo der Dickbusch lichter war, denn wir hofften auf einen geruhsamen Rückzug der Herde. Eine gute halbe Stunde verging. Dann hörten wir es brechen und knacken und trampeln, ähnlich galoppierenden Pferdehufen. Nicht auf unserer Seite des Baches, sondern auf der gegenüberliegenden, kam die Herde in wilder Flucht unter rauschendem Gepolter angerast. Nur für Augenblicke sahen wir die sich drängenden dicken Leiber, wie sie sich in unbändiger Kraft aneinander vorbeischoben. Unmöglich war es, sicher und schnell zu schießen. Wir waren nicht enttäuscht. Allzugut wußten wir, daß der Fehler bei uns lag. Oder war Sikona etwa nicht weit genug gegangen, als er die Büffel umgehen sollte?

Gerade hatten wir uns hingesetzt, als Jörn neues Getrampel vernahm. Blitzschnell standen wir auf, bezogen unsere Positionen und warteten schußbereit auf der kleinen, höchstens 20 Meter langen Lichtung. Keine Zeit zum Überlegen. Wenige Sekunden nur dauerte diese erhoffte Überraschung. In voller Flucht brachen auf unserer Seite sieben Büffel aus dem Dickicht hervor. Ich hörte noch, wie der Berufsjäger rief: "Zweiter von links!"

In dem Moment sah ich, wie die Büffel, als sie uns wahrnahmen, ihre Positionen im Lauf wechselten. Schon brach der erste Schuß von Jörn und traf links auf den Stich. Mein Schuß saß auf der rechten Seite, der von Franz direkt vorne auf dem Stich. Wir schossen à tempo, beinahe wie eine Salve. Beim ersten Schuß knickte der Büffel ein, und, von unseren Kugeln gleichfalls getroffen, lag er für Bruchteile von Sekunden, dann nahm er sich auf und startete einen Angriff. Wir sahen das Rote in seinen Lichtern, aber im zweiten Sprungansatz knallte Jörns Büchse. Schlagartig brach der Büffel zusammen, zwölf Meter von uns entfernt. Im Anschlag hatte der Junge - wie gelernt - repetiert und dem Büffel auf den Helm geschossen. Die Kugel ging ins Gehirn ohne den Helm zu beschädigen. Wir hörten noch kurz das typische Todesröcheln, das Death bellow des Büffels. Eigentlich war es aus mit ihm, aber aus Sicherheitsgründen erfolgte noch ein Schuß durch den Träger. Schließlich wußte ich in dem Augenblick noch nicht, wo und wie die Kugel saß, die den Büffel das zweite Mal niedergerissen hatte.

Es ging alles wahnsinnig schnell. Von dem großen aufregenden Büffeljagderlebnis merkt der Jäger im Augenblick des erforderlichen Handelns nicht viel. In Sekunden ist alles vorbei. Gefällt liegt der Büffel zu unseren Füßen. Hunderte von Fliegen umschwirren sein Haupt. Dann begann schon bald die rote Arbeit.

Jörn war glücklich. Es war sein erster Büffel!

Nicht alle Büffel, die wir jagten, brauchten so viele Schüsse. Oft reichte eine gut sitzende Kugel, aber das Außergewöhnliche bringt unvergeßliche Jagderlebnisse.

Während der Pirsch hüteten meine Frau, Wolfgang und der Fahrer oben auf dem Hügel den Landcruiser. Erst nach über zwei Stunden fanden sie uns, nachdem Jagdführer und ein Tracker ihnen einen passierbaren Weg in dem schwierigen Gelände gewiesen hatten.

Waidmannsheil, Fotos und der große Bruch, Versorgung des Wildbrets und der starken Trophäe.

Im Camp großes "Kabuki" und ausgedehnte Feier am flackernden Lagerfeuer. Es war ein dramatisch schöner Jagdtag, für alle.

Welch Freude im Kreise der beteiligten Jäger.

Beinahe unbeschreiblich schön und entspannend zugleich, wenn nach all den körperlichen und nervlichen Strapazen, nach tagelangem Pirschen, Hoffen und Bangen der Jagderfolg auf ein Stück der 'Big Five' da ist, und wenn in der Runde der Beteiligten das Erlebte noch einmal facettenreich geschildert und durchlebt wurde. So gerne ich allein jage und das Glück des Jagderfolges in aller Ruhe genieße, so schön finde ich auch das Jagderlebnis im Freundeskreis. Gibt es größere Jagdfreude für uns, als den jungen Jäger, der bruchgeschmückt und freudig an seinem geschossenen Stück Wild verweilt?

Unsere drittletzte Nacht war erlebnisreich. Waren es bekannte oder waren es unbekannte Laute, die in unser Zelt drangen? Ich erwachte von dem Geschnaufe und Geschleife nicht vollends, sondern lag im Halbschlaf. Meine Vermutung war, daß die Schwarzen noch arbeiteten. Erst am Morgen verrieten uns die Spuren den Grund für die nächtlichen Geräusche: Ein Leopard hatte unserem Camp einen Besuch abgestattet und einen Teil des Wildbrets gestohlen.

"Das kommt schon vor", meinte Franz beim Frühstück, "leider fehlen die besten Stücke des Wildbrets."

Der junge N'dorobo, den wir zu Beginn unserer Jagdtage von den Älteren offeriert bekamen, leistete gute Arbeit. Aber wie es mit so einem jungen Burschen ist, er mußte ständig neu angestellt werden. Ihm fehlte absolut die Umsichtigkeit und das Verständnis, Dinge zu tun, die er eigentlich hätte tun müssen. Er stand viel herum, und seine großen Kinderaugen wanderten überall hin. Für diesen Jungen war alles Neuland. Ob er schon begriffen hatte, daß das Leben bei seinem neuen großen Bwana gut war, daß er bei ihm immer arbeiten, essen, auch trinken und später jagen konnte, wenn er nur willig, folgsam und umsichtig sein wollte? Er war immer in froher Stimmung, obwohl er das erste Mal seine Großfamilie verlassen hatte. Er

234

stand nicht allein. Drei aus seinem Bekannten- oder Verwandtenkreis unterstützten ihn, wenn auch nicht den ganzen lieben langen Tag im Camp, so doch abends. Sie wollten sehen, ob der Junge fleißig genug war. Viele Veränderungen und vielleicht auch Schwierigkeiten gab es für den N'dorobo, diesen lang aufgeschossenen schlanken Jüngling von schätzungsweise zwölf- bis dreizehn Jahren. Was mag er nur von uns gedacht haben, die wir für seine Begriffe unbekannte Kleider trugen und komische Laute von uns gaben, wenn wir sprachen. Wolfgang mit den ledernen Knobelbechern und dem knallroten Halstuch, Jörn mit dem blauen Jeans-Anzug oder meine Frau mit kurzen Hosen, die schon über den Knien aufhörten. Oder unsere weiße Haut, die teilweise von der Sonne so gerötet war, daß sie wie ein gekochter Hummer aussah, an der Nasenspitze abpellte und mit dicker weißer Creme gegen weitere Sonnenbeschädigungen geschützt wurde. Er betrachtete uns jeden Tag wie Weltwunder, auch noch am letzten Tag. Wie einfältig und unerfahren war er doch in Gegenwart der Weißen, deren Lebensweise er nicht kannte. Im Busch aber würde er uns weit überlegen sein!

Der Landcruiser war beladen mit Proviant, Getränken und Gewehren. Wir wurden gerufen, und schon ratterte das Fahrzeug mit uns in die Berge.

Auf dem Weg in unser eigentliches Jagdgebiet statteten wir unserem Farmer, der mit unserem White Hunter noch etwas zu besprechen hatte, einen kurzen Besuch ab. Die Farm lag einsam inmitten dieses von Wald und Bergen umgebenen riesigen Farm- und Jagdgebietes. Es gehört nicht nur Mut und Zähigkeit dazu, so abgelegen in einem fernen Land als Farmer zu leben und sich zu behaupten. Diesen Menschen mit Pioniergeist, Zähigkeit und einer ständigen Bereitschaft zum Risiko gehört meine absolute Hochachtung. Was mögen sie in der entsetzlich schlimmen Zeit der Mau-Mau-Aufstände oder später während Rhodesiens Unabhängigkeitskämpfen durchlitten haben, wo bestialisch brutale Morde an der Tagesordnung waren? Seitdem ist bald ein halbes Jahrhundert vergangen, aber in unserer schnellebigen Zeit ist vieles genauso schnell vergessen, vor allem dann, wenn aus der eigenen Familie keiner sein Leben verlor. Aber heute tauchen in Ostafrika wieder andere Schwierigkeiten für die Farmer auf. Immer wieder neue und andere Konfrontationen; die Verhältnisse werden immer ungünstiger, und so mancher Farmer hat mit seiner Familie die so mühsam aufgebaute Farm in einer paradiesischen Landschaft verlassen müssen.

Wir hatten schon einige Male Elen-Bullen gesehen. Sie waren stark und kapital. Sie befanden sich aber immer in sehr weiter Distanz zu uns. Elen sind genauso wachsam wie Gänse. Wer sich erlaubt zu behaupten, Gänse hätten auf jeder Feder ein Auge, der darf ruhigen Gewissens sagen, daß das beim Elen für jedes Haar seiner hellbraunen mit weißen Streifen versehenen Decke gilt. Elen äugen hervorragend gut, sind immer hellwach. Obwohl sie leicht ein Körpergewicht bis zu 1.000 Kilogramm erreichen, sind sie unerhört ausdauernd und zäh. Sie können auf der Flucht mit Leichtigkeit zwei Meter hohe Zäune überfliehen. Büffel- und Elenjagd bedarf der Ruhe im Jagdrevier.

Jede Störung vergrämt dieses Wild. Unsere Bewegungen im Gelände waren danach ausgerichtet.

Unser Jagdführer, wie wohl auch viele andere White Hunters, sah es als eine Verpflichtung an, sein Bestes zu geben, um echte Jagderfolge zu erringen. Ein Mann wie er, der jedes Jahr viele Gastjäger führte, unaufhörlich neue Gesichter und Charaktere erlebte, sammelte Erfahrungen. Er besaß ein untrügliches Empfinden und erkannte intuitiv schnell den Menschen, der sich ihm anvertraut hatte. Er wußte, wer ein wirklicher Vollblutjäger oder ein ruhiger besonnener Waidmann war.

Wir hörten die Vögel jubilieren, die Witwenvögel über den Ähren der hüfthohen Gräser flattern, Insekten summen. Am Himmel hoch oben kreisten wieder Geier. Frankoline huschten durch das Gras, ein Falkenbussard suchte sein Glück unter ihnen. Bronzehalstauben schöpften am Morgen an einer kleinen Pfütze Wasser. Ein Pärchen des grauen Feinsägers flatterte von Zweig zu Zweig und machte uns mit seinem "pick-it, pick-it" auf sich aufmerksam. Wir sahen Oryx-Antilopen und anderes Wild, Pavian-Affen, die wir auch stets rochen, Warzenschweine, einen Streifenschakal und zwei Tüpfelhyänen. Aber keine Elenantilopen. Bis zum Mittag fanden wir sie nicht.

"In dieser Gegend", sagte unser Jagdführer, nachdem wir uns von unserem Proviant gestärkt hatten, "finden wir sie nicht. Wir müssen weiterfahren. Der Tag ist schnell um."

Das Jagen in Afrika ist doch etwas anders als bei uns. Der Gastjäger empfindet diesen Unterschied gewiß. In heimatlichen Revieren wissen wir, wo und wann der Rehbock austritt. Wir erkennen den Rothirsch an seinem Brunftschrei, an seinem Geweih, auch wenn er sich jährlich neu entwickelt und zeigt. Wie seltsam ist es, daß wir oft dasselbe Stück Wild sehen, gleich, ob wir uns auf dem Hochsitz befinden, pirschen oder an einem Wechsel passen. Es wird zwar nie sicher sein, daß wir den begehrten Hirsch oder Bock oder Bassen zu bestimmter Zeit, wenn wir es wünschen, antreffen, aber wir können mit an Wahrscheinlichkeit grenzender Genauigkeit sagen, daß wir diesem Wild bei entsprechender Ausdauer begegnen. Und doch tauchen immer wieder auch bei uns neue, völlig unbekannte Überraschungen auf. Wir bekommen Wild in Anblick, das wir nie zuvor gesehen haben.

236

Jungtiere des großen Kudu bei wachsamer Rast im Busch.

Selten gewordene Nashörner.

Kinder, ob Schwarz oder Weiß, finden schnell Kontakt.

Pilzsammler im Busch. Diese Pilze wachsen aus Termitenbauen.

Wie oft aber habe ich erlebt, daß mir der Rehbock immer zur gleichen Stunde sein Stelldichein gab, als ich vor dem Krieg in pommerschen Revieren meine ersten Jagderfahrungen sammelte, oder nach dem Kriege in der Ostprignitz, als wir nur mit der Flinte das Wild bejagen durften. Wir kannten unser Wild recht gut, kannten seine Verhaltensweise so, wie sie die afrikanischen Jagdführer von ihrem Wild kennen. Wir besaßen irgendwie eine vertraute, innere Bindung zum heimischen Wild, wußten, wo wir ihm begegneten, wie wir es überlisten und jagen konnten.

Zu der Zeit war das Wild bei uns vertrauter. Hier in Afrika ist es auch anders geworden, trotz der Weiträumigkeit. Die Relationen sind andere. Das Wild ist größer, folglich muß der Lebensraum ausgedehnter sein. Es gibt aber auch in Ostafrika viele Gebiete, wo der Lebensraum eingeengt wird. Das Wild wird in Zwänge gepreßt, die es nicht begreift.

In diesem Jagdgebiet um den Mt. Kenia hatte ich nie das Gefühl, daß das Wild überjagt war. Hier erlebte ich es so, als kenne unser Jagdführer sein Wild genau. Das betraf sicherlich jeweils die Rudel, die Herden. Ob er die einzelnen Büffelbullen, Elen oder andere Antilopen oder Gazellen-Böcke kannte so wie wir unsere Hirsche, vermag ich nicht zu sagen.

Neben mir saß meine Frau. Ich merkte ihr an, wie sehr sie mir meinen Elenbullen wünschte. Ich bewunderte ihre gespielte Ruhe, obwohl sie doch innerlich zitterte. Unser Sohn und ich waren anders. Wir verdauten erfolglose Pirsch und langes Umherfahren besser. Aber wenn wir am Wild waren, erlebte jeder für sich, wie ihn das Jagdfieber packte und schüttelte, bis der erlösende Schuß durch Savanne und Busch peitschte und die gut sitzende Kugel ihre Wirkung getan hatte. Ich bekenne ehrlich, daß mich ein schnürender Fuchs oder der heimische, schwer erreichbare Rehbock oftmals mehr beutelt, als der angreifende Büffel es je tat. Wieso? Ich weiß es nicht. Jedenfalls war ich beim Büffel immer kühl, überlegt und sicher. Oder war es das natürliche Vertrauen, das der Gastjäger hat, weil er weiß, daß in jedem Fall der Berufsjäger hinter ihm steht und wohltuende Ruhe und Gelassenheit ausstrahlt. Nervöse, zappelige White Hunters, die aufgeregt sind und den Gastjäger mit verunsichern, kann ich mir nicht vorstellen.

Unser Wagen hatte endlich den Hügelzug unter Stöhnen und Holpern erreicht. Dann rollte er langsam einem weit ausgedehnten Tal entgegen, auf einem Weg, der wohl nur einige Male im Jahr befahren wurde. Er war uneben, voller Löcher, Steine und Pflanzenwuchs. Das Tal schien nicht enden zu wollen. Immer wieder taten sich neue, flache und höhere Hügel auf, die einen ganz anderen Bewuchscharakter aufwiesen. Zu beiden Seiten des Tales erhoben sich Höhenzüge, deren Hänge voller Gehölze waren, und deren Kuppen nackte Felsen erkennen ließen. Kaum waren wir auf der kleinen Anhöhe eines Hügels angekommen, klopfte Karanchi auf das Dach. Jörn flüsterte mir zu: "Ganz weit im Tal steht Wild. Man kann es kaum sehen." Mit dem Fernglas erkannten wir nur schwach in ungefähr zwei Kilometern Entfernung Elen, Antilopen und Zebras. Das Fahrzeug blieb stehen. Franz, Karanchi und ich machten uns fertig. Ich trank noch einen Schluck Tee, dann nahm ich die geliehene 8 x 68 S Büchse und das Fernglas.

Wir umschlugen einen Hügel nach dem anderen, ohne auch nur einen Teil unseres Körpers über die schützenden Geländeerhebungen zu recken. Wir mußten uns beeilen. Es war bereits später Nachmittag. Die Sonne hing nur noch schräg über dem Horizont. Bald würde sich das gemischte Wildrudel in Marsch setzen, um die abendlichen Äsungsflächen aufzusuchen. Wir hasteten und keuchten bergauf und bergab, bis plötzlich Karanchi, wie zur Steinsäule erstarrt, stehenblieb. Im Zeitlupentempo bewegte er sich achtsam zurück, kam uns in gebückter Haltung entgegen und erzählte, was er gesehen hatte. Franz nahm das Fernglas und pirschte sich vor, mehr kriechend als gehend, und leuchtete das Tal und die Umgebung ab. Er wollte sich ein Bild vom Wild und vom Gelände machen, um seinen "Angriffsplan" zu schmieden.

Karanchi blieb mit dem Gewehr zurück. Nur der Berufsjäger und ich krochen weiter.

"Es wird schwierig werden", sagte Franz, "wir müssen wenigstens 180 Meter robben! Das Gras ist flach, höchstens 40 Zentimeter hoch, darin müssen wir uns bewegen. Strecken wir den Kopf über die dürftigen Halme hinaus, ist die Jagd vorbei, das Wild fort. Die Zebras passen auf, und die Elen dösen zwar, aber merken alles. Vor uns auf dem Hügel steht eine einzelne dünne Schirmakazie. Dahin müssen wir."

"Wie weit sind wir dann vom Wild ab?" fragte ich.

"Dreihundertfünfzig Meter. Schöne Distanz. Der Wildkörper ist größer als vom Gams."

Das hieß, auf eine solche Entfernung darf ein Jäger, wenn er anstreichen kann und einen Wildkörper von über 800 Kilogramm Gewicht vor sich hat, nicht vorbeischießen.

"Kommt man nicht näher heran?"

"Unmöglich. Auf geht's!"

Nach den ersten vierzig Metern wurde ich kurz und bündig ermahnt: "Vierzig Zentimeter, verflixt!"

Vielleicht war ich dreiundvierzig Zentimeter statt vierzig hoch hinaus? Ein strafender Blick, perlende Schweißtropfen auf der Stirn, ein freudiges Lächeln. Weiter ging's. Alle dreißig bis vierzig Meter machten wir eine

Verschnaufpause. Mein Bauch juckte; es piekte und kratzte. Dann sah ich es: Auf dem steinigen Boden wuchsen flache Kakteen und Sukkulenten, mit vielen spitzen Stacheln bewehrt. Unsere Hemden waren durchstochen und auch die Haut. Unsere Lungen arbeiteten wie Blasebälge. Dann hatten wir es geschafft. Im lichten Schatten der Schirmakazie durfte ich es wagen, den Oberkörper ein wenig über das Vierzig-Zentimeter-Limit zu erheben, um anstreichen zu können. Aber welches war der stärkste Elenbulle? Oh, war das schwierig! Wir brauchten lange, um uns entscheiden zu können. Miß-verständnisse taten sich auf, die glücklicherweise der vom Jagdführer aus-gesuchte Elen uns erleichternd lösen half. Er ging fünf Schritte, genau fünf Schritte, und stellte Haupt und Träger in oder auch hinter einen Busch, um den Schatten voll empfangen zu können. Nun wußte ich genau, welcher Elen gemeint war.

"Schießen! Der kann gleich noch drei oder fünf Schritte machen, dann ist er fort. Ruhe, aber schießen!"

Trotz aller Aufregung strahlte der Jagdführer Ruhe aus. Aber was nützte diese phantastisch beruhigende Sicherheit, die so viele Jagdführer ihrem Klienten schenken, wenn mein Puls von der Robberei auf der von Kak-teenstacheln bewehrten Unterlage noch bis in den Hals hinein schlug?

Ich strich am Stamm an, ging ganz hochblatt ins Ziel. Nein, so ging es nicht. Mein Herzschlag war zu stark. Der Fadenkreuz tanzte auf und ab. Ich setzte ab, atmete einige Male tief durch, dann mußte es klappen. Noch einmal versuchte ich und hielt diesmal oben kurz hinter dem Widerrist an. Dann krümmte ich langsam den Finger an den etwas hart stehenden Abzug.

Ich konnte nicht erkennen, ob ich getroffen hatte. Der Jagdführer war unsicher, aber zuversichtlich. Der Bulle hatte überhaupt nicht gezeichnet. Noch nie hatte ich so viele Elen gesehen. Elen und Zebras kamen aus allen Büschen und Sträuchern und aus Nachbartälern und flüchteten in Richtung unseres Fahrzeuges. Meine Frau und mein Sohn berichteten mir später von dem herrlichen Anblick, den wir nur wenig genießen konnten. Unser Augenmerk galt dem beschossenen Elenbullen und einem kleinen Rudel, das rechts hinter einem Hang, ganz entgegengesetzt von den anderen, floh. Sogleich machten wir uns auf den Weg zum Anschuß. Dreihundertzwanzig Meter schritten wir exakt ab. Am Busch fanden wir ein paar stärkere Ein-griffe im Boden. Schußzeichen? War es Schreck? Schwer zu erkennen in dem arg zertrampelten Boden.

Karanchi war inzwischen gekommen. Zu gleicher Zeit erblickten wir Schweiß. Franz schlug mir auf die Schulter: "Den haben wir. War eine ganz schöne Entfernung, gelt?"

Es lag Schweiß neben Schweiß auf dem trockenen Boden, immer in regelmäßigen Abständen. Leberschuß, stellten wir fest. Aber wo stand oder lag der Elen? Nach einigen hundert Metern fanden wir ihn, niedergetan, im Wundbett.

"Lassen wir ihn richtig krank werden!" sagte ich.

"Nein, das geht nicht. Hier sind Löwen. Wir müssen ihn ganz haben, sonst hat ihn der Löwe!"

Wir waren mit unserer kurzen, leisen Diskussion noch nicht fertig, da erhob sich der Elenbulle und flüchtete.

"Hinterher und sofort schießen!"

Der Elen schweißte wie aus der Gießkanne, unwahrscheinlich stark und lange. Ohne Mühe folgten wir der Schweißfährte und hofften, ihn bald eingeholt zu haben. Wir sollten uns sehr täuschen! Karanchi lief wie ein Schweißhund der Fährte nach. Ich konnte wegen meines verbundenen Beines anfangs das Tempo nicht mithalten, folgte aber mit Verbissenheit. Lehmiger Sandboden, spärlich bewachsen mit kniehohen Gräsern, wechselte mit dichterer Vegetation, mit Gräsern, vereinzelt stehenden Sträuchern und vielen stacheligen Akazien. Unsere Sicht war behindert. Die afrikanische Dämmerung, auch wenn sie nur kurz ist, beeinträchtigte unsere schnelle Nachsuche über viele Kilometer unwegsamen Buschlandes noch mehr.

Dann war der Schweiß (Blutspur) plötzlich weg. Wir suchten nach Trittsiegeln, dann gab es wieder Schweiß. So wechselte verweilendes Suchen mit Tempo, mit Laufen ab. Nach drei Stunden Verfolgung stellte sich der Bulle auf 130 Meter hinter einen dünnen Baumstamm. Freihändig trug ich ihm die Kugel auf den Träger an. Als wir herantraten, war die schnelle Tropennacht schon geraume Zeit hereingebrochen. Oben auf einer feuchten, mit schwarzen Gallenakazien und dürftigen Gräsern bestandenen Hochfläche lag der starke Elenbulle. Hier hatte ich Zeit, ihn genau zu betrachten, die starken Hörner zu umfassen. Ich war glücklich, nach einer so anstrengenden Jagd diesen kapitalen Elen erlegt zu haben, als Abschluß sehr erlebnisreicher Jagdtage im Mt. Kenia-Gebiet. Lange blieb ich nicht an der Seite des Kapitalen stehen. Es wurde verdammt kalt im Hochland. Ich war auf einen heißen Tropennachmittag eingestellt, nicht auf die feuchte, ja nasse Kühle der Nacht.

Unser Jagdführer war schon eine halbe Stunde fort. Über zwei bis drei Stunden mußte er allein und bewaffnet in dunkler Nacht durch den Busch laufen, um den Landcruiser und seine Insassen zu finden, und das waren meine Frau und unser Sohn Jörn, mit einem Tracker. Das harte Los eines Berufsjägers.

Karanchi und ich brachen das Stück auf. Uns wurde richtig warm, als wir unsere Hände in das Gescheide drückten. Es war als würden wir in lauter dampfende, nasse und heiße, ölige Tücher und aufgeblasene Luftballons fassen. Dann begannen wir den Elen aus der Decke zu schlagen. Der Mond war unsere Laterne, und die funkelnden Sterne assistierten dabei, das spärliche Licht reichte aus. Als wir die Arbeit beendet hatten, war um uns herum alles still. Von ganz weit her hörten wir plötzlich einen Löwen grollen. Ein Vogel rief ein paar Töne in die Nacht. Das Grollen und Brüllen der Großkatze wurde lauter. Sie mußte sich in unserer Nähe befinden. Wie weit mag sie weg sein? In der flachen Savanne ist das Brüllen eines Löwen auf sieben bis acht Kilometer, manchmal noch weiter zu hören, aber hier im hügeligen Gelände des Mt. Kenia-Gebietes? Wir müssen ein Feuer entzünden. Das gibt uns Wärme und läßt den Berufsjäger erkennen, wo wir sind, wenn er mit dem Wagen kommt. Feuer hält den Löwen ab. Tut es das wirklich? Uns erschien die Zeit lang, die wir benötigten, um halbwegs trockenes, nicht nachtnasses Gras und dünne Zweige zu finden. Auch die Moose und Flechten an den Akazien, genauso wie die Galläpfel, waren naß, unbrennbar. Das dumpfe Grollen des Löwen kam immer näher. Karanchi richtete sich von seiner Arbeit am Elen auf und horchte angespannt. Er machte eigenartige Armbewegungen und wackelte dabei mit seiner rechten Hand hin und her, als wollte er zum Ausdruck bringen, daß er dem Frieden nicht so recht traue.

Ich nahm die Büchse und wollte die Hülse herausrepetieren. Es ging nicht. Die Auszieherkralle faßte die Hülse nicht. Ausgerechnet jetzt. Die verdammten Leihwaffen!

Ein Buschläufer sollte immer ein Messer und Streichhölzer bei sich führen. Beides hatte ich, nur fand ich keinen langen und dünnen Zweig, den ich zurechtschneiden konnte, um die Hülse aus dem Patronenlager zu stoßen. Das Gewehr war unbrauchbar. Ich hätte es wegwerfen können.

Ganz weit in der Ferne leuchteten die Lichtkegel von Scheinwerfern über einen Hügel. Die Richtung war wohl nicht okay? Krampfhaft versuchten wir ein Feuer zu entfachen. Nur mit Hilfe von Karanchi's "Jesuslatschen" aus Autoreifen und dünnen Gummibändern gelang es mir, ein Feuer zu entzünden. Inzwischen kurvte der Geländewagen zweimal an uns vorbei. Ein Signalschuß war unmöglich. Aber nun, da das spärliche Feuer flammte, fanden sie uns. Schnell wurde aufgeladen. Weit nach Mitternacht erreichten wir unser Camp.

Kenia
neu erlebt

In Kenia ruhte die Jagd noch.

Das war kein Hinderungsgrund, dieses schöne Land zu bereisen. Wir fuhren mit dem Pkw und besuchten auf unserer Tour wieder das Massai-Land, viele Wildreservate und Nationalparks.

Bald hinter Nairobi, auf dem Weg in Richtung Naivasha, erblickten wir eine der imposantesten Landschaftsformen, das Great Rift Valley, den ostafrikanischen Grabenbruch. Durch Ostafrika zieht sich der gewaltige Graben, der sich im Norden von Äthiopien bis in den Süden nach Tansania erstreckt und einst durch tektonische Bewegungen entstand. Zwischen gehobenen Erdrindenschollen ist der Graben die eingesunkene Sohle. Ganz unvermittelt ist er im Nordwesten von der Straße aus, die nach Naivasha führt, zu sehen. Ziemlich steil stürzt der Grabenbruch als Böschung rund 600 Meter ab, und nach ungefähr 55 km breiter Grabensohle steigt er wieder und gegenüber als neuer abgeböschter Grabenrand empor.

Noch vor Naivasha zeigt sich der 2.775 m hohe Longonot-Krater, dessen kegelförmige Konturen deutlich erkennbar machen, daß diese Landschaft aus vielfältiger Vulkantätigkeit entstand. Der Graben ist mit vielen Kratern angereichert. Aber sie sind schon alle längst erkaltet, erstickt, obwohl bisweilen aus dem Longonot-Krater aufsteigende Fumarolen beobachtet wurden.

Wir fuhren ein Stückchen weiter, hielten an und betrachteten die Landschaft. "Dort hat ein Feuer riesige Ascheflächen hinterlassen, schwarz getüncht und scheinbar leblos. So muß die Erde ausgesehen haben unmittelbar nach der Schöpfung, nur daß jetzt noch neben der verbrannten Vegetation Pflanzen auf dünner Humusschicht wachsen und Schnee und Eis auf den erkalteten Gipfeln liegen." erklärte unsere Tochter Iris.

Bei Kijabe hätten wir eigentlich abbiegen müssen, um ins Massai-Gebiet zu kommen.

Unser Entschluß war ein anderer. Wir wollten erst zu den Seen. Über dem Naivasha-See hingen dunkle Wolken, als wir gegen Abend dort eintrafen. Aber als die Sonne als glutroter Ball in den Wolken untertauchte, regnete es ein paar Tropfen. Ein seltenes Erlebnis in Ostafrika!

244

Während unserer Rundreise regnete es öfter. Im Massai-Land und in den Bergwäldern war es mehr als nur ein Landregen. Das Massai-Mara-Land sah diesmal nicht verdorrt aus. Die Wegränder waren von Federkopf-Papyrus umsäumt, und die blaugrünen Blätter der blauen Wasserlilien schmückten den See. Ich versuchte, mit der Angel vom Steg aus ein paar Fische zu fangen, hatte aber nur eine spärliche Ausbeute, denn die breiten Felder des die Wasseroberfläche bedeckenden Wassersalates behinderten mich sehr. Ein Boot war nicht mehr zu bekommen. Über dem Papyruswall segelte eine Weihe und suchte nach Baumfröschen. Auf dem grünen Teppich des Wassers liefen Stelzvögel. Frösche preßten Luft in ihren Kehlsack und quakten werbend in den Abend. Pelikane strichen mit gestreckten Ständern über den See, mit weiten, schweren Flügelschlägen flogen sie ihren Ruheplätzen zu. Kuhreiher und Seidenreiher fielen auf Schlafbäumen ein, Mücken stachen mich, und Zirpen wie von Grillen erfüllte die Luft.

Schon in aller Herrgottsfrühe auf dem Weg zum Nakuru-See, als die Sonne erwachte und die Rinde der riesig gewachsenen Akazien grün bis goldgelb leuchtete, begegneten wir Wasserböcken, Impalas, Ried- und Buschböcken und vielen Affen. Einige Schimpansen beeindruckten uns durch ihre enorme Frechheit und kleptomanische Begabung. Nur mit Mühe konnte unsere Tochter den blitzenden Inhalt ihres geöffneten Necessaires retten.

In malerischer Landschaft liegt in einer Höhe von 1.900 Metern über NN das bekannte Nakuru-Salzsee-Vogelparadies. Dieser See ist nicht tief. Vielmehr ist er eine flache, von Gräsern, Binsen, Schilf und anderen Arten von Wasserpflanzen umsäumte Wasserfläche, die brackig, teilweise moderig und voller kleiner Lebewesen ist. In dem rund zwei Meter tiefen See finden annähernd 400 Vogelarten in dem mit Plankton, Algen und Kleinlebewesen angereicherten Wasser reichlich Nahrung. Bis 1,5 Millionen Flamingos bevölkern zuweilen den durch diese Vögel weltberühmt gewordenen See. Als wir uns dort aufhielten, sahen wir nicht einen einzigen Flamingo. Sie waren alle zum Lake Baringo weitergeflogen.

Das mag am niedrigen Wasserstand gelegen haben. Der See wird in der Hauptsache von Niederschlagswasser gespeist, nur wenig von dem schmalen Njorofluß, denn der ist klein und führt geringe Mengen Wasser in den See. Das Nahrungsangebot variiert in dem brackigen Wasser genauso wie die Zahl der anwesenden Flamingos.

Kormorane, rosa Pelikane, zwölf Reiherarten, Kuhreiher, Rallenreiher, Fischreiher, Schwarzhalsreiher, Seidenreiher, Ibisse, Nimmersattstörche, viele Enten- und Gänsearten waren zu Hunderten und Tausenden zu sehen. Sie alle fanden einen reichgedeckten Tisch, und in dem von Kleinlebewesen angereicherten, unsauberen Wasser lebten unzählige Fischschulen, lockten die großen Vögel an, die sie fingen und gierig verschlangen. Unvorstellbare Nahrungsmengen muß dieser See produzieren, um diese mächtigen Vogelkonzentrationen ernähren zu können!

Es sind nicht allein die Riesen unter den Vögeln, die den See bevölkern. Auch kleine Vertreter, Wasserläufer, Regenpfeifer, Kiebitzarten sind seine Bewohner, und viele Durchzügler wie Läuferarten besuchen als Gäste dieses einzigartige Paradies.

Weiter ging unsere Fahrt zu dem Thomson-Fall. Nahe Gilgil führte der Weg, nördlich von der Hauptstraße abzweigend, zu den Wasserfällen. Sie bedeuteten für mich kein besonderes Erlebnis.
Über Queen's Gate durchfuhren wir den Aberdare-Nationalpark des Treetops-Hotel. Heideland und Wälder des Aberdaregebirges in rund 3.000 m Höhe sind bezaubernd, und besonders der Blick vom Treetops-Hotel in das Tal mit dem Waldland im Ostzipfel des Parkes ist köstlich. Das Treetops-Hotel war ausgebucht. Wir fuhren auf gleichem Weg über Naivasha zurück. Unterwegs begegneten wir im Park Kaffernbüffeln, Elen, Wasserbüffeln und gegen Abend einer kleinen Rotte der äußerst scheuen Buschschweine. Wir waren so sehr überrascht, daß wir nicht fotografieren konnten. Außerdem gönnten sie uns nur einen Anblick, der wenige Sekunden währte. Wir genossen die Heidelandschaft, die sich weit über die Waldzone erstreckte, aus der sich immer wieder übermannshohe Ericaceen reckten. Durch tiefe, bewaldete Schluchten plätscherten Forellenbäche. Von nackten und bemoosten Felsen stürzten dünne Wasserfälle in den Grund, um sich unten zu Bächen und Flüssen zu sammeln. Zum Zentralhochland, das sich von Nairobi bis zu den Thomson-Fällen erstreckt, gehört das bis 4000 m ansteigende Aberdangebirge. Die Berghänge waren von dichten Wäldern bedeckt. An den Ästen und Zweigen der Bäume hingen graugrüne Bartflechten, Farne wuchsen am Boden und in den Astgabeln der Bäume, Nektarvögel flogen im Gezweig. Wären wir höher in die Wälder vorgedrungen, hätten wir Bambus-Hagenaria-Bestände gesehen. Doch uns wurde die Zeit knapp. Wir wollten erst ins Massai-Mara und später auf anderem Wege zurück zum Mt. Kenia. Ihn wollten wir besteigen. Dann würden wir alle Wald-, Heide- und Moorzonen durchwandern.

Die Stadt Narok hielt uns am folgenden Tag einige Stunden auf. Unsere Tochter mußte im Massai-Krankenhaus behandelt werden. Wir waren bei aller feldlazarettartigen Primitivität erstaunt über das Können, die Behandlungsart, die Selbstlosigkeit und Hilfsbereitschaft des Fachpersonals und der Ärzte.

In Narok besuchten wir auch die erste in Kenia gegründete Massai-Schule.

Wenige Tage später waren Hannelore, Iris und ich mit Bergführer und "Portern" verabredet zum Aufstieg auf den Lenana-Gipfel. Im tropfnassen Bergnebelwald kreuzten Büffel unseren Weg, Elefanten ästen Laub von Bäumen, und wir begegneten scheuen Buschböcken. Durch endlos erscheinende, naßkalte Moorhänge und Geröllfelder, zwischen übermannshohen Ericaceen, riesigen Senecio- und Lobelien-Stauden ging es steil aufwärts.

Ein Paar Jahre später bezwang unser Sohn alle 4.000 bis fast 6.000 Meter hohen Gipfel Ostafrikas mit Eispickel und Seil.

Das Massai-Mara-Reservat und der Park waren voller Wild. Massai-Mara hatte Regen gehabt. Nachts goß es aus dunklen Wolken laut und lang. Am Tage war der Boden während unserer Rücktour sehr naß und weich. Wir konnten nicht überall hinfahren. Vor allem nicht in Niederungen, denn da war es besonders tückisch für das Fahrzeug, und dort, wo Strauch- und Baumbewuchs vorkamen, wuchs saftig grünes Gras, während in der Grassavanne die Sonne alles längst in gelbe Farbtöne verwandelt hatte. Obwohl wir uns vorsahen, hatte unser Fahrer Pech. Unsere Pirschfahrt mit dem Geländefahrzeug endete im Morast. Auch ein zweiter Landrover versuchte und versagte, als auch er bis zu den Achsen festsaß. Zu Fuß gingen wir weiter in Richtung Fig-tree- Zeltcamp. Allzulange mußten wir nicht gehen. Ein dritter Wagen nahm uns mit. Nachts wollten wir die Fahrzeuge mit Hilfe von Seilwinden und anderen Geländefahrzeugen aus dem weichen Boden ziehen. Daraus wurde nichts, weil kurzfristig eine Großrazzia auf Wilderer angesetzt worden war und niemand mehr in den Busch durfte.

1972 traf ich bei Pirschfahrten noch oft Nashörner an. Auch 1975 fand ich sie, allerdings nur vereinzelt in Massai- und verschiedenen anderen Gebieten. Früher fühlten sich Wilderer durch Jäger beobachtet; sie waren nicht so dreist, wie sie es jetzt sind, wo sie nur noch Wildhüter und Polizei zu fürchten haben.

Nashörner sind wohl nur noch in Nationalparks anzutreffen. Draußen im Busch sind sie zur großen Seltenheit geworden, wie auch Leoparden und Geparden. Wenige Tage zuvor wurden im Massai-Mara-Gebiet acht Nashörner von Wilderern umgebracht. Weshalb? Der Wilderer erhält von seinem Auftraggeber für seine "gefährliche Arbeit" Geld. Die prompte Entlohnung erfolgt zumeist direkt im Busch. Wenn alles gut geht, erhält er relativ viel Geld, wofür er sonst sehr lange hätte arbeiten müssen. Wüßte ein Wilderer nicht vom Wert des Geldes, von der Nachfrage nach bestimmten Trophäen, käme er nie auf den Gedanken, so hemmungslos zu töten. Oft endet die Wilderei allerdings mit dem Tod der Wilderer. Heute wird wenig Rücksicht auf Leute genommen, die zu nächtlicher Stunde in Reservaten und Nationalparks angetroffen werden. Vor gestrengen Wildhütern sollte sich jeder in acht nehmen. Schließlich haben sich die Wildhüter inzwischen auf Wilderer und deren Rücksichtslosigkeiten eingestellt und denken bei all ihren Aktionen sehr an ihr eigenes Leben!

Die Wilderer sind schlau und mit modernen Waffen äußerst gefährlich. Sie haben sich auf einige geldbringende Wildarten spezialisiert. Behörden versuchen mit allen Mitteln, Herr über diese "Brut" zu werden. Das Land ist jedoch zu weiträumig und oft schlecht zugänglich. Wildererbekämpfung ist ein schwieriger Job, eine lebensgefährliche Aufgabe.

Gerade bei Nashörnern ist die nutzlose Tötung ekelhaft und dumm; sie stützt sich auf einen Glauben, der absolut unbewiesen ist. Kaum ist das Nashorn an Gift krepiert, sind die Wilderer dabei und hacken eiligst die Hörner ab. Mehr interessiert sie nicht! Dann wird die Stätte fluchtartig verlassen und das Stelldichein an verabredeter Stelle im Busch aufgesucht.

Über Mittelsmänner und Hehler gelangen die - inzwischen gemahlenen - Hörner als Aphrodisiakum nach Arabien und Asien. Dort wird das Pulver zu hohen Preisen an impotente Inder und Chinesen verscherbelt. Auch als Mittel gegen Kopfschmerzen und Fieber wird das Horn im asiatischen Raum gehandelt. Die Wirkungslosigkeit dieser Nashornmittel ist durch medizinisch-technische Untersuchungen zwar bewiesen, jedoch ist der Glaube dieser Menschen an derartige "Medikamente" größer als jegliche Vernunft. Abgesehen von verschiedenen Aphrodisiaka wie Yohimbin, Okasa und wie sie alle heißen mögen, ist die neueste Variante der beiden letzten Jahrzehnte in Thailand zu finden. Eine Apotheke in Bangkok bietet Nashornbullen-Penis in Brandy konserviert als Potenzsteigerungsmittel an. Er wird nicht etwa gegessen, nein, nein, nur das durch Alkohol herausgezogene "Wundermittel" mit Brandy geschmackvoll verbessert. Verbrauchter Brandy kann wieder aufgefüllt werden und damit auch die Kassen ... Ein

Schnapsglas voll, regelmäßig getrunken, zeigt Wirkung nach längerem Einnehmen und Wochen nach der "Kur" - glauben die Thais.

Wer wohl unterscheidet die "Brunftrute" eines Rinderbullen von der eines Nashorns?

Ein Verkaufsschlager ersten Ranges sind abgeschlagene Nashörner im Nordjemen, denn einen Nashorngriff am Krumm-Dolch sein Eigentum zu nennen, ist der Wunsch reicher junger Männer. Für ein Kilogramm Horn verlangt der Händler um die 10.000 Dollar (1986)! Ein Geschäft mit großen Anreizen. Der Wilderer erhält für den gefährlichsten Teil dieser Aktion nur einen kleinen Bruchteil des Ertrages.

Die Ausrottung der Nashörner könnte im Jahr 2000 beendet sein. Ende des letzten Jahrhunderts lebten noch rund hunderttausend dieser "urigen Dampfwalzen". Der heutige Bestand beträgt vielleicht elf- bis zwölftausend Nashörner und unter Berücksichtigung der Zuwachsraten ist zu befürchten, daß die Population um die Jahrhundertwende erlischt.

Lebewesen, die sich trotz ihrer körperlichen Größe aus Urzeiten bis in unsere Gegenwart hinübergerettet haben, werden verfolgt, gehetzt, getötet um der angeblichen Potenzsteigerung willen.

Gegen diese Unvernunft können im Augenblick nur auf breiter Basis harte Maßnahmen ergriffen werden. Wenn hier die Kontrollen nicht intensiver, nachhaltiger und engmaschiger gemacht werden, wird es für einige Wildarten mit Sicherheit keine Überlebenschancen geben.

Die Hoffnung besteht, daß dieses äußerst schwierige Problem gelöst wird, aber ohne Jäger wird es schwerlich gelingen. In Tansania und in einigen anderen Staaten, wo wieder regulär gejagt wird, ist daher das Wildererproblem nicht so brisant.

Kürzlich las ich in einer Fach-Zeitschrift, daß im Massai-Mara-Reservat die letzten Nashörner durch speziell für dieses Wild aufgestellte Bewachungstrupps Tag und Nacht bewacht werden. Der WWF - World Wildlife Fund - stiftete für diese Aufgabe geländegängige Fahrzeuge. Ob der inzwischen auf rund 350 Stück zusammengeschrumpfte kenianische Nashornbestand erhalten werden kann, ist zweifelhaft.

Wenn auch versucht wird, durch Schutzgatter, die in Nakuru, Laikipia und Tsavo-West eingerichtet wurden, die Ausrottung dieses urweltlichen Wildes zu verhüten, wird es doch eine Aufgabe bleiben, die noch Generationen beschäftigen wird. Mit dem Jagdverbot von 1977 sind die Nashörner von Jahr zu Jahr weniger geworden. Eine neue erfolgversprechende und sehr kostenaufwendige Art, den Nashornbestand zu erhalten und zu vermehren, wird auf Jagdfarmen Namibias und Südafrikas betrieben. So paradox es klingen mag, aber sie scheint die einzige Möglichkeit zu sein, Nashornbestände zu überwachen und Schutz vor Wilddieben zu bieten: Jagdfarmen! Sie sind großflächig eingegatterte Areale, in denen Wildhüter und Jäger aktiv tätig sind, um allein durch ihre ständige Präsenz Wilderer davon abzuhalten, diese Jagdfarmen zu betreten und darin zu wildern. Ein großer Aufwand und enorme Kosten sind zu erbringen für den Kauf oder die Ersteigerung männlicher und weiblicher Nashörner für deren Eingewöhnung und ständigen Überwachung. Idealismus der Jagdfarmbesitzer für eine vor dem Aussterben bewahrende Wildart. Das ist wirklich selbstloser und aktiver Naturschutz von Jägern.

Ich nutzte den Abend am Mara-River und fischte mit meiner Angel. Als Zuschauer hatte ich ein paar Flußpferde, die sich wohl zum nächtlichen Äsungsspaziergang sammelten. Erst versuchte ich mit fleischbeködertem Haken und dicker Pose mein Heil und ließ den Angelköder flußabwärts treiben. Alle Versuche blieben ohne Erfolg. Dann spann ich alle Kolke mit dem Köder ab, gleichfalls erfolglos. Nun wählte ich eine dritte Möglichkeit, den Katfischen nachzustellen. Ich warf die Angel aus und ließ sie an einer bestimmten Stelle im Fluß stehen. Durch diese Methode wurde die Umgebung des Köders mit Haken besser "verstänkert". Die Fische spürten durch die Fleischwitterung, wohin sie schwimmen mußten, um an den Fleischhappen zu gelangen. Jetzt klappte es vorzüglich, alle fünf Minuten fing ich einen Katfisch. Nachdem ich drei Fische gelandet hatte, beendete ich diese Tätigkeit. Ich merkte den Nilpferden an, wie unruhig sie wurden. Sie wollten wohl an mir vorbei. Schließlich badeten die Flußpferde (Nilpferde) den lieben, langen Tag im Mara-River. Ihre dicke Haut ist so empfindlich, daß sie bei längerem Landaufenthalt leicht Sonnenbrandschäden bekommt.

Flußpferde steigen erst zur Dämmerungszeit aus dem Wasser und machen oft beträchtliche Wanderungen zu ihren Äsungsplätzen. Einmal erlebte ich sie in Malindi am Strand des Indischen Ozeans. Am Turkanasee sah ich sie mehrmals tagsüber, bei Sonnenschein am Ufer gemächlich entlangziehen, jedoch nie sehr lange, dann kehrten sie zurück in ihr nasses "Reich". Ihre ölige Fettschicht auf der Haut bietet ihnen zwar Schutz, aber längeres Verweilen in der Sonne meiden sie. Sie sind reine Vegetarier und vergreifen sich nicht an anderen Tieren, um sich zu ernähren. Dennoch kommt es vor, daß auch Flußpferde Menschen töten. Sicherlich ungewollt, aber Körperkraft, starke Zähne, die in einem ungewöhnlich großen Maul sitzen, und ein zentnerschweres Haupt sind beste Voraussetzungen, schwächere Lebewesen durch "harmloses" Beißen oder Drücken umzubringen.

Ich ging mit meiner Beute schnell zurück. Die Fische schenkte ich dem schwarzen Personal - obgleich sie Massai waren und eigentlich anderen Gaumenfreuden frönten.

Tüpfelhyänen mit ihrem Nachwuchs.

Kaffernbüffel in der Suhle.

Amboseli stimmte mich nachdenklich. Diesen Eindruck vermittelte mir 1979 dieses einst so schöne Land mit seinem Wildreichtum, seinen Massai-Viehherden - Erinnerungen an eine Zeit, in der das Zusammen- und Nebeneinanderleben von Pflanzen, Wild, Zuchtvieh und Massai besser funktionierte. Die erbarmungslose Trockenheit hatte negative Wirkungen hinterlassen. Gewiß, wir sahen Wild, aber wo war die Artenvielfalt, wo waren die vielköpfigen Herden, Nashörner, Leoparden und Geparden geblieben?

Der Tsavo-Nationalpark hingegen wirkt "erholter", die Landschaft zeigt sich grün. Die ganze Palette Wild war zu sehen; nur Zeit muß man haben und durfte sich nicht allein auf der abgesteckten Kursroute bewegen. Tsavo lohnte sich.

Jeder Park, jedes Wildreservoir ist eine Besichtigung wert. Sie alle sind Anziehungspunkte für Touristen. Im Jahr 1985 besuchten in Kenia über 410.000 Touristen die Gebiete, größtenteils gelenkt durch besucherfreundliche, gut organisierte Veranstalter in einem relativ geordneten und stabilen Staat. Wer die Besucherströme in den Nationalparks erlebt, erkennt sehr schnell, welche Einnahmequellen für die wirtschaftliche Entwicklung Afrikas gerade diese Parks sind. Die Investitionen und Leistung der kenianischen Regierung waren bzw. sind noch beachtlich. Einnahmen aus dem Tourismus und der Jagd - z. Z. ist Jagd nicht erlaubt - sind größer als in den meisten anderen Zweigen der Wirtschaft. Allein über 4 Milliarden Kenia-Shillings wurden in diesem Wirtschaftszweig vereinnahmt. Diese Einnahmequellen zu erhalten und nach Möglichkeit auszubauen, sollte Vorrang behalten. An erster Stelle mag in einigen Staaten der Erlös aus dem Kaffee-Export liegen, aber schon danach rangiert der Tourismus. Um das Großwild zu erhalten, ist es notwendig, seinen Lebensraum zu schützen und die Nationalparks möglichst zu vergrößern. Ähnlich sieht es mit den Weidegründen der Nomadenvölker aus, die zugleich Jagdgebiete sind. Die Ernährungsprobleme werden größer. Gewaltige wirtschaftliche und technische Verbesserungen sind notwendig, um von der unrentablen bisherigen Bewirtschaftung loszukommen. Aber je mehr sich die Mais-, Getreide-, Obst-, Hirse-, Manjokfelder ausdehnen und der Boden von unterentwickelten Hackbauermethoden schlecht und extensiv genutzt wird, um so mehr muß Buschland zu Ackerland werden. Immer stoßen wir auf die gleiche Problematik. Die Natur hat glücklicherweise hier "einen Riegel vorgeschoben", denn nicht jedes Buschland ist aus klimatischen Gründen im Handumdrehen in ertragreiches Ackerland umzuwandeln.

<Alte Massai-Frau. Sie trägt ihren Schmuck ein Leben lang.

Buschböcken nachgestellt

Buschböcken begegnete ich schon mehrmals im weiten Umland der Berge Ostafrikas. Ich sah sie - eine Seltenheit - sogar bei vollem Tageslicht, zu einer Zeit, als ich sie nicht bejagen wollte, weil ich anderem Wild nachstellte bzw. auf den Lenanagipfel stieg. Die eigentliche Zeit ihres Erscheinens ist die Stunde, wenn die kurze afrikanische Dämmerung hereinbricht. Auch nach Gewitterregen, wenn ihnen die Wassertropfen aus dem Blätterdach der Bäume unangenehm auf die Decke fallen, kommen sie zum Vorschein. Dann sind sie zu finden, jedoch kaum, wenn man ihnen mit voller Absicht nachstellt, obwohl die Pirsch allein oder in Begleitung reizvoll und erfolgreich sein kann. Sie lieben Feuchtsavannen und Regenwälder, abwechslungsreiche Vegetation und Wasser, das sich immer in ihrem Lebensraum befindet. In ihrem Benehmen ähneln Buschböcke unserem heimischen Rehwild, obwohl sie schwerer werden, und ich könnte mir gut vorstellen, diese Wildart auch in unseren Revieren anzusiedeln. Das wäre ohnehin mit verschiedenen anderen Wildarten möglich, aber was soll's? Allein schon von der Härte her müßte dieses grazile und mich immer wieder aufs Neue angenehm überraschende Wild geeignet sein. In 2.000 - 4.000 Meter Höhe ist es auch im afrikanischen Bergland kalt! So schön eine Bereicherung der Fauna wäre; es sollte nicht geschehen, keine neuen Einbürgerungen!

Dieses Wild hat eine enorme Ausstrahlung, obwohl ich mir nicht erklären kann, weshalb. Ist es die Heimlichkeit, die dieser Waldgeist besitzt? Ist es das Geheimnis Wald, das ihn prägt und ihn so liebenswert macht, oder ist es sein edel geschwungenes Gehörn? Aber anderes Wild, wie Bongo oder Sitatunga, sind noch viel heimlicher und wesentlich schwerer zu bejagen. Ich glaube, es sind die eleganten Bewegungen, die Zartheit und scheue Vorsicht dieses Wildes, das in einem zauberhaften Lebensraum seine geheimnisvolle Fährte zieht.

Wir saßen noch im Messezelt unseres Camps und frühstückten. Es war ein kühler Morgen, feucht und unangenehm. Heißer Tee sollte uns von innen wärmen, und das von unserem Koch heiß zubereitete Breakfast mit "ham and eggs" sollte die Grundlage geben für einen langen Jagdtag. Dann machten wir uns fertig, brachten unsere Sachen und Gewehre zum Geländewagen und ratterten davon.

Dunkle Witwenvögel flatterten über Flächen mit hüfthohem Gras, einzelne Buschgruppen und Stauden mit roten und gelben Blüten unterbrachen die Flächen. An den Blüten gaukelten Honigsauger herum und naschten emsig Nektar und Pollen.

Bald nahmen die Grasflächen ab, dafür breiteten sich immer mehr bewaldete Hügel und Täler aus, in denen wir ab und zu auch Wild sahen. Allerdings keinen einzigen Buschbock, obwohl es typisches Buschbockland war. Aber es war ja auch heller Tag. Dann begegnete uns aber ein weibliches Stück, eine Geiß. Sie war recht vertraut und ließ sich von unserem Fahrzeug kaum beeindrucken. Ihre Decke war rot bis graubraun wie die eines Rehbocks und hatte am Hinterleib wenige weiße Flecken. Jedoch variieren die Fellzeichnungen außerordentlich und machen Unterschiede nicht nur in Kamerun, Kenia, Tansania, Simbabwe oder im nordöstlichen Südafrika deutlich, je nachdem, in welchem Verbreitungsgebiet sie leben.

Die Ähnlichkeit des Buschbocks, der auch als Massai-Schirrantilope bezeichnet wird, ist im Gebäude mit unserem Rehwild eigentlich verblüffend. Die Körpergröße des Buschbocks beträgt neunzig Zentimeter. Am Hinterteil wirkt er noch mehr überbaut als Rehwild und ist dadurch sehr leicht zu erkennen.

Die weiblichen Stücke tragen kein Gehörn, haben groß wirkende Lauscher, einen relativ dünnen Träger und sind kleiner und zierlicher gebaut als die männlichen Vertreter. Der Buschbock hat auch eine andere Fellfarbe, und je älter er wird, desto dunkler und schwerer wirkt er. Sein Gehörn ist fein geschwungen, beinahe lyraförmig mit scharfen Spitzen, und kann Längen über 40 Zentimeter erreichen. Keine ungefährliche Waffe! Am Träger unmittelbar über dem Stich hat er einen hellen, weitleuchtenden Kehlfleck. Weibliche Stücke traf ich während meiner Afrikareisen mehrmals bei Tageslicht an, Böcke nur, wenn sie die einsetzende Dämmerung aus dem dichten Bestand der Gehölze lockte. Geißen springen auch nie so überrascht ab, es sei denn, unvorsichtige und schnelle Bewegungen des Betrachters machen das Tier mißtrauisch und unsicher.

Waren es die schlanken Nsesewebäume mit der hellen Rinde, die am Rande eines Weges standen, der eigentlich gar keiner war, in dessen Bäumen hoch oben im Geäst die Colobusaffen turnten? Viele andere Baumarten wuchsen in diesem Urwald, die gleichfalls den herrlichen Colobusaffen zur Nahrung und zum Aufenthalt dienen.

In der Mittagshitze liegen sie mit ausgestreckten Gliedmaßen auf dicken Ästen und halten "Siesta", oder sie lehnen sich an Astgabeln, sich mit ihren Beinen leicht abstützend, und nutzen behaglich die mittägliche Ruhezeit.

Jetzt aber sind sie auf Futter aus. Sie naschen hier und dort, springen in schwindelnder Höhe mit leichter Eleganz von einem Baum zum nächsten.

Sie brauchen einen Arm oder ein Bein, um den Körper aufzufangen. Es ist erstaunlich, welche Körperbeherrschung diese Tiere haben. Artisten des Urwaldes!

Wegen ihres wunderschönen Felles, das aus langen schwarzen und vor allem weißen Haaren besteht, wurde ihnen leider sehr nachgestellt.

Beim Springen von einem Baum zum anderen, wirken die Seitenhaare, als unterstützten sie, ähnlich einem Drachenflieger, den "Springflug" der Colobusaffen. Affenkinder tragen ein fast weißes Haarkleid.

Ihre täglichen Wanderungen machen diese Waldbewohner hinauf bis 3.500 Meter Höhe unter Führung eines männlichen Affens. Dieser Affenmann deckt auch bei Gefahren den Rückzug der ganzen Horde.

Kaum waren wir einige hundert Meter gefahren, machte ich schon wieder die Bekanntschaft mit drei Buschbockdamen (Tiere, Geißen), die uns sehr aufmerksam beobachteten. Ihre Lauscher waren groß und mit ihren Öffnungen zu uns gedreht, Lichter (Augen) und Windfang (Nase) ließen Neugierde und Unsicherheit erkennen. Sie hielten jedoch aus, blieben stehen, und wir fuhren mit unserem Fahrzeug in vielleicht 25 Meter Entfernung gemächlich weiter.

Mittags erlaubten wir uns eine ausführliche Ruhepause. Wir schliefen fest ein auf der bei weitem noch nicht ausgetrockneten Grasfläche. Die Jagdtage sind oft sehr anstrengend. Wir wollten in diesem Buschbockland derweilen versuchen, ob wir anderes jagdbares Wild finden könnten, aber vornehmlich ging es heute um einen Buschbock - vielleicht läuft uns auch ein Büffel über den Weg?

Von den Bäumen hingen dicke zerzauste, graugrüne Bartflechten herab, und stellenweise wuchsen, wie ausgesät, wieder Kniphophien mit orangefarbenen und roten Blütenständen in reicher Anzahl. An einigen Zweigen von mittelalten Bäumen kletterten Schlingpflanzen empor und brachten ein anderes Grün hervor. Grazile Gloriosablüten leuchteten mit ihrem Knallrot und ihren zarten, gelben Staubgefäßen aus dem Dickicht wie Edelsteine. Insekten tummelten sich um die Blüten, und bunte Vögel flatterten im Gezweig. Gelbe Korbblütler standen hier und da reichlich. Es gab immer wieder Neues zu sehen; diese Bergwälder sind abwechslungsreicher in Flora und Fauna als die von uns so geliebten Savannenlandschaften. Aber dahin wollten wir wieder zurück, wollten dort Besuche bei Eingeborenen machen und von ihnen das lernen, was uns zivilisierten Menschen schon fremd geworden ist, weil wir es wohl nie mehr benötigen. Dennoch finde ich es interessant zu erfahren, wie sich das Leben der Nilotenvölker oder das der reinen Hackbauern abspielt.

Als wir drei Tage zuvor durch ein Eingeborenendorf fuhren, sahen wir den Frauen zu, wie mit kleinen Handmühlen, aus Baumstämmen hergestellt, Getreide und Hirse durch ständiges Drehen einer kleineren, an einem etwas längeren Rundholz befestigten Baumscheibe aus Hartholz - das Mühlrad "en miniatur" - Mehl gemahlen wurde. Im Busch gibt es keine fertigen "Wegwerfpackungen" mit Mehl. Wer fertiges Mehl will, muß zu Fuß viele Kilometer in die nächste Stadt gehen, um Lebensmittel einzukaufen.

Unterwegs begegneten wir einigen schlanken Frauen, die aus den Waldungen kamen. Sie schleppten auf dem Rücken riesige Bündel Brennholz, die mit einem breiten Stirnband aus Leder gehalten wurden. Auf dem Wege ins Dorf begegneten die Frauen einem Mann, der sicherlich von der Arbeit zurückkehrte. Er trug eine gefüllte, schwere Aktentasche. Als er seine Holz schleppende Frau erkannte, fand eine belanglose Begrüßung statt. Beide gingen nebeneinander her, und ihr Mann legte seine Aktentasche zu allem Überfluß zusätzlich auf die Holzlast. Das Wort "Kavalier" ist im Busch unbekannt, gilt nichts ...

Meine Erfahrung mit Afrikanern war durch meine Reisen schon recht gut, aber, um es deutlich zu sagen, nicht groß genug, um Afrika, seine Menschen und ihre Seelen zu verstehen. Es ist auch nicht zu schaffen, Afrika ganz zu verstehen, bevor man nicht eingesehen hat, daß ein Europäer wohl nie das letzte Geheimnis Afrikas richtig erkennen wird.

Dennoch habe ich immer versucht, ein gutes Verhältnis zu den dunkelhäutigen oder andersfarbigen Menschen zu haben, habe versucht, ihre Psyche, ihr Gefühlsleben zu begreifen, und wer es versteht, diesen Menschen Verständnis entgegenzubringen, sie anzuerkennen, der darf sich im Busch auf diese Helfer verlassen, zumal ihre Fähigkeiten in verschiedenen Dingen den unseren überlegen sind. Ohne diese Gehilfen ist eine Safari kaum durchführbar, und ohne sie wären nicht wenige Arbeiten und Leistungen auch in unzähligen anderen Bereichen, schwerlich denkbar. Diffamierende Vorurteile anderer Rassen oder Nationalitäten gegenüber sind wohl als Borniertheit zu bewerten. Zwischen Schwarzen und Weißen wird immer ein Geben und Nehmen stattfinden. Es wird ein Aufeinanderzugehen unumgänglich sein, und es ist schließlich eine Frage der Entwicklung, wie die Veränderungen die Verhältnisse ordnen.

Zahlreiche Geschichten und Tatsachen könnten über Wesen und Handlungen verschiedener afrikanischer Volksstämme erzählt werden, die uns

Europäer teilweise mit Entsetzen und Unverständnis erfüllen, die aber auch Heiterkeit hervorrufen. Ich habe im Norden Südafrikas an der Grenze zu Simbabwe noch zwei alte Schwarze eines Stammes gesehen, denen als jungen Burschen aus rituellen Gründen die Schneidezähne mit Steinen herausgeschlagen wurden, so daß die Oberlippen in die Mundhöhlen klappten.

Bei den Massai werden allen Kindern zwei untere Schneidezähne gezogen, um im Krankheitsfall die Ernährung problemloser durchführen zu können. Die Ohrläppchen werden zu "Affenschaukeln" erweitert. Sterile Massai-Frauen müssen außerhalb des Krals leben, damit sie eher das "Zeitliche segnen", das heißt, von Löwen verspeist werden.

Bei einem anderen Volksstamm werden die Lippen der Länge nach durchschnitten und mit runden Holzstücken so erweitert, daß die Menschen wie entstellte Breitschnäbel aussehen. Naja, vieles hat sich schon geändert und wird sich in dieser Hinsicht auch im Leben der Eingeborenen noch wandeln, und mit dem Fortschritt werden für uns unbegreifliche Verstümmelungen hoffentlich der Vergangenheit angehören. Das ist schon weitgehend geschehen, denn heute findet der Reisende kaum noch jene unglücklichen Menschen, denen, wegen eines versuchten Ehebruchs - es genügte bei einigen Stämmen bereits eine unbegründete Anschuldigung und die Befragung des Zauberers oder Häuptlings - die Hände abgeschlagen und die Nase abgeschnitten wurden!

Wer stiehlt, so ist es heute noch in einer Weltreligion eines "modernen Staates" im 20. Jahrhundert Sitte, dem wird eine Hand abgeschlagen. Unfaßbar!

Nach dieser Abschweifung will ich wieder die ganze Aufmerksamkeit der Buschbockjagd widmen:

Die Sonne neigte sich, die Wälder am Horizont wirkten schon düster. Wir machten uns zu Fuß auf den Weg, wir wollten in die Nähe einer größeren, mit saftig grünen Gräsern bestandenen, Lichtung am Rande des Urwaldes. Das Fahrzeug ließen wir mit Bewachung zurück. Wir gingen zu dritt, der White Hunter, der Tracker und ich. Unsere Pirsch sollte an Bambusbeständen vorbei in der Nähe des Waldrandes an einem Hagenaria-Anflug enden. So hatten wir es uns vorgestellt, als wir von einem Hügel das urwaldartige Gelände betrachteten: Wenn wir den Buschbock auf unserer Pirsch nicht begegnen, wollten wir uns ansetzen, um austretendes Wild zu beobachten, und hofften, den begehrten, heimlichen Buschbock anzutreffen. Unsere Pirsch bis dorthin dauerte höchstens fünfundvierzig Minuten, pole, pole (langsam) und leise wie jagende Pygmäen. Nur wenig Wild sprang ab, es war ruhig und fast windstill. Im Gezweig zwitscherten ein paar Vögel, es flogen auch einige durch Baumlücken, jedoch für mich

258

schwer sichtbar und selten dort, wo keine Gehölze standen. "Bwana", flüsterte mir Metheke ins Ohr, "Buschbock hat glasharte, nadelspitze Hörner, ist wütender Fighter, wenn nicht richtig schießen." Das hörte ich schon in ähnlicher Weise von Jägern, daß der heimliche Buschbock unerhörten Schneid besäße und angebleit, keineswegs flüchtet, sondern unerschrocken seinen Feind angreift. Seine heftigen Attacken mit dem spitzen Gehörn sind nicht harmlos. Bei erforderlichen Nachsuchen muß der Jäger sehr auf der Hut sein!

Plötzlich stand unser Tracker Metheke still. Wir machten uns ganz langsam "klein" - um nicht durch unsere Körpergröße aufzufallen. In der freien Natur ist es immer geboten, sich dem Wild gegenüber unauffällig und klein zu machen, nicht sofort erkennen zu lassen, daß ein Mensch dort steht. Wer aufgerichtet geht, als wollte er durch ein geöffnetes Scheunentor schreiten, wird jedes Wild vergrämen. Gerade bei Büffel- und Elenjagden habe ich gespürt, wie wichtig diese Vorsichtsmaßnahme ist. Lieber auf dem Bauch kriechen oder in sehr gebückter Haltung pirschen, aber niemals dem Wild den aufrecht gehenden Menschen zeigen. Metheke deutete mit leichter Kopfbewegung in Richtung des Podokarpusbestandes. Er brauchte es eigentlich gar nicht mehr zu tun, denn auch ich hatte den Buschbock sogleich erkannt. Vielleicht fünfundsechzig Meter trennten uns von ihm. Wir konnten uns keine Bewegung erlauben, denn der Bock äugte fest in unsere Richtung. Anpirschen war unmöglich. Der dunkle Bock stand lange wie angewurzelt. Sein Gehörn war prächtig. Ein ganz geringer Luftzug wehte kaum merklich in unsere Gesichter. Es war für uns so günstig wie selten. Dann machte er plötzlich zwei Schritte nach rechts, zeigte mir voll sein Blatt, bot mir eine Chance, direkt auf der Pirsch diesen "Waldgeist" zu überraschen. Kurzentschlossen entsicherte ich meine 8 x 68 S Sauer-Weatherby, backte an und schoß über Kimme und Korn. Der Bock war wie vom Erdboden verschluckt. Metheke klopfte mir auf die Schulter, sagte aber "wait", was mich beinahe verunsicherte. Sollte ich vorbeigeschossen haben? Das konnte nicht sein. Nach geraumer Zeit faßte er mich kurz am Handgelenk und marschierte mit mir in die Richtung, wo vor Minuten der Bock noch gestanden hatte. Am Anschuß fanden wir ihn, eingebettet in gelbe Blüten von Korbblütlern, friedlich liegend wie aufgebahrt. Der Hochblattschuß hatte ihn sofort am Platze gebannt. Der Ausschuß des Geschoßes war fünfmarkstückgroß.

Büffel, Büffel, Büffel

Unser Plan war, noch einmal einen Büffel zu jagen. Ich hatte mir einen 375 Holland & Holland von einem Jagdkameraden geliehen, von dem ich wußte, daß seine Waffen tadellos in Ordnung waren, ja liebevoll gepflegt wurden. So handhabe ich es auch mit meinen Waffen, denn Gewehre müssen sicher und voll funktionsfähig sein.

Wir befanden uns in leicht hügeliger und mit relativ vielen Dornenbüschen und Bäumen bestandener Savanne und folgten wieder einer Büffelfährte. Unsere Vormittagspirsch brachen wir ab, mein White Hunter Robert, der Tracker Metheke und Hannelore waren mit von der Partie. Es war wieder ein heißer Tag, und es schien, als hätten die sengenden Sonnenstrahlen vor, den morgens so feucht gewesenen Busch in loderndes Feuer zu verwandeln.

Nach einigen Kilometern Pirsch begegneten wir Hyänen, die in ihrem arttypischen Galopp in eine bestimmte Richtung trollten. Mit dem Fernglas konnte ich auch bald erkennen, daß viele Hyänen an einem Antilopenriß dicke Fleischbrocken und Gedärme verschlangen. Ihre Köpfe waren von Blut rot gefärbt, und sie ähnelten mit Blut bespritzten und in Blut getauchten Bestien, denen die Freude am Fraß an den kleinen Augen abzulesen war. Vorwitzige Konkurrenten wurden zurückgebissen, kleine Rangordnung. Auf einem benachbarten Baum hockten Geier und warteten geduldig auf ihren Anteil.

Um Hyänen ranken sich viele geheimnisvolle Geschichten. Früher glaubte man, sie seien Zwitter, und jedes Elternteil könne Junge zur Welt bringen, oder noch besser, sie könnten je nach Erfordernis ihr Geschlecht zur Fortpflanzung umwandeln. Nun, diese Auffassung ist schon lange widerlegt. Aber es gibt afrikanische Volksstämme, die fest davon überzeugt sind, daß sich Menschen bei einem geheimnisvollen Kult in Hyänen verwandeln und zu sogenannten "Hyänenmenschen" werden. Diese bekommen dann die Fähigkeit, entsetzlich-bestialische Grausamkeiten an Menschen und anderen Lebewesen verüben zu können.

Die Hyänen zählen nicht zu dem sympathischen Wild; sie sind jedoch wichtig im Haushalt der Natur: Als Aasvertilger, - bei einigen Völkern als

Totengräber -, als Polizisten unter dem Wild, damit nichts verloren geht, verdirbt, verkommt. Sie werden von Afrikanern schon allein deshalb sehr geschätzt, aber nicht geliebt. Sie sind Vermittlerinnen vom Diesseits zum Jenseits. Hyänen besitzen unwahrscheinlich starke Gebisse und sind in der Lage, stärkste Knochen ihrer Beute mühelos zu knacken. Sie haben auch keine Skrupel, alte, wehrlose Löwen, die ihnen einst den Tisch deckten, bei Bedarf zu verspeisen. Sie sind auch so frech, daß sie es wagen, nachts im Jagdcamp Besuche abzustatten und nach Freßbarem zu suchen. Einem Jagdkameraden haben sie die vor seinem Zelt stehenden Lederstiefel zerbissen, einen aufgefressen und, nachdem sie gestört wurden, den einen angekauten Stiefel liegen gelassen. Nicht nur von Löwen geschlagenes Wild und übriggebliebene Wildreste verwerten Hyänen. Sie sind als nachtaktive Jäger wohl in der Lage, sich selber ihr Wild zu jagen und erreichen bei ihren Hetzjagden Geschwindigkeiten bis sechzig Kilometer pro Stunde. Besonders gerne verfolgen und jagen sie Jungwild und frisch gesetzte Kälber von Antilopen und Gazellen.

In Ostafrika kommt hauptsächlich die Tüpfel- oder Fleckenhyäne vor. Ihr Verbreitungsgebiet ist groß, jedoch fand ich sie nicht in Südwest- und Südafrika. Dort lebt die braune Hyäne. Die Tüpfelhyäne hat unregelmäßig über den Körper verteilte rundliche, braune bis umberfarbene Flecken, auch Tüpfel genannt, in ihrem gelblich-weißgrauen bis gelbroten Balg. Sie lebt gesellig in Familienverbänden, die sich in der Ranzzeit zusammengeschlossen haben.

Schaurig sind die Lautäußerungen von Hyänen, die die Fähigkeit besitzen, ihre Stimmen zu modellieren: Von sirenenhaftem Schrei über albernes Gelächter zu dunklem, dumpfem Heulen und Kichern.

Tagsüber leben sie im schattigen Busch oder in Erdbauen von Warzenschweinen, Erdferkeln oder auch in eigenen, selbstgegrabenen Höhlen.

Als wir uns auf rund sechzig Meter dem Riß genähert hatten, landeten schon die ersten Geier und versuchten vorsichtig, an den Kadaver zu kommen. Wir wollten die Polizisten von Savanne und Busch nicht weiter stören und schlugen einen etwas anderen Weg ein. Wir wollten mehr in die freie Savanne. Keine Viertelstunde war vergangen, da stoppte unser Tracker, ging sofort in die Hocke, was wir synchron auch taten. Der Wind stand äußerst günstig, kam von der Büffelherde, die wir nun auch sahen. Als sie weiter auf uns zuzog, wehte ein leichter Geruch zu uns herüber. Mit langsamen Bewegungen legten wir uns auf den Bauch und robbten ganz behutsam zum nächsten baumartigen Busch. Die Büffelherde kam nur sehr langsam voran, immer wieder äste sie, rupfte das Savannengras so laut ab, daß wir es zu hören meinten. Wir beschlossen, in unserer guten Position zu verharren. Wir wollten die Kaffernbüffel, die noch über zweihundert Meter von uns entfernt waren, zu uns kommen lassen. Mit dem Fernglas beobachtete ich die einzelnen Gehörnträger, vor allem die starken Bullen, so gut ich konnte. Immer wieder verschoben sich die Wildkörper, so daß ein genaues Ansprechen schwierig war. Mitten in der Herde entdeckte ich zwei starke Bullen, ja, der eine war noch ein wenig massiger mit breiter Auslage, starkem Helm und einem wunderschönen, tief nach unter verlaufenden Curl. Und was für eine Halswamme hatte der Bulle! Er mußte im Zenit seiner Jahre stehen, denn die ausgeprägte Ramsnase ließ auch darauf schließen. Ja, das müßte er sein. Metheke machte mich auch auf diesen Büffel aufmerksam, auch Robert, als er mein Glas nahm und die Bullen genau betrachtete. "Stark wie ein 'dugger boy', ein Einzelgänger", flüsterte mir Robert zu, "paßt gar nicht zum 'Herdenbüffel'."

Wenn die Herde von vielleicht 20 bis 30 Stück Wildrindern nicht näher kommt, sich womöglich niedertut und wiederkäut, dann wird es ungünstig für uns. Wir müßten versuchen, näher an die Herde zu robben, immer in Deckung einzelner Gehölze und Gräser. Es wird schwierig werden, die Büffel würden uns zu leicht erkennen. Der Wind brauchte nur zu küseln, sich zu drehen, und schon wäre alles umsonst. Die Herde würde fluchtartig von uns wegziehen. Aber noch ästen die Kaffernbüffel, warfen ständig ihre massigen Häupter auf, äugten und windeten in diese und jene Richtung, so, als vermuteten sie irgendwo eine Störung. Jetzt kam wieder Bewegung in die Herde, einige Wildrinder scherten nach links aus, hoffentlich nicht zu weit, das könnte schlecht ausgehen für uns, denn dort ging es in den dichten Busch. Kuhreiher hüpften auf ihren Rücken, flatterten von den Häuptern zur Kruppe und umgekehrt.

Nun war die Herde ein wenig auseinandergezogen, ich konnte erkennen, daß alle Altersgruppen und Geschlechter vertreten waren. Drei starke jagdbare Bullen waren dabei, erkannte ich durch mein Fernglas, aber sie alle erreichten nicht die Stärke des zuerst gesehenen Bullen. Schon bildeten die Büffelleiber wieder eine undurchdringliche Masse, eng nebeneinander und hintereinander stehend. Abgesehen davon, daß die Entfernung zum Schuß von hier aus viel zu weit war, wäre es auch leichtsinnig, auf einen so großen Wildkörper in einem Abstand von 150 Meter zu schießen, wo sich das Wild, ständig die Positionen wechselnd, gegenseitig verdeckte. Ein zweites Stück könnte "angebleit" werden, und verwundete Büffel bedeuten besondere Gefahr für jeden Menschen.

Wir beratschlagten kurz, entschlossen uns, doch näher an die Büffelherde heranzurobben, denn wer weiß, wie lange sie noch bleiben würde? Gleich begann die anstrengende Robberei. Wie Infanteristen, das Gewehr in den Händen haltend, ging es voran. Wir schafften eine ganz schöne Strecke und kamen der Herde unbemerkt ein ganzes Stück näher. Nun wurde es noch schwieriger. Das Gras war kurz, und der nächste Busch wuchs 30 Meter vor uns. Ganz flach mußten wir kriechen und den Kopf tief am Boden halten, nicht aufblicken, einfach darauf vertrauen, daß wir es schafften. Und wir schafften es. Ungefähr 50 Meter betrug unser Abstand zur Herde. Mein Herz klopfte bis in den Hals, die ungewohnte Anstrengung verlangte Zeit, um den Puls wieder ruhig schlagen zu lassen.

Büffel haben wenig Feinde. Gut, der Löwe ist ihnen bekannt, vielleicht wagt es auch einmal ein sehr hungriger Leopard, aber Elefanten und Rhinos vergreifen sich nicht an ihnen, das macht nur noch der Mensch. Und den fürchtet er ganz besonders, deshalb ist es normalerweise nicht so leicht, an Büffel heranzukommen. Erkennungsmerkmal für den Büffel ist der aufrechte Gang des Menschen; und dieses Gefahr bedeutende Lebewesen Mensch darf sich nicht als solches zu erkennen geben. Beherzigt der Jäger diese Erkenntnis, kriecht flach am Boden und hat günstigen Wind von vorne oder auch etwas seitlich, sind Büffel zu überlisten.

Wir waren am Busch angekommen, konnten es wagen, den Kopf und auch das Gewehr soweit wie erforderlich in die Höhe zu recken. Die Büffel standen alle zusammen und bildeten einen Büffelleiberhaufen. Sie ästen ohne Verdacht, friedlich, aber wachsam. Und mitten in diesem Pulk befanden sich ausgerechnet die starken Bullen. Was wird nun? Zwei weibliche Tiere scherten rechts aus, ästen sich voran, äugten immer wieder in unsere Richtung, stellten sich steif, so als wollten sie jeden Augenblick abspringen; reckten die Häupter hoch und machten den Träger so lang, wie er nur zu strecken ist.

Wir lagen wie erstarrt und gingen ganz langsam im Zeitlupentempo noch tiefer zu Boden, schielten mit dem einen Auge zu den Kühen. Die Glieder wurden mir von der Anspannung steif, und die Nackenmuskulatur verkrampfte. Es dauerte und dauerte - länger als man aushalten konnte ... Plötzlich war die Stimmung wie weggeblasen. Die Wildrinder zogen, ein paar Halme rupfend, wieder zur Herde, so als sei nichts gewesen. Unsere steif gewordenen Glieder konnten wir wieder bewegen, den Rest der Anspannung herausschütteln - und beobachten aus einer Haltung heraus, die für uns Erleichterung bedeutete.

Bewegung kommt in die Herde, küselnder Wind, der uns verraten könnte, ist nicht die Ursache. Die Büffel wollen wohl nur einen Platzwechsel vornehmen. Das kann die Chance, zu Schuß zu kommen, nur begünstigen. Schon halten wir die Gewehre schußbereit in den Händen, beobachten die Bullen genau, hoffen, daß der Kapitale frei zu bekommen ist. Die Sonne neigt sich schon gemächlich, und die Färbung des Himmels wechselt vom kalten, klaren Blau des Tages zum warmen Orange des lauen Abends.

Noch steht kein Bulle frei, aber die Herde zieht in kleinem Bogen auf uns zu. Sie laufen immer im Bogen, um neuen Wind zu bekommen, diese vorsichtigen Kolosse. Doch plötzlich bleiben sie stehen, wie eine dunkle Wand haben sie sich vor uns aufgebaut. Wir riechen sie deutlich, diesen unverkennbaren Kuhgestank wie in einem Rinderstall, wir hören ihre grunzenden Laute und das Kullern in ihren Mägen. Haben sie uns wahrgenommen? Haben sie uns als Menschen erkannt, die wir aus dieser geringen Entfernung von vielleicht 25 bis 30 Metern doch einen ungewöhnlich massigen Eindruck auf sie machen? Jetzt kommt Bewegung in die Büffelherde, aber an einen Schuß ist nicht zu denken, ich kann keinen Bullen freibekommen. Noch haben wir uns nicht erhoben und deutlich zu erkennen gegeben, wer wir sind. Verunsichert ziehen die Büffel wieder weiter im Bogen, versuchen um uns herumzukommen. Ich sehe eine Lücke. Wenn der Bulle erscheint und allein ist, schieße ich. Mein Gedanke und die Anweisung von Robert waren eins. Ein Blick nach oben, ist kein Zweig am Busch, der mich behindern könnte, wenn ich schnell aufstehen muß, um besser mitziehen und schießen zu können? Ich müßte vorprellen, um frei stehen zu können. Unsinn! Das geht wohl aber doch nicht. Dann werden die Büffel flüchtig. An was man alles denken muß! Verflixt, da kommt eine Kuh dem Bullen näher. Jetzt oder nie. Kniend backe ich die 375 Holland & Holland an, ziehe hochblatt mit und schicke dem Bullen das 19,4 Gramm schwere Teilmantelgeschoß rüber. Der Bulle zeichnet nicht. Sofort repetiere ich im Anschlag und gebe einen zweiten Schuß auf die Kammer ab. Leichtes Einknicken, Stolpern ist unmerklich wahrzunehmen, die Kugeln haben gesessen. Ich spüre einen leichten Schlag auf meiner Schulter: "Gut, okay", hieß das vom White Hunter.

Beim ersten Schuß schon sonderte sich der Bulle leicht von der Herde ab, aber der zweite Treffer veranlaßte ihn nicht, der Herde in den Dickbusch zu folgen. Wie gut für uns! Er flüchtete langsamer werdend in die freie Savanne, bis er hinter einer kleinen Bodenwelle und Dornenbüschen unseren Blicken entschwand. Wir standen aufrecht und versuchten ihn zu sehen, vergeblich. Was tun? Nachgehen? Nein, das wäre Unsinn. Ich denke noch an die Elen-Jagd. Wenn es auch heißt, in Afrika die Nachsuche sofort zu beginnen, damit Raubwild keine leichte Beute findet, so glaube ich doch, daß eine gewisse Zeit zum Verenden auch einem Kaffernbüffelbullen eingeräumt werden muß. Alles andere ist Leichtsinn, vor allem bei wehrhaftem Wild!

Wir warteten zwanzig Minuten, stehend und sitzend, um uns zu beruhigen, um die Anstrengung dieser Jagd aus unserem Körper herausfließen zu lassen. Dann folgten wir der Wundfährte, die wir erst gar nicht finden konnten. Aber nach gut 20 Metern vom Anschuß entdeckten unsere Tracker die ersten hellroten Tropfen Lungenschweißes. Dieser Wundfährte folgte Metheke wie ein Schweißhund, sicher und problemlos. Den haben wir bald, hieß es, aber es waren doch noch 120 Meter vom Anschuß, als wir den Büffel zusammengebrochen und verendet fanden. Beide Schüsse saßen richtig, dort, wo sie sein sollten: Hochblatt und Kammerschuß. Büffel sind hart im Nehmen. Dürfte ich die 8 x 68 S führen, hätte ich mit Sicherheit ein bis zwei Vollmantelgeschosse verwendet, um sicheren Ausschuß zu haben. Aber mit dem Teilmantelgeschoß der 375 Holland & Holland war eine ausgezeichnete Wirkung unverkennbar. Trotzdem gab ich dem liegenden Kaffernbüffel noch eine Kugel durch den Träger. Es wäre nicht der erste todgeglaubte Büffel, der aufstand und annahm! Dieser war aber wirklich tot. Wir begannen mit der roten Arbeit. Bald kamen Eingeborene und halfen, sorgten für reinen Tisch ... Unsere Trophäe und ein Teil Wildbret luden wir auf den Geländewagen und fuhren freudig zu unserem Zeltcamp, das einige Meilen entfernt unter breitausladenden Akazienbäumen stand.

Die Sonne war inzwischen hinter den bewaldeten Hügeln verschwunden. Der Himmel loderte in feurigen Farben, und über die Savanne begann sich das dunkle Tuch der Nacht auszubreiten. Ruhe legte sich über das weite Land. Aber lange wird es nicht mehr dauern, dann werden die Vögel ihre Abendlieder in den schwindenden Tag singen. Es wird wieder eine Nacht geben mit Gefahren, vielfachem Tod, mit jagenden Löwen, Leoparden, Hyänen und wie all das Raubwild heißen mag. Der Morgen wird wieder mit einem Vogelkonzert eingeläutet, und die Sonne wird am Tag ihre heißen Strahlen zur Erde schicken. Afrika, noch immer geheimnisumwittert, wird wieder neues Erleben, Hoffen und Träumen bringen.

NEUMANN - NEUDAMM

Verlag für Jagd und Natur

Heinz K. Weigelt

Jagdreiseführer
Alaska, Yukon und British Columbia

Format: 13,5 × 21 cm, 368 Seiten, zahlreiche Farbfotos,
Verbreitungskarten und Tabellen, Kst.,
ISBN 3-7888-0629-X

„Der Reiseführer in Sachen Nordamerika-Jagd dürfte der erste seiner Art sein, sein Ziel: Jägern bei der Jagd in zwei kanadischen Provinzen sowie in Alaska konstruktiv behilflich zu sein. Und dies dürfte dem deutsch-kanadischen Autor, Buschpilot und lizensierten Jagdführer mit seinem neuesten Werk auch gelingen. Es ist in drei große Teile gegliedert: Im ersten geht es um die Jagd in Kanada ganz allgemein, um die richtige Buchung einer Reise, um deren Vorbereitung, die Outfitter und Jagdführer sowie um die Ausrüstung, die Trophäenversorgung sowie um die Jagdgesetze. Der zweite Teil behandelt das jagdbare Wild und der dritte als eigentliches „Highlight" des Buches die Vorstellung von 17 Jagdrevieren als kleine, verläßliche Auswahl für jeden Geldbeutel und jagdlichen Wunschtraum.
Beschrieben wird ihre genaue Lage, die vorherrschenden klimatischen Bedingungen, ihre Wildarten im einzelnen, die jeweils nötige Ausrüstung sowie einiges mehr, so daß der Nordamerika-Jäger sein persönliches Traumrevier nur noch auszuwählen braucht. Auch die Spannung kommt im Jagdreiseführer nicht zu kurz: So läßt Weigelt packende, eigene Jagderlebnisse einfließen oder erfolgreiche Yukon-Jäger von ihrem prickelndem Waidmannsheil berichten. Nützliche Tips (Frühjahrs- oder Herbst-Blacky?) und Insider-Informationen (neues Punktesystem beim Grizzly bei der Lizenzvergabe?) runden den Polyglott für die Jagd in Amerikas Norden ab." (aus DJZ 9/93)

Postfach 25
3509 Morschen-Heina
Telefon (0 56 64) 60 12/60 13
Telefax (0 56 64) 80 56